U0925682

“儒家文明省部共建协同创新中心”资助项目
山东大学儒学高等研究院重点项目
山东省“泰山学者”项目阶段性成果

汉字中国

信

曾振宇 · 主编

傅礼白 · 著

華夏出版社
HUAXIA PUBLISHING HOUSE

图书在版编目（CIP）数据

信 / 傅礼白著．-- 北京：华夏出版社，2020.9
（汉字中国 / 曾振宇主编）
ISBN 978-7-5080-9790-9

Ⅰ．①信… Ⅱ．①傅… Ⅲ．①汉字－通俗读物 ②中华文化－通俗读物 Ⅳ．① H12-49 ② K203-49

中国版本图书馆 CIP 数据核字（2019）第 124067 号

信

作　　者　傅礼白
责任编辑　李春燕
美术设计　远顾设计工作室
责任印制　顾瑞清

出版发行　华夏出版社有限公司
经　　销　新华书店
印　　刷　三河市万龙印装有限公司
装　　订　三河市万龙印装有限公司
版　　次　2020 年 9 月北京第 1 版
2020 年 9 月北京第 1 次印刷
开　　本　880×1230　1/32
印　　张　9.5
插　　页　4
字　　数　212 千字
定　　价　59.00 元

华夏出版社有限公司　地址：北京市东直门外香河园北里 4 号　邮编：100028
网址：www.hxph.com.cn 电话：（010）64663331（转）

金文　战国鄂君启节

篆书　唐　李阳冰书　千字文

中岳嵩陽寺碑銘序
夫至理空淨非大智無已
寄其言法身凝家非妙像
無已感其像故能金軀捨
至敬之國布慈善捨己士
之世顯皮紙骨筆之重半

隶书　东魏中岳嵩阳寺碑

草书　东晋　王羲之书　十七帖

序

《汉字中国》丛书即将付梓，主编曾振宇教授嘱我在书耑写几句话。我认为“汉字中国”是个好题，丛书的出版是件好事，摆到读者面前的是一套好书，振宇教授美意岂能却之？遂谨献鄙意如下。

首先我想说，这是一套什么样的丛书。显然，它不是研究中国文字的学术丛书，而是在文字研究基础上通俗地讲述中国自有的文化哲学体系中一批重要概念的著作，是一套把汉字与它所承载的哲学概念如何紧密地融合起来这一独特的现象呈现出来的创新之作。

丛书的编著者们认为“中国本土哲学与文化形态中的概念、文字和词语是中国哲学与文化的‘结晶体’”。这是一个含义很深邃、又很形象的比喻。这就意味着《汉字中国》将对中国哲学与文化的概念进行深入解读，探索其内涵和外延，从而发掘、展现中华文化与其哲学的精神、品质、性格的独特性，消解中国哲学与文化之双足只穿西方哲学之鞋履所带来的误解、困惑与尴尬。反过来看，通过对中国哲学与文化的认知和体验，又可以明了并深化对这些汉字形音义的来龙去脉、衍生变异以及遗存、渗透在现代汉语词汇中的文化基因的认识。或许这也是本套丛书冠以《汉字中国》之名的用意所在吧。

诚然，《汉字中国》所分析、论列的，大多是日常所用的字词，有些即使是“专门”词语，也已经为越来越多的人所习见；但是，由于种种历史的、社会的原因，今人也常常与这些字词的深意若即若离。而如果忽略了汉字在数千年传承、延绵、孳乳、变异过程中沉淀于后世语言形式里的传统文化意义，就会冷淡了中华文化的特性，很可能语言/概念发生“漂移”现象，不得已时只好乞灵于异质文化，从而难以形成阐述中华文化的中国话语体系。

“结晶体”这样一个形象而很有意趣的比况，更会引发读者的遐想：在这个“结晶体”里面，有着丰富多样的微观世界，中国文化的种种现象和思想都在有序地存在着、排列着。由此可以想见，《汉字中国》的筹划、酝酿、研究，用心良苦矣！我不由得又想到，《汉字中国》的影响所及，可能并不仅限于人文社会科学、哲学领域，即使在构建科学技术伦理、自然语言处理、人机对话、中外语言互译，乃至人工智能等领域，似乎也可以参考一下吧。

话说得远了些，就此搁笔。

忝谓之“序”。

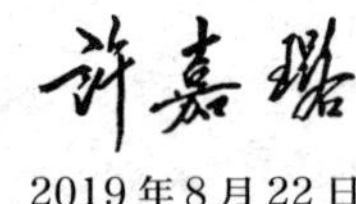

2019年8月22日

汉字中国 · 信

目录

第一章

信的字源与语义 …… **1**

一、信字的创造 …… 2

二、“信”字的本义与引申义 …… 4

三、信观念的源起 …… 8

四、盟誓与胥命 …… 15

第二章

“信”的早期思想与实践 …… **24**

一、《易经》中的信思想 …… 24

二、春秋盟誓之诚信问题 …… 34

三、春秋时期民事交往中的诚信原则 …… 48

第三章

先秦儒家的信范畴 …… **57**

一、孔子的“信”学说 …… 57

二、孟子说信 …… 70

三、荀子论“信”……………………………………………………78

第四章

法家的“信”范畴……………………………………………86

一、商鞅之“驱民在诚信”…………………………………………87

二、韩非子的法律信用观……………………………………………97

第五章

道、墨、兵、杂诸家之“信”…………………………………109

一、先秦道家的“信”思想…………………………………………109

二、《墨子》的“信”思想…………………………………………118

三、先秦兵家的“信”思想…………………………………………125

四、《吕氏春秋》中的“信”思想…………………………………138

第六章

董仲舒的五常之“信”…………………………………………148

一、“五常”说与“信”地位的提升………………………………148

二、天命转移论中隐含的政治信托思想……………………………155

三、渗透于政体设计中的“信”……………………………………162

第七章

家法族规中的“信”……………………………………………167

一、立心以忠信……………………………………………………168

二、蒙养以“信”……………………………………………………175

三、交易之信…………………………………………………………178

第八章

商贾之信……184

一、文学作品中的商业诚信……185

二、中华老字号药铺之诚信立业……194

三、鲁商、晋商……198

第九章

明符所以为信……206

一、为之符玺以信之……207

二、符节之为信……216

三、画押为信……224

四、画指为信……229

第十章

婚恋之信……237

一、破镜重圆中的信意象……238

二、分钗与插钗……245

三、何以道殷勤？约指一双银……250

四、同心结……256

五、结发……261

第十一章

一纸来信托飞鸿……265

一、从鸿雁传书说起……266

二、书信称谓的演变……273

三、信件的邮递……277
四、信件的封装……281
五、私人书信……284

结语……**289**

参考文献……**293**

第一章

信的字源与语义

汉字承载着几千年的历史积淀，“信”字作为中国传统的核心思想范畴，必然蕴藏着丰富的文化内涵。讨论“信”字，我们首先要回答的问题是：古人的“信”观念是如何产生的？“信”字创生于什么年代？其后又经历了怎样的变化？这些问题看似简单，可真要说出个子丑寅卯却并不容易。根据文字发生、发展的一般规律，应该是人们先有了“信”的观念之后才会产生用文字表达“信”义的客观要求，而“信”字的引申义则是在“信”本义的基础上发展而来。所以，要捋出“信”字的来龙去脉，并不是从古文献中查找并识读“信”字那么简单。一个侦探在现场查勘取证只是破案工作的开始，接下来他对证据的鉴别分析才是重中之重，而案件的最终破解，则不仅要在各种证据中建立起完整的逻辑链条，还需要合理解释作案人的主观动机及其与客观证据的内在联系。这个道理同样适用于我们破解“信”字的历史之谜。

一、信字的创造

中国现存最早的文字是甲骨文和金文，寻找“信”字的起源理应先从这里入手。那么，甲骨文和金文中有没有“信”字呢？商朝甲骨文中有“”字（左边为人，右边为口），用作人名或族名；西周金文中亦有“”字，用作人名。有学者依据《说文解字》中“信”的讹变古文“”，将这两个字推断为“信”。不过，由于论证尚不够充分，此说并未得到普遍认可。目前，学术界通行的观点是，具有道德内涵的“信”字始见于春秋战国时期。

据刘驰先生研究，在春秋战国时期的金文、简帛、玺印中，可以见到多种形体的“信”字。例如：

中山王方壶铭文，左边为言，右边为身。

郭店楚简《缁衣》18，左边为言，右边为千。

郭店楚简《忠信之道》8，左边为千，右边为言。

珍秦斋古印展 190，左边为仁，右边为言。

《古玺汇编》1149，左边为心，右边为人。

《古玺汇编》3125，左边为心，右边为人。

《古玺汇编》3345，上边为身，下边为口。

《古玺汇编》5381，上边为身，下边为心。

《说文解字》古文，左边为人，右边为口。

《说文解字》古文，左边为言，右边为心。[1]

一个“信”字居然有这么多写法，这是怎么

1 / 上述文献资料引自刘驰《中国古代的信用与“信”》，《中华文史论丛》总第八十八辑，第 329–330 页。

回事儿呢？我们知道，春秋战国时期群雄并立，经过数百年的历史演进，各诸侯国逐渐形成了风格不一的地域性文化，所谓“田畴异亩，车涂异轨，律令异法，衣冠异制，言语异声，文字异形”，“信”的不同写法正是这种多元文化格局的具体体现。

“文字异形”显然不利于人们的思想交流，也窒碍着华夏社会的一体化进程。平定六国、一统天下后的秦帝国必然要采取措施清理割据时代的这种文字乱象。尤为重要的是，秦一贯秉持以法治国的政治传统，但是，如果没有通行全国的文字，法令的贯彻落实就是一句空话。因此，秦始皇统一文字的根本原因是出于治国平天下的现实需要。所谓“书同文”是以秦国文字小篆为基础来整合六国文字，于是，“信”字诸体并存的历史宣告终结，从人从言的“信”字一花独放，成了国家法定的规范文字。

秦小篆的历史意义在于规范汉字结构，但随着毛笔的发明，篆体字书写困难的问题愈加凸显，很快便为笔画更为简洁流畅，更能发挥毛笔书写优势的汉隶取而代之了。在汉字书体史上，汉隶是一个分水岭，汉字笔画结构至此基本定格。此后，尽管有真、楷、行、草等书体的变化，但万变不离其宗，其笔画的根基终归是汉隶。

印刷术在宋朝时期开始普及，而适应雕版技术要求产生的字体被称为宋体字。宋体字横细竖粗，结构工整，美观醒目，是至今仍在广泛使用的印刷字体。

二、"信"字的本义与引申义

如果说"书同文"代表的是国家权威对文字形体进行法律界定的话，语言工具书代表的就是文化共同体对文字内涵做出的学理解释。

《说文解字》是最早收录"信"字的字典，东汉学者许慎以从人从言的小篆为正字，将其字义释为"诚也"，同时将从人从口、从言从心两个古字作为异体字收录。商务印书馆《古代汉语字典》最新修订版解释"信"字为：会意字，金文是由人和口左右两部分构成，表示人所说的话（应是真实的）；又写作左"言"右"心"，表示言为心声，心口如一；篆文由亻和言两部分组合而成，表示诚信。本义为言语真实，泛指不虚假。

信的本义与忠、诚、义等概念联系密切，忠信、诚信、信义是对人进行道德评价时的常用语，因此，解析信与忠、诚、义的含义异同，有助于厘清信的准确内涵。

（一）忠与信

《说文》释忠曰："敬也，尽心曰忠。"郑玄《周礼·地官疏》释忠曰："中心曰忠，中下从心，谓言出于心皆有忠实也。"所谓"言出于心皆有忠实"，意思是实话实说，言从口出必须发自肺腑，不能信口雌黄，口是心非。这与"信"之诚实不欺的基本含义是完全相同的。正是由于二者的内涵如此接近，所以朱熹说"忠信只是一事”。“忠信者，真实而无虚伪也；无些欠阙，无些间断，朴实头做去，无停住也。”[1]但忠信毕竟是两个不同的范畴，关于两者的区别，朱熹解释说：“忠自里面发出；信是就事上说。忠，是要尽自家这个心，信，是要尽自家这个道理。”[2]但是“发于心而自尽，则为忠；验于理而不违，则为信。忠是信之本，信是忠之发”。二者“相为内外始终本末，有于己为忠，见于物为信”。由于上述原因，朱熹认为，忠信二字，“做一事说，也得；做两事说，也得”[3]。一般而言，古语中的忠多指下对上，尤其是臣民对君主竭诚尽力以事之的观念与行为。信则主要是指个体与他人相互关系的道德准则，其内涵要比忠丰富得多。

（二）诚与信

诚的基本含义是真实、真诚、诚实。朱熹释“诚”曰：“诚者真实无枉之谓，天理之本然也。”在这个意义上，诚与信的含义是非常接近的。所以《说文》说：“诚，信也。”关于诚与信的不同之处，何怀宏先生有一个简洁明快的分析——我们通常所说的“诚”字一般指内心，指一种真实、诚悫的内心态度和内在品质，“信”字则涉及自己外在的言行，涉及与他人的关系。单纯的“诚”重心在“我”，是关心自己的道德水准，关心自己成为一个什么样的人；单纯的“信”字则重心在人，是关心自己

1 /［宋］黎德靖编：《朱子语类》，中华书局 1994 年版，第 123 页。

2 /［宋］黎德靖编：《朱子语类》，第 123 页。

3 /［宋］黎德靖编：《朱子语类》，第 486 页。

言行对他人的影响，关心他人因此将对自己所持的态度。“信”字有“诚”字所没有的一种含义：这含义就是“信任”，“信任”就不是一己之诚，而是必须发生在至少两个人以上的关系之中。[1]这一论断可作为区分诚、信两个伦理范畴的一个基本依据。

（三）义与信

义的基本含义是理应、适当、正当。《礼记·中庸》的解释是：“义者，宜也。”《释名》进一步发挥道：“义者，宜也，裁制事物使合宜也。”先秦文献中的“义”主要是指道德上的“合宜”“适当”。因此，蔡元培先生说：“性善，故以仁为本质。而道德之法则，则具于其中，所以知其法而使人行之各得其宜者，是为义。”[2]义又释为“正”，《墨子·天志下》云：“义者，正也。何以知义之为正也，天下有义则治，无义则乱，我以此知义之为正也。”墨子在这里所说的“义”显然是指社会正义和道德规范。欺诈、蒙骗、爽约等不信行为是不符合社会道德要求的，因而也被视为不义之举。这是信与义的相通之处。信义关系的另一层涵义是：“信近于义，言可复也。”[3]这句话译成白话就是：讲信用一定要符合正义，合乎正义才能履行诺言。换句话说：背离社会正义原则的承诺是不能履行的。因此，“君子义以为质，礼以行之，孙以出之，信以成之。君子

1 / 何怀宏:《良心论——传统良知的社会转化》，上海三联书店1994年版，第157页。

2/ 高平叔:《蔡元培哲学论著》，河北人民出版社1985年版，第21页。

3 / 李泽厚:《论语今读》，安徽文艺出版社1998年版，第42页。

哉！”[1]在孔子看来，义是君子的立身之本，是君子追求的道德目标，信是义得以实现的必要条件。

《汉字源流字典》是诠释汉字形义转化过程的专书，该书认为信的本义是言行如一。引申泛指诚实、有信用。又引申指确实。真实就可信，又引申指相信。由相信又引申指信奉。相信则听从，又引申指任从、任意。真实则可以做凭证，又引申指凭证、符信。又引申指携带凭证传递消息的人，信使。由信使又引申指信息、消息。进而又引申为书信。

在商务印书馆《古代汉语字典》最新修订版中，“信”字的义项有：1.（形）（言语）真实；2.（形）诚实，信实；3.（副）确实，实在，果真，的确；4.（动）相信，信任；5.（动）信用，守信；6.（名）凭证，凭据，信物；7.（名）使者；8.（名）音讯，信息，消息；9.（副）听凭，任凭，随意。

商务印书馆《古代汉语词典》第二版中，“信”的义项有：1.言语真实，诚实；2.的确，确实；又指果真；3.信用，守信用；4.准时，有规律；5.相信，信任；6.明，审；又指明确；7.信物，凭证；又特指符信、印信；8.使者；引申为书信，又指信息、音讯；9.任凭，随意；10.连住两夜；11.通“伸”。伸直。

当代大型工具书《辞海》中，“信”字的义项有：1.诚实，不欺；2.确实；3.信用；4.相信；5.信奉；6.听凭，随意；7.使者；8.凭据；9.信息；10.舒心；11.再宿；12.表明，明示；13.姓。

1 / 李泽厚：《论语今读》，第365页。

以上语义分析是对“信”字的通解，也是本书解析“信”字的基本依据。

三、信观念的源起

从文字产生的一般规律来看，应该是先有了关于“信”的思想意识，才会产生用文字表达“信”意思的创造冲动。那么，古人的信观念是从哪里来的呢？

（一）信观念源于人的社会属性

社会性是人的根本属性之一。社会交往是人的本质的内在需求。

我们的猿类祖先就是一种群居的动物。人区别于动物的最根本特征是劳动，劳动使人脱离了动物界。人类的生产劳动是一种群体性活动。正是在最初的采集狩猎活动中，人们体验到协作的必要性。进化人类学家的研究表明：猎取大动物的活动尤其会刺激合群性。大一点的动物需要多人合作才能猎杀，之后人们再把它分享。同时，如此获得的肉食单个家庭也吸收不了，而且又不能储存，这样就鼓励了猎物同享的行为。[1] 在长期的劳动合作中，人们会清楚地记住某人何时欺骗了他们，何时诚实地对待过他们，如果某人经常采取欺诈、说谎、盗窃等手段谋取私利，就会遭到他们的唾弃，就

1 /［美］弗朗西斯·福山：《大分裂：人类本性与人类秩序的重建》，中国社会科学出版社 2002 年版，第 221–222 页。

会被排除出他们的生活共同体。如果人人都采取欺诈、说谎、盗窃等手段谋取私利，“人类关系就将为猜疑所支配。每一个人都将把任何其他人作为一个潜在的敌人。……在这种情况下，每个人注定要过一种孤独、贫困的生活，因为不会有任何的合作。没有人会想要与其他任何人发生关系，因此根本不会有社会存在”[1]，显然，只有对他人以诚相待才符合每个人的根本利益。在这种情况下，自然就产生了互惠规范，“信”的观念也就从中诞生了。

“互惠利他”是西方学者研究人类形成合作信任关系时采用的一个术语。亚当·斯密认为：“别的动物，一达到壮年期，几乎全都能够独立，自然状态下，不需要其他动物的援助。但人类几乎随时随地都需要同胞的协助，要想仅仅依赖他人的恩惠，那是一定不行的。”[2]因此，合作信任、互惠利他是人类共同生活的基本道德原则。没有彼此之间的相互信任，人们就无法共同生活。信任是社会生活的一个必不可少的先决条件。“只有人们奉守伙伴关系原则，并承认有义务尽其所能满足这一原则的要求，他们才能构成一个社会共同体并作为其成员共同生活。”[3]

这种思想也是欧洲自然法理论的道德基础。荷兰法学家H.格劳秀斯认为：所谓自然法就是由人的基本性质所不可避免地要产生的那些准则的集合，所以它是可以理解和永久不变的。

1 /［英］A.J.M.米尔恩：《人的权利与人的多样性——人权哲学》，中国大百科全书出版社1995年版，第44页。

2 /［英］亚当·斯密：《国民财富的性质和原因的研究》上卷，商务印书馆1974年版，第13页。

3 /［英］A.J.M.米尔恩：《人的权利与人的多样性——人权哲学》，第47页。

"人所以异于其他动物就是由于他能同别人和平共处和具有根据一般准则（即道德准则）行事的能力，这些准则是：履行诺言、承认人类平等及公正原则、履行父母责任和遵守婚姻忠诚的原则"[1]。正是由于诚实守信、互利合作体现了人的特质，所以格劳秀斯将其作为"人所以异于其他动物"的一种能力予以肯定。英国哲学家大卫·休谟根据其利益是道德的基础的理论思考，论证了三条基本自然法则，即稳定财物占有的原则，根据同意转移所有物的原则，履行承诺的原则。休谟宣称："人类社会的和平与安全完全依靠于那三条法则的严格遵守，而且在这些法则遭到忽视的地方，人们也不可能建立良好的交往关系。"[2]

（二）语言魔力与信观念萌生

信字从人从言，一个人讲的话是真是假，尤其是他许下的诺言能否兑现，是判断这个人是否可信的基本标尺。语言是人类特有的用来交流思想的工具，而且是最基本的交往媒介。在正常的人际交往中，言说者必须满足四条普遍的有效性要求：第一，可理解性，即言说者必须选择一个可理解的表达，以便言说者和听者能够相互理解；第二，真实性，即言说者必须提供一个真实的陈述，以便听者能够分享言说者的知识；第三，真诚性，即言说者必须真诚地表达他的意向，以便听者能够信任言说

1 / 引自乔洪武：《正义谋利——近代西方经济伦理思想研究》，商务印书馆 2000 年版，第 42 页。

2 / [英] 大卫·休谟：《人性论》，商务印书馆 1980 年版，第 566 页。

者；第四，正确性，即言说者必须选择一个正确的话语，以便听者能够接受，从而使说者和听者能够在以公认的规范为背景的话语中达到认同。在哈贝马斯的交往行动理论中，上述四项要求是语言作为交流工具能否产生效用的前提。[1]违背了这些要求，人们就无法进行正常的交往。因此，“正直就是说话做事都保持诚实的美德。它意味着不撒谎、不欺骗、不诈取或窃取；就肯定的方面来说，就是言而有信，承认缺点和错误，在交往中开朗、率直”[2]。谎言不仅直接伤害被欺骗的一方，它还有一种特殊的效果：它有可能毁灭人们的信念和自信，并最终损害人们的社会生活。德国伦理学家包尔生曾用伪造货币作为比方来说明谎言的影响——

> 伪造货币者不仅损害了被他以欺骗手段塞给了伪币而不能用出去的人，他还通过破坏公众对所有的货币的信任伤害了社会：伪币的存在使真货币也名誉扫地。……说谎也有同样的影响。可以这样说，它使交换的智力中介变得虚假而不可信。说谎使真理失效，其结果是普遍的社会不信任和相互隔绝。直接相关的双方首先受到影响。受骗者先是对说谎者变得不信任，进而，如果他已被许多人骗过，他就对一般的人都不信任，在他和他的人们之间便产生了隔膜。说谎者的遭遇也差不多。……当说谎者失去了他

1 / 参见［德］哈贝马斯：《交往行动理论》，重庆出版社 1994 年版。

2 /［英］A.J.M. 米尔恩：《人的权利与人的多样性——人权哲学》，第 33 页。

> 人的信任时，他也丧失了对他们的信任，他认为别人也同他一样说谎，这对于说谎的人在心理上是必要的。毫无疑问这种双重的不信任绝不是生命依存的条件：它像一层有毒的空气窒息着生活并把它同人们的友好感情隔绝开来，尤其是把那些诚实的人排除在外，因为他们不能呼吸谎言和不信任的空气。[1]

我们的祖先虽然不可能形成如此系统的理论认识，但是，神秘的语言现象本身对他们无疑具有某种令其敬畏的力量，使其不敢口是心非、蓄意说谎。对于他们的思维来说，没有哪种知觉不包含在神秘的符号中，没有哪个现象只是现象，没有哪个符号只是符号；任何物体的形状、任何塑像、任何图画，都有自己神秘的力量：作为声音图画的口头表现也必然拥有这种力量。因此，列维·布留尔说："词的使用对于原始人来说不是无关紧要的；词的发音这个事实本身，如同图画的画出或手势的做出一样，可以确立或者破坏非常重要而又可怕的互渗。言语中有魔力的影响，因此，对待言语必须小心谨慎。"[2]

恩斯特·卡西尔认为："在几乎所有伟大的文化宗教的创始说中，语词总是与至尊的创世主结成联盟一道出现的；要么它是主使用的工具，要么它就是第一源泉——主本人，像所有其他

1 / [德] 弗里德里希·包尔生：《伦理学体系》，中国社会科学出版社1988年版，第577–578页。

2 / [法] 列维·布留尔：《原始思维》，商务印书馆1997年版，第171页。

的‘存在’和‘存在’的序列一样，都是从这个源泉中衍生出来的。思想及其言语表达通常被直接认作是浑然一体的；因为思维着的心智与说话的舌头本质上是连在一起的。”[1]

思维者的心智与说话的舌头连在一起，思想及其言语表达被认作浑然一体，这不正是“言必信”、不说谎的最好心理依据吗？先民们万物有灵的原始宗教观念，尤其是对语言魔力的敬畏与崇拜，是原始“信”观念产生的一个重要根源。

（三）从家庭到社会

人类的“信任”关系首先是从婴儿对母亲的依赖开始的。告别母体的新生命所面对的是一个完全陌生的世界，嗷嗷待哺的他时刻需要有人照料。他只能用啼哭来表达自己对环境的感受，提出进食的要求，而回应者与满足其要求者往往是同一个人——他的母亲。经过多次重复之后，对母亲的信赖逐步建立起来了。母亲的怀抱成了婴儿最喜欢留驻的安全港湾，母亲的低语轻唱成了婴儿安然入睡的催眠曲。父爱也是如此，父亲总是自愿地将各种所有提供给被视为自己生命延续的子女，为其遮蔽风雨、撑起一方永远属于他的天地。父母与子女之间的这种爱和信赖的结合，无疑是“信”伦理的源头。

兄弟姐妹朝夕相处，相濡以沫，唇齿相依，荣辱与共。相连的血脉，近似的性情，使得他们之间具有一种天然的亲和力。共同的家庭环

1 /［德］恩斯特·卡西尔：《语言与神话》，生活·读书·新知三联书店1988年版，第70–72页。

境和长期的互相帮助，为彼此之间形成依赖关系提供了绝好的土壤。当一个儿童遇到困难需要别人提供帮助时，兄弟姐妹自然不会袖手旁观。尽管他们之间也会吵吵闹闹，但是如果遇到外人的欺侮与威胁，他们总是合起伙来，共同对敌的。因此，“信”伦理产生的又一个源头便是兄弟姐妹关系。以此类推，叔侄、姑侄……各种以血缘为基础的亲属关系所构成的“家”，为“信”伦理的发生、发展提供了理想的温床。

黑格尔认为：“‘家庭’简直可以算作一个个人，它的各分子，例如父母，是已经互相放弃了他们的个人人格（因此又放弃了他们相互间的法律地位，以及他们的特殊利益和欲望）；或者还没有取得这样一种独立的人格，例如儿童——他们根本上还是处在前述那种纯系天然的状态之中。所以全家都生活在一种相互爱敬、相互信赖和相互信仰的统一里面。而在一种爱的关系中，一个人在对方的意识里，可以意识到他自己。他生活于另一个人的身上，换句话说，就是生活于自身之外。而在这种相互的自弃里，个人重新获得那实际已经属于对方的自身。在事实上，他是得到了那合而为一的、对方的和他自己的生存。”[1]

从家庭内部的信伦理出发，由单个小家庭组成的大家族、由婚姻关系而形成的姻亲等由各种亲戚关系联结的信任纽带可以层层向外推延，使信伦理一步步地实现其社会化的过程。

人是社会性动物。离开了社会群体，人就不

1 /［德］黑格尔：《历史哲学》，上海世纪出版集团2001年版，第42-43页。

成其为人。在远古时期尤其如此。恶劣的自然环境和十分有限的生存能力迫使早期人类必须过一种群体生活。远古社会是不会出现鲁滨孙的，因为就当时人类的能力而言，一个人脱离集体的结果只能是死亡。对同类的这种依赖本身不容许存在任何猜疑和背叛。生存的巨大压力是人际关系的最好的黏合剂，将无力单独面对洪水猛兽和各种困难的个人紧紧地结合在一起。他们相互依存，彼此信赖，共同驾驭着生命之舟四处漂泊。

定居生活使得村落的居民之间形成了稳定的邻里关系。以往，不同族群成员之间的交往带有相当的偶然性，猜疑和提防是人们对待其他族群成员的基本态度。定居使他们拥有了共同的生存空间，大大增加了相邻族群之间彼此交往的机会。在频繁的接触中，他们会逐渐熟悉、了解，认同，久而久之，便形成了共同的文化心理。意识到相邻村落是自己的“同类”，可以和平共处，可以互通有无，可以互相帮助，这就为信任关系的建立奠定了必要的基础。

四、盟誓与胥命

（一）盟誓与信约

盟誓是人类表示信约的最初形态。

在甲骨文和金文中均有“盟”字。因此，“盟”很有可能导源于原始部落时代。原始时代，各部落之间的关系是大致平等的，相互间的某些事务要通过协商加以解决。为了加强已达成的协定的效力，确保协定的履行，协定双方借助一定的仪式恭请神灵作为见证，这种仪式便是“盟”。[1]《说文》：“盟，杀牲歃血，朱盘玉敦，以立牛耳。”《礼记·曲礼下》：“莅牲为‘盟’。”《释名·释言语》：“盟，明也，告其事于神明也。”由此可见，盟的本意就是对神发誓，歃血为凭。

“誓”字在甲骨文中尚未发现，但在西周时期的铜器铭文中已不鲜见。古文献中关于誓的记载相当丰富。《尚书》中便有《甘誓》《汤誓》《泰誓》《牧誓》等名篇。关于誓的含义，《礼记·曲礼》说：“约信曰誓。”孔颖达注曰：“约信以其不能自和好，故用言词共相约束，以为信也。若用言相约束以相见则用誓礼，故曰誓也。”《说文》称：“誓，约束也。”段注：“凡自表不食言之辞皆曰誓，亦约束之意也。”由此可见，誓的本意是以言词约束行动。

以言词约束行动是誓的本质特征。从表象上看，誓似乎靠的不是神力，而是靠人格力量——个人的信用来实现的。但是，如果人们都讲信用，为什么还要发誓呢？董仲舒说：“古贵言，结言而已，不致用牲盟而后成约。”《淮南子》氾训论中说：“夏后氏不负言，殷人誓，周人盟。”[2]按照他们的说法，夏朝以前只存在“君子协定”——“结言”，那时人们重信守义，没有奸诈之心，因此不需要其他形式的保证。盟誓是人心不古、社会风气变坏的产物，是殷周以后出现的制度。这种认识不管是否符合历史事实，它对誓与信义关系

1 / 参见徐连城：《春秋初年“盟”的探讨》，《文史哲》1957年第11期。

2 / 刘安：《淮南子》，华夏出版社2000年版，第273页。

的揭示却是大致不错的：誓具有人格、信用所不具备的功能。正如巫师的咒语可以驱除鬼魅邪祟、消灭各种危害，教徒念颂上帝保佑、阿弥陀佛之类的经文可以获得神灵赐福一样，誓言也具有类似的作用。在万物皆灵的观念支配下，人类语言在先民的心目中自然也具有超凡的魔力。对语言魔力的恐惧无疑是人们利用誓言结信，以确保其付诸实施的心理依据。正由于上述原因，古人一般不会轻易发誓，对待自己的誓言也总是极力遵守，不敢违背。

郑庄公就是一个极好的例证。庄公堪称敢做敢为之主。他担任周平王卿士，实际执掌着周王室大权。周王兼用虢公参与执政，庄公对此不满，便逼迫周王与其互派人质，还派人抢夺周王的麦子。然而，尽管郑庄公敢向周天子发起挑战，对自己发出的“不及黄泉无相见”的誓言却不敢违背。由此可见，在郑庄公的心目中，天下的最高权威周天子是不足畏惧的，而天上的神灵却绝对不可得罪。对神灵的畏惧才是庄公遵守誓言的根本原因。

因此，不论是盟，还是誓，都是出于对神灵的笃信，要凭借神灵的威力来保障实施。

（二）歃血为盟的信意象

所谓“莅牲曰盟”，一针见血地指出了“莅牲”是盟誓成立必不可少的要件。《礼记正义》中释“莅牲曰‘盟’”说：

> 莅，临也。临牲者，盟所用也。盟者，杀生歃血，誓

于神也。若约束而临牲，则用盟礼，故云“莅生曰盟”也。

杀生歃血是结盟成立的一种仪式，举行这一仪式的目的是告诉神灵，即所谓“誓于神也”。请神灵监督盟誓过程要有足够的礼敬，所以必须举行庄重的仪式：杀牲要凿地为坎，用朱盘玉敦盛放，以表达对神灵的尊敬。杀牲的目的是献祭于神灵。《礼记·郊特牲》说：“有虞氏之祭也，尚用气。血、腥、爓祭，用气也。”祭祀神灵之所以要杀牲，是因为血气最腥，血腥之气弥漫于空中可以使神灵远远地闻到，便于神灵知悉。用血液书写盟书，也具有同样的作用。

另外，血液被视为生命的象征，一向为先民所重。杀牲歃血实际上就是用生命向神灵献祭。这是一种最珍贵的祭品，以此来表达盟誓者对神灵的敬意和虔诚，祈求神灵前来监督盟誓，保障誓言的履行。

盟誓参与者的誓言用血写于“载书”之上，并将“载书”放置于牺牲之上，祭献给神灵，目的也是为了表示誓言的神圣。盟誓有神灵参与，与盟者在杀牲歃血时要严肃庄重，心不在焉，口是心非，都是对神灵的亵渎，将会受到神灵的惩罚。例如：

陈及郑平。十二月，陈五父如郑莅盟。壬申，及郑伯盟，歃如忘。洩伯曰：“王父必不免，不赖盟矣。”郑良佐如陈莅盟。辛巳，及陈侯盟，亦知陈之将乱也。（隐

公七年）

《左传》记述的这一情况后来果然成为现实，桓公六年，“蔡人杀陈佗”。又如僖公十年：“狄灭温，苏子无信也。苏子叛王即狄，又不能于狄；狄人伐之，王不救，故灭。”报应如此灵验、如此严厉，不能不叫人畏服。

誓词中一般都有“有渝此盟，以相及也”“有渝此盟，明神殛之”之类的咒语，告诫盟誓者必须遵守誓言，否则，将会像奉献给神灵的牺牲一样付出生命的代价。在当时的人看来，“弃信背邻，患孰恤之？无信，患作；失援，必毙”。（僖公十四年）“背盟而欺大国，此必败。背盟不祥，欺大国不义，神人弗助，将何以胜？”（成公元年）鉴于誓言是面对神灵发出，神灵负有监督誓言履行的责任，违背誓言显然就是对神灵的背叛和欺骗。对神灵背信弃义必然会遭到神灵的惩罚。

因此，远古时期的盟誓所以能用言词约束行动，很大程度上是来自先民对神灵全知全能、无所不在的笃信。人类早期的“信”观念建立在人对神的信赖基础之上，人与人之间的“信任”关系需要由神作为纽带来加以维系，显然，这还不能说是一种纯正的人际伦理关系，但有关“信”的伦理观念却深深地根植其间，并在这个温床上发育成长起来。

（三）从神到人的观念变革

随着社会发展，人类生存能力逐步提高，人们对自然和自身的认识也在深化。日益频繁的交往促进了文化认同，由部落而部落联盟而邦国，规模愈来愈大的社会组织使人们的社会联系越来越广泛，越来越紧密。大规模的结群使人类的力量空前增长，也使人类的心智水平迅速提高，人们开始朦胧地意识到自身在自然界中的主宰地位，于是，一种“人文精神”慢慢地生长起来了。

人类“自主意识”觉醒也就意味着神灵地位的动摇。据说：“殷人尊神，率民以事神，先鬼而后礼”。[1]商纣更是笃信天意，迷恋上天佑商而不恤民意，最终被“小邦周”取而代之。这一改朝换代的政治事件给人们的思想观念带来了巨大的冲击——神意靠得住吗？假如商纣真是天之子的话，神为什么不保佑他呢？周人由此认识到“天命无常”，从而对人神关系有了新的理解：“天视自我民视，天听自我民听”，神的意志以民意为转移，人事是第一位的。

这种情况说明，神的力量在人们的心中已经开始减弱，人在神面前不再是无能为力，完全被动地受其支配，他们已经可以用自己的行动来影响神的意志了。神灵、天命的观念一旦松动，随之而来的便是人们对事物趋于理性的进一步思索，万物皆灵的观念再也难以蒙蔽人们的心智了。诗人屈原在《天问》中，对天地开辟、四方神怪、历史兴亡等诸多问题发难，一口气提

1 / 钱玄等注译:《礼记·表记》，岳麓书社2001年版，第729页。

出了一百七十多个“是什么？”“为什么？”屈原的种种疑问绝不是他个人身临逆境、万念俱灰时的突发奇想，这是那个时代的智者对他们所处的现实世界和观念世界产生怀疑、进行思考的一次集中诉说。虽然屈原在诗中没有写出他的思考结果，但一连串的发问则明显地反映出神灵的地位在诗人心中已经开始动摇。罩在三皇五帝头上的神圣光环渐渐消退，蕴藉于天地万物之间的神灵鬼气也开始从人们的日常生活中慢慢地淡出，神灵对人们思想言行的影响一天天地减弱了。于是，人们进行社会交往，处理人际关系，便不再紧紧依靠神的保障和保佑，人与人之间的信任关系也就更多地注入了“人性”“人格”的因素。

当人们主要是以俗世的眼光看待人际关系，把人的“信义”作为其人格高下的道德尺度，而不是全凭神灵作为连接人际关系的纽带时，人与人之间的信任关系便不再是以神为本，而是以人为本了。当然，在社会交往中，神对人的制约因素并没有彻底消除，其影响还将长期存在，但人们在处理相互关系时对神意的考虑日益减少，最终趋于消失，则显然是历史发展不可逆转的一个基本方向。

（四）人格高扬的“胥命”之信

在中国历史上，人们达成约定还有另一种形式——“胥命”。

什么是胥命？杜预《春秋左传集解》注曰：“申约，言以相命而不歃血也。”简单地说就是双方达成某项约定时，仅凭口头的承诺，而不举行歃血莅牲的仪式。由此可见，胥命是一种以对方的信义为基础的君子协定。

胥命在古文献中并不多见，但却是一种得到广泛赞誉的约定形式。《公羊传》说："胥命者何？相命也。何言乎相命？近正也。此其为近正奈何？古者不盟，结言而退。"[1]

所谓"古者不盟，结言而退"，这种认识是中国传统文化中厚古薄今观念的一个产物。在春秋战国人的心目中，古代社会是一个美轮美奂的理想世界。

> 大道之行也，天下为公。选贤与能，讲信修睦。故人不独亲其亲，不独子其子，使老有所终，壮有所用，幼有所长。鳏寡、孤独、废疾者，皆有所养。男有分，女有归。货，恶其弃于地也，不必藏于己；力，恶其不出于身也，不必为己。是故谋闭而不兴，盗窃乱贼而不作。故户外而不闭。是为大同。[2]

在这个"天下为公"的"大同世界"里，人人"讲信修睦"，个个一言九鼎，哪里还需要什么外在的东西来强化和保护彼此的信任关系。所以，人们作出约定时，完全没有必要采用盟约的形式，只要有口头的承诺就足以令人信赖了。

胥命是人们"讲信修睦"的产物，符合大同

1 /《公羊传》，转引自田兆元:《盟誓史》，广西民族出版社，上海文艺出版社 2000 年版，第 9 页。

2 / 钱玄等注译:《礼记·礼运》，第 296 页。

社会天下为公的理想，所以人们对盟誓和胥命的价值判断是迥然不同的："不足于行者，说过；不足于信者，诚言。故《春秋》善胥命，而《诗》非屡盟，其心一也。"《荀子·大略》与《春秋》和《诗经》的立场是完全一致的——高扬人性的旗帜，贬斥借助鬼神成信的盟誓活动。这是春秋战国时期人本主义思潮的典型反映。它既然把人格置于神格之上，把基于人的道德自律的胥命视为"近正"，那么，它的反命题必然就是把鬼神对人道德自律的干预视为"非正"。这是极为重要的、带有革命性的一次观念更新，是中国传统信观念突破神性藩篱的一个醒目的界碑。这种以人的内在自觉为基础的信，是中国传统"信"观念的正宗和主流，也是最能体现中国传统道德精神特质的核心意识。

上述各种规范、习惯、风俗和意识为我们分析中国传统信观念的产生和最初发展提供了基础，但它的存在形式多半是零散的、自在的、自发的，形成一套系统、完善的思想范畴还需要有智者们进行归纳、总结、提炼和升华。

第二章
“信”的早期思想与实践

在《易经》中，用以表达诚信之义的字是“孚”。通过解读《易经》中的“孚”字，可以了解“信”字产生之前古人的“信”思维。春秋时期盟誓频繁，与盟誓相关的诚信问题因而成为时代的中心话语。此时的“信”观念一定程度上还保留着原始“宗教性思维”的质朴，同时又受到政治世俗化的强烈冲击而具有明显的功利性。春秋时期的民事交往中也初步形成了一套以诚信为核心的交易规则，政府同样把诚信作为其经济管理的基本指导思想。

一、《易经》中的信思想

《易经》是我国现存最早的哲学著作，位居“群经”之首。它不仅是周朝社会生活的真实记录，而且对中国几千年的历史文化发展具有深远的影响。《易经》蕴含着丰富的信思想，是构筑中国信思想发展史的基础，是理解中国信思想特质的一个重要前提。

(一) 由“孚”说“信”

《易经》中没有出现信字，却有四十多处提到“孚”字，还有专门谈孚的“中孚卦”。在《尔雅》和《说文解字》中，都把“孚”释为“信”，所以，通过挖掘“孚”的含义就可以了解周人的“信”思想。

孚字的本义是指鸟孵卵的过程。孵化期间，老鸟一直用爪子抱持着卵，一心一意，不敢懈怠。孵化期一到，雏鸟就会破壳而出，“鸟之孚卵，皆如其期不失信也”。正是从鸟孵卵之诚意、如期这个意义上，古人把孚解释为诚信，这也是文字学上的通解。

但北宋理学家程颐认为，孚与信还是有差别的：“存于中为孚，见于事为信。”对此，朱熹非常赞同，他还进一步分析说，孚与信的区别近乎诚与信的区别，孚就是诚的意思。就像鸟孵卵，母亲哺乳幼子，都要竭诚尽力，如期而行，因以转训为信。

《易》在古代是卜筮用书，解析《易》的孚信思想也就应该由此出发。史、卜进行占卜，实际是人与神进行沟通的过程。如果对神不诚心敬意，必然引起神灵愤怒，那不仅得不到神灵的指示，还会受到神灵的惩罚。因此，占卜成功的前提必然是孚信。而《易》作为求取神谕的工具，在决定行动取向的卦辞中，人之孚信与否自然也是影响其吉凶祸福的一项重要因素。

《易经》开篇第一卦《乾》卦就蕴含着信的思想。九二爻辞为“见龙在田，利见大人”，孔子释义说，具有龙一样品德而立身中正的人，其平凡的言论说到做到，其日常行动谨慎有节，防止邪恶的言行而保持诚挚，美好的行为伟大而不自夸，道德广博而能感化天下。巨龙出现田间，正说明将要出现具备君主品德的贤人。所以，孚信是为人处世的一项基本准则，是判断人格高下的突出标志。

九三爻辞“君子终日乾乾，夕惕若厉，无咎”，孔子的释义是：君子只有以忠实诚信为做人原则，才能逐步提升道德水平，才会得到人们的亲近和尊敬。只有说话诚恳、严谨，发自内心，心口一致，不说谎话、大话，不信口开河地做出承诺，不发表阿谀奉承之辞，不人云亦云地随声附和，才能成就事业。言为心声，言语可信，才能得到别人的信任。“不言而信，存乎德行。”有美好德行的人，不须言词就能取信于人。

信及豚鱼是《易经》对孚信的经典性解释。语出《中孚》卦：“中孚：豚鱼吉，利涉大川，利贞。”《彖》曰：“‘中孚’，柔在内而刚得中；说而巽，孚乃化邦也。‘豚鱼吉’，信及豚鱼也；……中孚以利贞，乃应乎天也。”所谓豚鱼，指的是小猪小鱼。对待没有思想的猪、鱼都能推诚相见，如果以这样的赤子之心对人，自然是实心实意，童叟无欺。孚信能够感化豚鱼一类的至愚至贱之物，充分说明了孚信所及，无所不至。古语道“精诚所至，金石为开”，可以说是“信及豚鱼”的最好注解。诚信卓著，不仅是自己能得到他人信赖，还对整个社会的人际关系产生正面影响。君子的孚信之德如春风化雨一般滋润人们的心田，就会形成上下交孚，诚信互动的良好社会风尚。

《益》卦九五爻辞曰:"有孚惠心,勿问元吉:有孚惠我德。"就是说,君子怀抱真诚信实地施惠天下的心愿,毫无疑问是至为吉祥的,天下人也必将真诚信实地感惠报答君子的恩德。团结就是力量,孚信形成的社会凝聚力可以帮助君子克服艰难险阻,跨越激流险滩。所以说,孚信达到极致,无论什么困难都难不倒,因此是吉祥的卦象。

《中孚》卦的卦象,中间二爻阴虚,按照前人的说法,此卦象蕴含着诚信须以"中虚"为本的哲理。曾国藩认为:"人必中虚不着一物,而后能真实无妄。盖'实'者,不欺之谓也。人之所以欺人,所以自欺者,以心中别有私物也。不欺者,心无私着。是故天下之至诚,天下之至虚者也。"[1]所谓"中虚",就是心如明镜,一尘不染,没有丝毫私心杂念,只有这样才能做到真实无妄。诚信的意思就是心底无私,倘若心中有物,就容不下诚信;心中有鬼,就不会肝胆相照。

正因为纯真之心是诚信的要义,所以是否诚信并不在于物的丰歉。《坎》卦六四:"樽酒,簋贰,用缶,纳约自牖,终无咎。"因身处逆境,受条件所限,即使一樽薄酒,两簋淡食,用缶盛装,虽然简朴也可献于尊者,只要有一颗虔诚之心,便能与之结交。所谓君子之交淡如水,"明信显著,不存外饰"的处世交往方式"可羞之于王公,荐之于宗庙"[2],是值得推崇的,最终也不会带来什么咎害。"禴

1 / 黄寿祺等:《周易译注》,上海古籍出版社 2001 年版,第 465 页。

2 / 黄寿祺等:《周易译注》,第 245 页。

祭”是在春天举行的古代四时祭祀之一，祭品微薄，但并不妨“孚乃利用禴”[1]，只要心存诚信，即使微薄的祭品也有利于献享神灵。

以奢华为戒，以俭约为美的思想在《既济》卦中有一个十分形象的说法：“东邻杀牛，不如西邻之禴祭，实受其福。”[2]牛是盛大祭祀的用品，禴祭系“四时之祭省者也”。东邻举行盛大的祭祀活动，不如西邻举行微薄的禴祭，更能切实地承受神灵降予的福泽。祭祀神明不在于祭祀用品是否丰厚，关键是看有没有诚意。

人对神灵要讲诚信，人与人之间的关系又何尝不是如此？如果在人际交往中让物之多寡成为人之诚信的天平，人就会沦为金钱的奴隶。礼品的功用仅仅在于表达诚心敬意，寄托一片真情，如果在上面附加其他功利的东西，那就是对友情的亵渎。因为它降低了对方的人格，把对方视为一个可以用金钱收买的人；同时也是对自己的不尊重，因为他不自信能得到别人的器重和信任，所以才会像一个商人做生意一样去拿金钱购买友谊。金钱财富一旦左右了人际关系，它就会像一个恶性肿瘤，四处扩散，损坏整个社会肌体，市场上通行的利益关系就会侵蚀并取代正常的人际关系，其最终的结果会是什么呢？结果只能是道德沦丧，市侩们左右逢源，相互猜疑甚至相互敌视成为人际关系的主流，整个社会一盘散沙，趋于崩溃。

1 / 黄寿祺等：《周易译注》，第 374 页，第 382 页。

2 / 黄寿祺等：《周易译注》，第 517 页。

（二）孚信的治世功能

西周时期，学在官府，文化由服务于王室的巫、史、卜等神职人员和贵族垄断。《易经》作为统治者求神问卜以测吉凶的工具，辅助国家进行政治决策是其基本的功能。既然《易经》中贯穿着孚信的思想主线，孚信也就理所当然地成为治理国家、推行政务的指导原则。

《中孚》卦九二：“鸣鹤在阴，其子和之；我有好爵，吾与尔靡之。”白鹤在山阴深情地呼唤，其同类声声应和，这是发自内心的真诚意愿，象征君子笃实诚信，声闻于外，其同类心心相印，彼此回应。我有美酒与众共享，昭显无私品德，所以能得人“和之”。孚信具有超常的人格力量，所以《中孚》卦九五为：“有孚挛如，无咎。”即用诚信牵系天下之心，就可以无所咎害。

如果没有诚信将会如何？《中孚》卦上九爻辞曰：“翰音登于天，贞凶。”飞鸟的鸣叫响彻天宇，虚声远扬而信实不至。名与实背离、言与行不符，怎么能取信于人？统治者虚饰太平、欺世盗名，背弃诚信为本的政治原则，必然失信于民，导致众叛亲离，这是凶险之象，必须加以提防。

就君臣关系而言，信任关系的形成来自君主的以身作则。君主如能守信，必然会赢得下属的信任和服从。《大有》卦六五爻辞曰：“厥孚交如，威如，吉。”《象》曰：“‘厥孚交如’，信以发志也；‘威如之吉’，易而无备也。”所谓“信以发志”，直白地讲就是，下级的诚信来自上级的以身作则和示范效应。所谓“越王好勇，而民多轻死；楚灵王好细腰，而国中多饿人”[1]。民间俗语中“上行下效”“上梁不正下梁歪”，印证的都是同一个道理：正人先正己。

《益》卦九五“有孚惠心，勿问元吉：有孚惠我德”。意为将心比心，以心交心，当政者地位显赫，若能对下有诚，施政有信，不仅会得到信赖和拥戴，同时也会起到化民齐俗的作用，使诚信成为从政之道，立身之本。《比》卦初六体现的也是这一思想：“有孚盈缶，终来有它，吉。”[2]君主的诚信如美酒充盈酒缸，吸引远者来归，得到四面八方的回应。由于“圣王之信，光被四表，绝域殊俗，皆来亲比，故‘无咎也’”。诚信具有强大的道德感召力，是凝聚人心的良好黏合剂，上下之间以诚相待，彼此信赖，统治者就没有后顾之忧，这才是吉利祥和的气象。

如果身处逆境，面临凶险，就得靠信心，靠对事业成功的挚信来战胜困难。《随》卦九四爻辞：“随有获，贞凶；有孚在道，以明，何咎！”《象》曰：“‘随有获’，其义凶也；‘有孚在道’，明功也。”[3]《易经》卦象四位“多凶”，兼又“失正”，所以这时必须得防范风险。《随》卦的意思是说，如果不在君位，受到人们追随，必须具有“君子”之德，不可怀有非分之想。只要心怀诚信，合乎正道，立身光明磊落，就不会有什么咎害。

1 / 陈奇猷:《韩非子新校注》，上海古籍出版社 2000 年版，第 130 页。

2 / 黄寿祺等:《周易译注》，第 83 页。

3 / 黄寿祺等:《周易译注》，第 155 页。

《坎》卦象征险象环生，所谓“习坎：有孚，维心亨；行有尚”。这时，只要胸怀信实，就能使内心亨通，努力前行必然会获得成功。永远不要丧失信心，要有百折不挠的信念，持之以恒地向既定目标前行，只有这样才能脱离险境，走上坦途。这是《易经》提供的处险之道。

《革》卦象征变革，其中心思想“已日乃孚，革而信之”有两层涵义：

其一，当变革势在必行时，只有及时推行改革才能顺乎民情，取信于众。“汤武革命，顺乎天而应乎人”[1]，“顺乎天”是指顺应客观规律，正确把握革命时机，以赢得民众信从。反过来说，革命时机不成熟便不可轻举妄动，这时革命就不会得到民众的响应。所以，改革必须审时度势，循序渐进。“九三，征凶，贞厉”。急于求进必然带来危险，这时应该审慎求稳，甚至可以以退为进，以便抚慰人心，安定大局，巩固已有改革成果，同时也使民众对改革有一个适应过程。“革言三就，有孚。”[2]这是说改革方案必须反复论证，适时修正，推行改革要以诚信为本，不能欺骗民众。这样，改革才能得到民众的信任和支持。

其二，改革要信守正道，以诚意取信于民。“有孚改命，吉。”必须心存诚信以革除旧命，才会吉祥。统治者只有信任民众，将改革的目标、步骤、方法及其利弊得失宣之于民，才能获得民众的理解、同情和支持。统治者只有信

1 / 黄寿祺等：《周易译注》，第 406 页。

2 / 黄寿祺等：《周易译注》，第 409 页。

守做出的各种承诺和既定方案，让民众看到改革的信心和决心，民众才会积极参与到改革的进程中来。民众的信任和支持是改革成功的基本保证，改革每推进一步，都要考虑民众意愿，当改革成为民众的一致要求时，统治者就应顺应民意，果断行动。“大人虎变，未占有孚”[1]。统治者应像猛虎下山一样推进改革，这时无须占卜请教神灵，毫不犹豫地采取行动就能展现诚信的美德。

（三）契约诚信与诉讼诚信

《讼》卦堪称是中国古文献中涉及法律诚信问题的最早纪录：“讼：有孚窒惕，中吉；终凶，利见大人，不利涉大川。”这段话的意思是：《讼》卦象征争讼，争讼是由于诚信被窒塞、心有惕惧所致，持中不偏可获吉祥；始终争讼不息则有凶险，利于出现大人，不利于涉越大河巨流。

在中国古代，“争罪曰狱，争财曰讼”。可见《讼》卦的着眼点在民事法律关系。如果说《易经》是西周社会生活的真实反映的话，那么，据此我们可以认为，在西周时期，我国已经产生了法律意义上的诚信原则。

民法是商品经济关系的基本法。通常认为，民法中的诚信原则起源于罗马法。根据罗马法的规定，债务人不仅要依照契约条款，更重要的是要依照其内心的诚实观念完成契约所规定的给付，这便是所谓的诚信契约。在《易经》中，诚信是人对人、对神、对物都必须坚持的一项基本原则。

1 / 黄寿祺等：《周易译注》，第 410 页。

“交孚，厉无咎”，“有孚，元吉”；“九二之孚，有喜也”，“有孚发若，吉”，等等。《易经》的这些见解虽然主要是从政治和社会伦理的角度着眼，但中国古代的道德、习俗和法律相互交融，很难将其截然分开。况且作为立身处事指南的道德原则同样也是人们法律行为的指南，适用于民事法律关系是毫无问题的。

《讼》卦所言“有孚窒惕”，言简意赅地指出了民事纠纷的起因是由于诚信被窒塞，换句话说就是当事人没有很好地履行诚信义务，这一认识完全正确并且十分深刻。尤其值得注意的是《讼》卦关于法律纠纷的起因仅此一项并无其他，这说明在周朝时期的民事纠纷处理中，诚信原则是一项根本原则。民事活动中的诚信原则被西方社会奉为现代民法的最高指导原则，有法学家甚至称之为“帝王规则”。也有学者认为，资产阶级民法的基本原则只有诚信原则一个。由此可见，《讼》卦“有孚窒惕”的说法与现代法律的精神是完全一致的。

诚信原则的另一个内容是诉讼诚信。卦辞中“利见大人”，说的是利于出现主持公道的君子。所以，在九五之位，“讼，元吉”。九五象征阳刚中正，是君子听讼，明断曲直之象。这时解决诉讼纠纷是吉祥的:“中则不过，正则不邪，刚则无所溺，公则无所偏。”[1]

司法官员审理案件应有诚信的态度，《中孚》卦曰:“泽上有风，中孚；君子以议狱缓死。”[2]所谓“泽上有风，中孚”，说的是大泽上吹拂着和

1 / 黄寿祺等:《周易译注》，第 70-71 页。

2 / 黄寿祺等:《周易译注》，第 497 页。

风，象征着内心的诚信可以广布于四方。因此，君子要效法“中孚”之象，广施信德审理狱讼，以忠诚信实的工作使当事人信服。

诚信诉讼还包括案件当事人的诚信。讼之所生，始于“作制契之不明”。所以《正义》疏曰:“凡斗讼之起，只由初时契要之过。”[1]因此，在订立契约时必须谨慎从事。“君子以作事谋始”，在订立契约时，就需要考察对方当事人的诚意、信用情况和履约能力，从而在源头上防止日后出现纠纷。为了使当事人履约更有责任心，西周时期还采用盟誓作为主要的证据形式，请神灵监督保证契约得以执行。古人挚信神灵的存在，敬畏神灵的威严，所以盟誓具有强大的精神震慑作用，是促使当事人诚信守约的心理驱动力。同时，国家对违背誓言的行为也给予严厉的刑事制裁，大事违誓当杀，小事违誓当墨。[2]

诉讼过程中，司法官员采用“五听”的审理方式，以考察当事人辩词的真伪，辨明案情真相。《系辞》概括了几种不同心态下人的不同表现:“将叛者其辞惭，中心疑者其辞枝，吉人之辞寡，躁人之辞多，诬善之人其辞游，失其守者其辞屈。”[3]司法心理学的这种成功运用，正是诉讼诚信原则的一个具体体现。

二、春秋盟誓之诚信问题

春秋时期，随着周王室的衰弱，天子号令天

1 / 黄寿祺等:《周易译注》，第 67 页。

2 / 钱玄等注译:《周礼》，岳麓书社 2001 年版，第 353 页。

3 / 黄寿祺等:《周易译注》，第 605 页。

下的时代实际上已经结束，一个以实力说话的强权政治时代开始了。“礼崩乐坏”意味着传统的政治秩序已经遭到严重破坏，曾将血缘关系与政治关系紧密结合在一起、对维系纲常起纽带作用的宗法制正在逐步瓦解。剧烈的社会动荡和政治变革需要新的思想理念和制度措施来调整新的“国际”关系和人际关系。因此，春秋时期盟誓活动大量出现，成为极具时代特色的一种现象。

盟誓是春秋时期各邦国对外活动中确认两国或多国关系的基本形式。“盟所以周信也”，盟誓的目的是巩固信用。但在当时的政治实践中，盟誓制度真的体现了诚信原则吗？盟会制度在春秋时期的外交活动中起着什么作用？各国政治家如何看待这些外交誓约？这是本节所要讨论的内容。

（一）盟誓制度是如何体现诚信原则的？

什么是盟？从《周礼》司盟的职掌便可略知一二。凡诸侯国之间举行盟会以解决纠纷和冲突时，相关程序、仪式和文书概由司盟掌管。盟约成立时要“北面昭明神”，即邀请诸位神灵监临誓约的成立过程。如襄公十一年七月的诸侯会盟，邀请的神灵有“司慎司盟，名山名川，群神群祀，先王先公，七姓十二国之祖”。（《春秋左传》）在诸神众目睽睽之下，结盟者若有丝毫虚情假意，必会招致众神的惩罚。

与会者怎样才能请到诸位神灵呢？《礼记·曲礼》说：“莅牲曰盟。”杀牲歃血是盟的基本要件。《礼记正义》描述“莅牲曰盟”

的仪式说：

> 盟之为法，先凿地为方坎，杀牲于坎上，割牲左耳，盛以朱盘，又取血盛以玉敦，用血为盟。书成，乃歃血而读书。

杀牲歃血的目的在于恭请诸神，血气最腥，便于诸神闻到气味；血色最艳，便于引起诸神的注意。古人普遍存在着鲜血崇拜，血的奉献也是为了表达自己对神灵的诚意，祈求神灵保障誓约的履行。盛放血食的容器则用朱盘玉敦以示庄重。盟誓的内容用血液书写，称为盟书、誓书或载书。

侯马盟书为1965年至1966年于中国山西省侯马市出土的玉片文物，数量共有五千余片。因为该玉片上文字刊载着春秋战国时代各诸侯国或卿大夫之间的订盟誓约中的言词，因此称作“盟书”或“载书”。该文字属于春秋晋国官方文字，出现在约晋平公八年（前550），现藏于山西博物院。

值得注意的是，负责制作载书的除司盟外还有祝、诅这样的神职人员，这反映出整个盟誓活动的神圣和庄严。盟书要当众宣读，这不仅是为了尽人皆知，更是为了告知诸神。歃血是盟誓活动的高潮，由主盟者先饮牲血，然后与盟者一一饮之，表示以生命为誓之意。载书要放置于祭神的牺牲之上，意在让神灵享用祭品时能见到盟誓者的名字和盟誓的内容，以便监督盟誓的执行。

杀牲歃血的另一重要目的是警示与盟者。载书中一般都有“有渝此盟，以相及也”和“有如此盟”之类的诅咒性内容，意思是说如有背叛盟约者，其下场将如同盟誓中的牺牲一样遭到宰杀。由于是在神灵面前诅咒盟誓，不遵守誓约就意味着对神灵的欺骗，这是绝对不可饶恕的罪行，“明神先君，是纠是殛”，监誓的诸神将会执行惩罚背盟者的使命。

由盟誓的程序、仪式和载书的内容可以看出，神灵在整个活动过程中占有非常突出的位置。神灵不仅是誓约的见证人，还是盟誓的监督者和执法者。这反映出信守誓约在很大程度上是出于人们对神灵的畏惧和虔诚。信奉神明的这种原始宗教情结可以极大地强化人们诚信的心理趋向，在春秋政治家的心中——

> 盟所以周信也，故心以制之，玉帛以奉之，言以结之，明神以要之。
>
> 我食吾言，背天地也，……背天不祥。
>
> 背盟不祥，欺大国不义，神人弗助，将何以胜？（《春秋左传》）

盟誓是用来巩固信用的，所以用诚心来约束它，用玉帛来奉献给它，用语言来完成它，请神灵来保证它。“背盟不祥”与“背天不祥”，在春秋人看来，其含义是相同的。背盟就是背天，背天将有“明神殛之”，所以“不祥”。这样的思维定式无疑会产生巨大的心理威慑力，促使人们弃绝背盟的罪恶念头，坚定诚信守约的意向和信念。神灵崇拜既然具有如此深厚的社会心理基础，春秋时期各诸侯国自然就把“申之以盟誓”视为确立彼此关系的“立法”程序，予以特别的重视了。

神灵的参与对于誓约的信守可以起到保证作用，但是，当人的主体意识逐渐觉醒以后，尤其是当有些诸侯的势力强大到足以问鼎中原的时候，各国政治家，尤其是君主的道德水准便成了誓约成败的决定性因素。秦、晋两国的令狐之会便极有典型意义——成公十一年（前580），秦晋两国经过一番外交努力之后言归于好，两国君主准备在令狐会见。晋厉公先到，秦桓公却住在王城中，不愿渡过黄河，只派遣史颗到河东与晋厉公结盟。晋国则派郤犨到河西与秦桓公结盟。对此，范文子评论说：

> 是盟也何益？齐盟，所以质信也。会所，信之始也。始之不从，其可质乎？（《春秋左传》）

这样的盟誓有什么用处呢？斋戒盟誓，是用来保证信用的。约定地点会见，这是信用的开始。开始都不顺从，还有诚意吗？结果正如范文子所言，秦桓公回去就背弃了与晋国的友好关系。所以，左丘明说：“苟信不继，盟无益也。”如果信义不能长久维持，订立盟约又有什么用处呢？

(二) 信守盟约与国际正义

春秋时期，尽管尔虞我诈，弱肉强食在列强的争霸战争中司空见惯，但在和平交往时，各诸侯国为了争取更多的盟友，大都比较注意自己的道德形象。由于周天子名义上仍是天下共主，周礼仍然是各邦国外事活动中应予遵循的交往原则和行为标准，所以，国家不管强弱，如有公然违背礼制之举，不仅为人所非议，还会遭到有关国家的抵制和反对。盟誓作为国家处理国际关系的神圣承诺，受到各国政治家的高度重视。在他们看来，信用和道义是立国之本，是国际关系的基本准则。是否遵守誓约是衡量一个国家信用的基本尺度。盟主如果背弃这些原则就会导致同盟的解体。在许多事例中，我们都可以看到这种道德精神的体现。以晋国为例：

成公六年三月，由于宋国拒绝参加盟会，晋国大夫伯宗、夏阳说等率师攻打宋国，夏阳说主张顺便袭击没有设防的卫国，多抓些俘虏回去。伯宗说：“不可。卫惟信晋，故师在其郊而不设备。若袭之，是弃信也。虽多卫俘，而晋无信，何以求诸侯？”(《春秋左传》) 俘虏是宝贵的人力资源，但不能因此落下背信弃义的坏名声，否则，以后如何取信于诸侯？

“得原失信”更是一个常为人们津津乐道的事件。事情发生在僖公二十五年：“冬，晋师围原，命三日之粮，原不降，命去之。谍出，曰：‘原将降矣。’军吏曰：‘请待之。’公曰：‘信，国之宝也，民之所庇也。得原失信，何以庇之？所亡滋多。’退一舍而原降。”信用是护国的宝器，人民的保护神。以食言失信为代价而攻占原，民众将失去对国家政令的信赖，这损失实在是太大了！所以为晋国所不取。

“向戎弥兵”是春秋列国外交史上的一件大事。鲁襄公二十七年（前546），宋大夫向戎发起第二次弥兵大会。楚军暗中将铠甲穿在衣服里面，欲乘会盟之机偷袭晋军，晋中军主帅赵文子为此忧心忡忡，叔向却说：

> 子何患焉。忠不可暴，信不可犯，忠自中，而信自身，其为德也深矣，其为本也固矣，故不可抈也。今我以忠谋诸侯，而以信覆之，荆之逆诸侯也亦云，是以在此。若袭我，是自背其信而塞其忠也。信反必毙，忠塞无用，安能害我？且夫合诸侯以为不信，诸侯何望焉？为此行也，荆败我，诸侯必叛之，子何爱于死，死而可以固晋国之盟主，何惧焉？[1]

于是，晋军营地上只设藩篱，不设营垒，牵引战车到水草便利的地方驻扎，白天不设隐蔽的瞭望哨，夜里不设岗哨警卫，楚国始终不敢图谋袭击。此后直到晋平公逝世，楚国没有再挑起战火。这次弥兵之会的成功显然得益于晋国的坦诚相见，

1 / 来可泓:《国语直解》，复旦大学出版社2000年版，第670页。

会议的目的是消除疑忌，谋求和平，晋国就以忠诚、信义为旨，处处突出会议主题，以自己的实际行为取信于诸侯，获得了诸侯的信任和拥护。晋国政治家叔向的“信义外交”思想由此广为传布，不仅为中原赢得了几十年的相对和平，也为后世留下了一份宝贵的思想遗产。

秦、晋之间从交好到交恶的历史也是围绕着信用之得失而展开的。晋惠公四年（前647），晋国因饥荒向秦国求援，秦国发起“泛舟之役”，大规模运粮救助晋国，使之渡过难关。次年，“秦饥，使乞籴于晋。晋人弗予”。

晋国大臣庆郑指出，背弃恩惠是不亲善的行为，幸灾乐祸是不仁，舍不得财物救济别人是不祥，使邻邦愤怒是不义。这四种道德都丢失了，靠什么来维系国家的生存呢？丢掉信用，背弃邻国，一旦发生灾难谁来救助我们？没有信用，灾难就会发生；丧失救援，国家必然垮台。这就是事理的必然结果。背弃人家施舍的恩惠，幸灾乐祸，是为百姓所唾弃的。即使亲近的人尚且会为此成仇，更何况是有仇的敌人呢？然而，晋惠公并未听从庆政的主张。

秦穆公十五年（前645），秦穆公率军入侵晋国。秦穆公的战前动员说，晋惠公回国后，在国内杀了主张他回国的里克、丕郑，在国外背约不给我们河西五城之地，他断绝情义而我却多次施恩，好像没有天理了。如果上天肯主持公道，我一定会战胜他。结果，晋国为其背信弃义付出了惨痛的代价，晋惠公战场被俘成为阶下之囚，晋国割让五城之地。秦国在释放晋惠公回国时，留下其太子作为人质。

（三）盟誓之变种

发展对外友好关系，营造良好的国际生存环境，是维护国家安全必不可少的基本措施。春秋各国面对错综复杂的国际关系，都对国际政治秩序的变化十分敏感，并利用一切机会促进同盟关系的发展。而结信于诸侯的基本手段则是婚姻和盟誓。

在当时的国际关系中，“结二姓之好”的政治婚姻主要是借助亲情以发展国君之间的“私人”情感，是一种非正式的形式，而盟誓则是具有国际法意义的、规范的、按照国际关系准则（周礼）确立双边或多边国际关系的正式形式。由于誓约中包含有一定的权利义务条款，所以盟誓的形式和内容变化都会对国际关系带来相应的变化。

春秋时期，大国强权政治是影响国际关系发展的基本因素。在争夺霸权的过程中，大国“挟天子以令诸侯”，往往利用盟会作为实现其霸权的一个工具。在这种情况下，盟约的缔结多半并不来自与会国的自由意志，而是主盟者利益的体现。同盟各成员权利义务不平等，必然会严重影响到盟约的公正性。缺乏公正基础的盟约显然是违背通行的国际法准则——周礼的。那么，这样的盟约其有效性如何？对其是否也要履行诚信义务呢？在春秋政治家看来，诸侯国之间交往的准则是德与礼，只有建立在德、礼基础上的盟约才具有公正性和有效性。

在宋国举行的弥兵之会上，晋、楚争做盟主。楚国坚持要求先歃血，以确立其盟主地位。晋国不肯退让。如果争执起来，结果只能是盟会失败，兵戎相见。于是，叔向对赵文子说，成就霸主之业的关键是推行德政，不在于谁先歃血。以忠诚、信义辅佐君主，从道义上取信于诸侯，才会成为真正的霸主。如果仅凭兵多将广，以势压人，这样形成的盟约是不会长久的。

春秋时期，受大国强权挟制而左右为难最甚的当属郑国。襄公八年，郑国侵犯楚的盟友蔡国。楚兵来伐时，郑国内部意见不一，子展认为:“小所以事大，信也。小国无信，兵乱日至，亡无日矣。”能够倚仗的没有什么比信用更可靠，郑国应该依靠信用等待晋军前来援救。但子展的意见未被采纳。

襄公九年，晋大举进攻郑国，强迫郑国签订城下之盟。晋要求郑国惟晋命是从，郑人则强调“唯有礼与强可以庇民者是从”。在双方僵持不下，盟会将要失败之际，知武子说:

> 我实不德而要人以盟，岂礼也哉？非礼，何以主盟？修德息师而来，终必获郑，何必今日？我之不德，民将弃我，岂唯郑？若能休和，远人将至，何恃于郑？

知武子的主张说出了国际正义的一般原则，具有无可辩驳的说服力。于是，晋郑结盟。

接着，楚军攻打郑国。此时，郑国大臣之间有一场对话：

> 子孔、子蟜曰："与大国盟，口血未干而背之，可乎？"子驷、子展曰："吾盟固云'唯强是从'。今楚师至，晋不我救，则楚强矣。盟誓之言，岂敢背之？且要盟无质，神弗临也。所临唯信。信者，言之端也，善之主也，是故临之。明神不蠲要盟，背之，可也。"(《春秋左传》)

子孔、子展在这里提出了一个非常重要的概念：盟誓的公正性以及对不公正盟约是否有信守义务的问题。如果用现代的法律术语来表述子孔、子展的思想，就可以这样提出问题：法是什么？恶法是法吗？违背签约国意志的国际条约有法律效力吗？受害一方对受胁迫而订立的条约有信守的义务吗？对此，子孔、子展的回答是"背之可也"。如果用现代法律精神和国际法准则加以评判的话，这一答案是无可非议的。

盟誓制度中与诚信相关的另一个问题是"质"。质是盟誓的一部分，有时质与誓连称，如"恃此质誓，故能相保以至于今"。(《春秋左传》) 质与誓一样都与诚信有着无法分割的联系。

"质，信也。"[1] 质，就是信。

"要盟无质。"胁迫之下的盟誓没有诚信。

1 / 杨伯峻：《春秋左传注》，中华书局1981年版，第1375页。

“斋盟，所以质信也。”[1] 斋戒盟誓，是用来保证信用的。

古人盟誓必先斋戒，斋戒意在驱除杂念，纯净心灵，以专心诚意地对神盟誓。这就是说，盟誓本于自觉，是自由意志的产物。但是，在征服与被征服，控制与反控制的争霸战争中，盟誓却往往是一种外交手段，是大国推行霸权政治的工具，是强加于小国、弱国、战败国身上的一种不平等条约。这一类的盟誓显然是缺乏诚信基础的，一有风吹草动，就有背叛的可能。“苟信不继，盟无益也。”[2] 时人十分清楚，如果没有诚信予以维系，盟誓是没有用处的。

为了保证这种缺乏诚信基础的盟誓得以执行，春秋伊始，就出现了以人为质的现象：

> 郑武公、庄公为平王卿士，王贰于虢。郑伯怨王，王曰：“无之。”故周、郑交质。王子狐为质于郑，郑公子忽为质于周。[3]

《左传》对此评论道：

> 信不由衷，质无益也。明恕而行，要之以礼，虽无有质，谁能间之？苟有明、信，涧、溪、沼、沚之毛，苹、蘩、蕰藻之菜，筐、筥、锜、釜之器，潢、汙、行潦之水，

1 / 杨伯峻:《春秋左传注》，第854页。

2 / 杨伯峻:《春秋左传注》，第134页。

3 / 杨伯峻:《春秋左传注》，第27页。

可荐于鬼神，可羞于王公，而况君子结二国之信，行之以礼，又焉用质？《风》有《采蘩》《采苹》，《雅》有《行苇》《泂酌》，昭忠信也。

如果盟誓的语言不是发自内心，即使交换人质也没有什么益处。事实也正是如此，平王去世，周王室将政权交给虢公执掌，引起郑的强烈不满。四月，郑国派兵割走了温地的麦子。秋天，又割取了成周的谷子。

“周郑交恶”是天子与诸侯之间互换人质，春秋时期更多的则是诸侯之间的委质。

如秦穆公十五年（前645）秦、晋韩原之战，晋国战败，晋惠公成为俘虏。在如何处置晋惠公的问题上，秦穆公听从了公孙枝的意见：“归惠公而质子圉。”[1]以晋太子作为人质留在秦国。这是由于秦对晋惠公的背信弃义行为极其愤怒，虽不杀惠公，但要求其单方出质，以防其再次背盟。

出质者多为战争中失败的一方，如：楚、郑纠葛，郑国战败后求盟，得到楚国许可，郑子良出质；宋、楚交战，宋战败后华元出质。晋帅诸侯攻郑，修泽之盟，郑国以子驷作为人质。

晋、楚争霸，为了巩固与郑国的关系，晋国则与郑国互换人质。晋国派赵穿、公婿池为质，郑国则派太子夷、石楚为质。这是一种既盟之后，又交互为质、以强化彼此信任关系的委质形式。

1／来可泓：《国语直解》，第453页。

柯之盟是齐国称霸过程中极具戏剧性的一幕。齐鲁交战，鲁国战败，鲁国以献出遂邑为代价求和，齐桓公同意在“柯”这个地方与鲁国会盟。举行歃血仪式时，鲁将曹沫突然拔出短剑劫持桓公，要求齐国“反鲁之侵地！”否则不能订立盟约。实际上已成为人质的桓公无奈只好同意。曹沫于是放下剑，从主持祭祀仪式的齐国官员手中拿过玉敦，让两国国君歃血盟誓。然后曹沫又与桓公盟誓，桓公指天发誓，将夺取鲁国的土地还给鲁国。事毕，齐人想劫持鲁庄公，以报曹沫劫持齐桓公之辱。但管仲以为：“弃信于诸侯，失天下之援，不可。”于是齐国将汶阳之田还给了鲁国。这次特殊的人质事件使齐国在诸侯中获得了守信的美誉，成为齐国称霸的重要起点。

春秋时期诚信外交的思想散见于各国政治家言论中，均为临事而发、议决外交政策时的政见，具有鲜明的时代特色和实践价值。虽然还没有形成系统的理论，唯其如此，也正可见各国对诚信问题之普遍关注和多样性思考。诚信首先是一个实践问题，只有对诚信的共同需求才使其成为一个时代的中心话语，才能形成一种社会思潮。处在春秋历史转折期的人们，其诚信观在一定程度上还保留着原始“宗教性思维”的质朴，同时又受到政治世俗化的强烈冲击而具有明显的功利性。这一特点像一个胎记永远地留在了中国人身上，甚至对信伦理的思考方式也难以脱春秋之窠臼，罕见纯粹理论思辨，始终以实用理性为宗。

三、春秋时期民事交往中的诚信原则

春秋时期，随着商品交换的日益频繁，在各种民事交往活动中初步形成了一套以诚信为核心的交易规则，政府的商业管理活动中，同样把诚信作为其基本的指导思想。春秋时期民事交往中奉行的诚信原则是中国传统商业伦理观的源头，也是中国传统伦理的核心理念。

（一）春秋时期市场交换中的诚信原则

关于市场交易的情形，据《周礼》记载：

> 大市日昃而市，百族为主；朝市朝时而市，商贾为主；夕市夕时而市，贩夫贩妇为主。[1]

市场开始交易时，市场管理官员要检查肆中陈列货物是否名实相符，成交价格是否符合规定。买卖物品有“伪饰之禁”——

> 用器不中度，不粥于市；兵车不中度，不粥于市；布帛精粗不中数，幅广狭不中量，不粥于市；奸色乱正色，不粥于市；锦文、珠玉成器，不粥于市；衣服饮食不粥于市；五谷不时、果实未孰，不粥于市；木不中伐，不粥于市，禽兽鱼鳖不

1 / 钱玄等注译:《周礼》，第132页。

中杀，不粥于市。(《礼记·王制》)

上述规定表明，在周朝时期，诚信不欺就已经成为商品经济关系的基本原则，并纳入政府行政管理的严格监控之下。

周朝的市场管理人员中有“质人”一职，其职能是：

掌成市之货贿、人民、牛马、兵器、车辇、珍异。凡卖儥之事质剂焉，大市以质，小市以剂。掌稽市之书契，同其度量，壹其淳制。巡而考之，犯禁者举而罚之。凡治质剂者，国中一旬，郊二旬，野三旬，都三月，邦国期。期内听，期外不听。[1]

质人负责市场中的货物、奴婢、牛马、兵器和珍异等物品价格的估定。货物买卖以券书作为凭据，牛马、奴婢等大宗买卖要使用长券，兵器及珍异等小宗物品买卖则使用短券。质人还掌管稽查市中书契，统一度量，划一布匹的尺度标准，随时巡查，发现有违反禁令者，没收其物品并加以处罚。

周朝文献中，关于契约关系的文字记载已经比较全面。《周礼》中有几种官职都涉及对契约的管理：

天官小宰：以八种行政规范裁决诉讼，其中包括“听称责以傅别”“听取予以书契”“听买卖以质剂”。即根据契约裁决借贷方面的诉讼；根据文

1 / 钱玄等注译：《周礼》，第135页。

书和符契裁决颁发物品方面的诉讼；根据券书裁决买卖上的诉讼。[1]

胥师："各掌其次之政令，而平其货惠，宪刑禁焉。察其诈伪、饰行、儥慝者而诛罚之。听其小治小讼而断之。"[2]胥师的主要稽查对象是假冒伪劣商品的经营者，查出后予以处罚。

在国家司法机关中，负责民事经济纠纷的是司约和司盟，其具体职责为：

> 司约掌邦国及万民之约剂。治神之约为上，治民之约次之，治地之约次之，治功之约次之，治器之约次之，治挚之约次之。凡大约剂书于宗彝，小约剂书于丹图。若有讼者，则珥而辟藏，其不信者服墨刑。若大乱，则六官辟藏，其不信者杀。[3]

司约负责管理所有契约券书。不同契约按其重要程度分为不同档次，凡是重要的契约券书，都写在宗庙的礼器上；一般的契约券书用丹写在竹帛上。如果出现有关契约券书的诉讼，先用鸡血衈门户，开启府藏取底本核对，持有伪造契约者处以墨刑。如果发生大的违约行为，就令六官取出所藏副本共同勘核，不信守契约者处以死刑。

1 / 钱玄等注译:《周礼》，第 23 页。

2 / 钱玄等注译:《周礼》，第 136 页。

3 / 钱玄等注译:《周礼》，第 341 页。

> 司盟掌盟载之法。凡邦国有疑，会同，

则掌其盟约之载，及其礼仪。北面昭明神，既盟，则贰之。盟万民之犯命者，诅其不信者，亦如之。凡民之有约剂者，其贰在司盟。有狱讼者，则使之盟诅。凡盟诅，各以其地域之众庶，共其牲而致焉。既盟，则为司盟共祈酒脯。[1]

所谓诅万民之不信者，《订义》中郑锷解释说：

万民有不信者，谓向已结言，而今背之，无复信义，则与众共诅之。诅者，詋之以言，欲使背信之人必蒙其祸也。盟与诅异，盟者，戒其未然；诅者，惩其以往。

所谓"民之有约剂者，其贰在司盟"，即民间契约的副本要在司盟处存档，以便将来发生纠纷时作为裁判依据。诉讼发生时，必须先盟誓诅咒言词不实者。诅盟的目的在于使"中有所愧者不敢听，而狱讼自息矣"。理亏的一方不敢盟誓，就可以减少诉讼。盟誓要杀牲歃血，以明诚信，当地民众须供应盟誓所用牺牲，并参加定盟仪式，这样做"即使众庶共质之，而邻里共牲之人必能诘责之者，必将知愧而自悔也"[2]。还可以使民众见证、监督诉讼审判过程，同时发挥明辨诉讼双方言辞是非真伪的作用。盟誓后，则由司盟祈祷神灵降祸于不信守盟誓的人。

"夫信，民之所庇也，不可失也。"[3]信用不

1/钱玄等注译:《周礼》，第341–342页。

2/《古今图书集成》交谊典第六十九卷盟誓部。

3/来可泓:《国语直解》，第532页。

仅是民众的保护神，也是经济交往赖以正常进行的心理支柱。周朝经济管理制度中关于市场信用的诸多规范充分表明，诚信原则在经济活动中不仅是道德要求，而且是法律规范。诚信是政府经济行政管理的重要内容，也是司法裁判活动的基本依据。

《荀子·君道》曰："合符节，别契券者，所以为信也。"契约关系实即信用关系。周朝时期契约制度的出现是当时契约关系发达的具体体现，而契约关系与信伦理则是一对孪生姊妹，没有市场信用就没有契约关系。所以春秋时期各诸侯国对在经济领域推行诚信原则给予高度重视，齐国执政管仲就提出了"非诚贾不得食于贾，非诚工不得食于工，非诚农不得食于农，非信士不得立于朝"[1]的著名政策主张。没有诚信的经商者不得从事商业，没有诚信的工人不得从事（手）工业，没有诚信的农民不得从事农业，没有信义的士人不得从政做官。这一政策主张对于个人而言是以诚信立业，对于国家而言是以诚信立国，与这种职业道德相联系的必然就是诚信经济。

（二）尔无我叛，我无强贾

晋国大夫韩宣子收藏了一个玉环。他听说另一只与之成对的环在郑国商人手中，就去拜见郑国国君，请求得到这个环。执政子产对宣子说："这不是官府收藏的东西，我们国君不知环在何处。"子大叔和子羽认为："宣子没什么东西有求于我们，我们对晋国

1 / 吴文涛，张善良:《管子》，北京燕山出版社 1995 年版，第 52 页。

不可怀有二心，晋国和宣子都不可轻慢。如果惹得他们发怒，我们后悔也来不及！何必为一个玉环而招惹大国的讨厌呢？”子产曰：

> 吾非偷晋而有二心，将终事之，是以弗与，忠信故也。侨闻君子非无贿之难，立而无令名之患。侨闻为国非不能事大字小之难，无礼以定其位之患。夫大国之人令于小国，而皆获其求，将何以给之？一共一否，为罪滋大。大国之求，无礼以斥之，何餍之有？吾且为鄙邑，则失位矣。若韩子奉命以使，而求玉焉，贪淫甚矣，独非罪乎？出一玉以起二罪，吾又失位，韩子成贪，将焉用之？且吾以玉贾罪，不亦锐乎？

于是，宣子自己找到商人购买玉环，商人却说：“我一定要报告执政大人！”韩宣子对此不解，对子产说：“先前我请求这只环，执政认为不合道义，所以不敢再次请求。现在我从商人那里买到了，商人却说一定要报告执政，请问是何道理？”子产答道：

> 昔我先君桓公，与商人皆出自周，庸次比耦，以艾杀此地，斩之蓬蒿藜藋，而共处之。世有盟誓，以相信也，曰：“尔无我叛，我无强贾，毋或匄夺。尔有利市宝贿，我勿与知。”恃此质誓，故能相保，以至于今。今吾子以好来辱，而谓敝邑强夺商人，是教敝邑背盟誓也，

毋乃不可乎！吾子得玉而失诸侯，必不为也。若大国令，而共无艺，郑，鄙邑也，亦弗为也。侨若献玉，不知所成，敢私布之。(《春秋左传》)

听子产如此说，韩宣子就把玉环退给了商人。

郑国与商人之间的盟誓在中国经济史上具有重大的意义。受地理环境和政治环境影响，自给自足的自然经济在我国一直占据主导地位，商品经济从全国范围来看一直不甚发达。中国历代政府奉行重农抑商政策，商业很少得到国家的支持。在士、农、工、商“四民”中，商排在最后，商人的社会地位多半处在社会的底层。郑国与商人之间的盟誓是十分少见的一个历史现象。

《左传》还记载了一个弦高犒师的故事，可为郑国的商业活动提供一个注脚。

郑国商人弦高到成周做生意，路过滑国时，碰到前去偷袭郑国的秦军。弦高送了十二头牛犒劳秦军，并对秦军将领说：“我们君主听说您准备行军路过我们国家，谨来犒赏您的随从。”弦高同时又派人火速向郑国报告。秦军见郑国已有准备，便顺手灭掉滑国回师了。

这是一个流传千古的故事，其中有两个问题引人思考：

其一，弦高在路遇秦军的情况下，仓促之间可以置办十二头牛的重礼，说明其经济实力十分雄厚。如果郑国没有一个好的市场环境，是难以产生富商巨贾的。弦高在滑国遇秦军，购买礼品的行为只能发生在滑国，如果采用现金交易，弦高必得随身携带大量现金，这似乎不合常理，尤其是春秋各国币制不同，在滑国大宗购物还存在货币兑换的问题。如果是赊欠交易的话，则说明弦高有非常好的商业信誉，同时也表明当时的市场信用已经发展到相当层次了。

其二，弦高犒师不能单纯理解为一种爱国行为，郑国如果没有与商界唇齿相依、相濡以沫的世代盟约，如果郑国对商人横征暴敛、百般刁难，弦高还能作出如此的慷慨义举吗？所以，弦高犒师是对郑国信守世代盟约的一个回报。

与国家相比，商人显然处于弱势，两者之间的盟约能否存续并得到信守，其关键在处于强势的国家一方。如果政府当局背信弃义，撕毁盟约，商人除了可以采取逃离、转行等消极抵制措施以外，恐怕是没有什么办法保证其约定权益得到实现的。因此，盟约的延续是郑国当局珍视其自身信誉的结果。

晋、郑两国实力相差悬殊，晋为北方盟主，郑国对其处于半依附状态，多数情况下是要委曲求全的。宣子买环似乎是一桩小事，不值得因此得罪晋国，或者更进一步的做法也许是主动送礼上门，对大国使者讨好还唯恐不及，岂能得罪？子产的可贵之处就在于其不畏强国，坚守盟约的决心、勇气和把握利弊得失的大局观。令大国使者满意是眼前的一时之利，与商界的誓约则关系到国家的信誉。“信，国之宝也，民之庇也。”国“非信不固”[1]。国家不讲信用，就丢

1 / 来可泓:《国语直解》，第 412 页。

弃了治国的法宝和统治的基础；“不信，民不从也”[1]。国家不讲信用，民众就失去了保护神，民心就会涣然离散。没有民众的信任和拥戴，哪有国家的长治久安？

信守与商界的盟约也是郑国外交上对晋忠信的行为。正如子产所说，如果大国有求必应，郑国用什么承担？或给或不给，更得罪大国。在子产看来，处理国与国之间的关系要以礼的精神和规范为原则，背离了这一原则就会对两国关系造成损害。因此，小国对大国的要求不能无原则地迁就，只有维持平等正常的交往，两国关系才会长久。韩子买环而子产之所以“弗与”，正是要对晋国“终事之”，这才是对晋国真正的“忠信”。

韩子买环的经历非常具有典型性，但它的发生绝非偶然。春秋时期的重信思潮便是郑国信守其“世代盟约”的思想背景。“君命无贰，失信不利。”[2]“不仁不信，将何以长利？”[3]在春秋文献中，各国政治家都是把信作为立国之本来奉行的，但从经济角度专门反映国家诚信的内容还不多见，所以韩宣子买环这一事例就显得弥足珍贵。

1 / 杨伯峻:《春秋左传注》，第679页。

2 / 杨伯峻:《春秋左传注》，第840页。

3 / 来可泓:《国语直解》，第436页。

第三章

先秦儒家的信范畴

儒家学说是中国传统社会的主流思想。在中国历史上，还没有哪一家学派像儒学那样经久不衰、源远流长。它不仅长期支配着中国古人的思想观念，而且至今仍然具有相当顽强的生命力，影响着我们当代人的文化生活。孔子、孟子和荀子是先秦儒学形成和发展的三大标志性人物，三者都从本义上对“信”字进行分析论证，为信范畴的确立奠定了理论基础。本章将分三节分别介绍孔、孟、荀的信学说。

一、孔子的“信”学说

（一）信的本义

先民们的信意识源于祭祀活动中对上天和祖先的诚敬、信从、仰赖心理和行为。到春秋时期，诚信问题受到政治家的普遍关注，逐渐发展成为道德规范中的一个基本范畴。孔子对“信”尤为看重，《论语》一书中有三十六处涉及对“信”概念的阐释，使

“信”的内涵得到进一步丰富并初步定型。信字的基本含义有二：一是诚实不欺；二是守信用，实践诺言。这两种意义上的“信”，孔子都曾多次使用并且进行过专门的论述。

1. 诚实不欺

信字从人从言，其构字的本义是言行如一，诚实不欺。作为道德范畴，其核心内涵是真实无妄，即对某种信念、原则和语言出自内心的忠诚。孔子在解释“王者之道”时说：

> 多信而寡貌，其礼可守，其言可覆，其迹可履，如饥而食，如渴而饮，民之信之，如寒暑之必验。[1]

所谓多信而寡貌，即多讲信义少作表面文章。“多信”到什么程度呢？要让百姓如相信寒来暑往、季节变化等必定可以应验的自然规律那样信任他们。对于统治者来说，这就意味着必须真心诚意地面对国民，克尽“抚育子民”的职责，决不允许以伪饰和欺骗来愚弄百姓。

孔子认为，言过其实的行为对君子来说是一种耻辱，一个人如果大言不惭，夸夸其谈，付诸行动就难了。古人之所以不信口开河，是耻于自身行动做不到。

因此，孔子在不同场合反复强调，巧言令色、八面玲珑的伪君子中有“仁”德者十分罕见；花言巧语、伪善的容貌，十足的恭顺，会扰

1 / 张涛:《孔子家语注释》，三秦出版社1998年版，第20页。

乱德守；内心隐藏怨恨，表面上却与之要好，是一种可耻的行为。反之，言语谨慎不轻易表态，则是有信义的表现。所以，君子要说话迟钝，行动敏捷，对于自己说的话，不能有一点随便马虎。

语言是神圣的，它应该是人的思想的忠实体现；反过来说，语言不仅代表了人的所思所想，其本身就是人的一种行为。不能真实表达人的思想的话语是对语言的亵渎，同时也就是对人的尊严的亵渎。所以孔子说，刚强，坚韧，朴实，寡言，接近于仁。实事求是，不能做的就说不能做，这是做人的最高准则。司马牛曾向孔子请教仁的含义，孔子说："仁者，其言也讱。"司马牛不理解，继续追问：出言谨慎迟缓就叫作仁吗？孔子回答说："为之难，言之得无讱乎？"既然做事很难，说话（许诺）时怎能不谨慎迟缓呢？

18世纪时，英国人威廉·葛德文也有与孔子相近的思想主张：

直言无隐，亲切而又真诚地说真理，乃是最为健全的行为准则……真诚，一种豁达而大胆的坦白，在人类德行中也许仍居首位。这是应该贯穿我们全部思想和运动的气质；是我们应该天天身体力行，夜夜加以确认的。我们应该以最大的顽强意志排斥那种在后果上使我们不得不表里不一，躲躲闪闪的行动。[1]

诚实不欺是做人的基本原则，但这一原则是否在任何情况下都必须坚持呢？孔子对直躬证父一案的看法足以说明他的立场。叶公对孔子

1/［英］威廉·葛德文：《政治正义论》，商务印书馆1980年版，第224页，第232页，第237页。

讲，他那里有人偷羊，儿子发现后便举证告发了自己的父亲。叶公认为，儿子揭发父亲的盗窃行为是诚实正直的表现，但孔子认为这不符合人情，“父为子隐，子为父隐”才是真正的“直”。诚实正直不是绝对的，它必须符合人性原则。父子之情是最核心、最真切的伦理感情，父子相互袒护才是人性的真诚体现，因此说“父为子隐，子为父隐”，诚实正直就在其中了。

问题看似简单，实则隐含着一个令伦理学界长期争讼不已的问题：人是否绝对不能说谎？在有些特殊情况下，人们是否可以放弃真诚和讲真话的普遍原则呢？

英国伦理学家亨利·西季威克认为，当说谎能更有效地保护我们的权利不受可能的侵害时，当欺骗是为着增进被欺骗者的利益时，常识似乎也承认它有时是正确的。[1]德国人包尔生的看法更加鲜明：“必要谎言，也像必要法律一样，可以成为一种道德义务，一种即使最真诚的人也不能始终回避的义务，无论他可能如何地愿意放弃他的这种权利。”[2]仔细玩味包尔生的主张，不难发现与孔子观点的契合之处。

2. 守信、践诺

“信”的另一个含义是守信用、实践诺言。“信近于义，言可复也。”（《论语·学而》）孔子的学生有子的这一解释说出了“信”伦理的外部行为特征。信作为人际交往的行为规范就是诚实不欺，讲究信誉，信守诺言。

1 /［英］亨利·西季威克：《伦理学方法》，中国社会科学出版社1993年版，第331页。

2 /［德］弗里德里希·包尔生：《伦理学体系》，中国社会科学出版社1988年版，第588页。

“信则人任焉。”以诚相待是建立良好人际关系的基础，但“诚”只是个人主观领域里善意交往的真实，它讲的是自己与自己的关系，它要求交往的意思表示必须出于自己的本心，真实无妄，不能信口开河，似是而非，更不能故意欺骗。如果说“诚”说的是“不欺己”的话，“信”则说的是“不欺人”。信强调言的客观效果，要求言者必须对其做出的许诺负责——“言之必可行也。君子于其言，无所苟而已矣。”言者必须确保使自己许下的诺言客观上不成为谎言。因此，信具有诚所没有的两个内涵：一是言者的许诺不能只凭一时冲动、一片赤诚，要充分考虑各方面的条件，以保证诺言的实现。所以，“言必虑其所终”；二是言者的“诚”事过境迁可能会有变化，然而，许诺一旦作出便不可收回，一个人不能以今日之诚否定过去之诚，不能以现在自己的意愿改变作为背弃诺言的理由。这就要求言者不能朝三暮四，出尔反尔，他必须使自身行为保持前后一致。孔子一再告诫对待“言”要严肃谨慎，强调“寡言”“笃信”“谨而信”“敬事而信”等，就是担心造成食言失信的客观后果，有损自身的品德和他人的信任。

孔子对待言的谨慎态度不仅表现在对个人的严格要求上，而且还用作对他人人品进行考察的标准。对人以诚相待并不意味着对人轻信盲从，要注意人的言行一致性，“听其言而观其行”，才能得出正确的结论。颜回对孔子说：“小人之言有同乎君子者，不可不察也。”孔子说：“君子以行言，小人以舌言。”[1]子贡曾问孔子什么是君

1/张涛：《孔子家语注释》，第223页。

子，孔子说："先行其言而后从之。""君子不以口誉人"。孔子认为如果"口惠而实不至，怨灾及其身。是故君子与其有诺责也，宁有已怨。"由于事情的成功必须依靠"信以成之"，"故君子寡言，而行以成其信"。

守信、践诺是人际交往的基本道德原则，但是，孔子并没有把它绝对化，使之成为不可触犯的戒律。孔子注重的是信的精神实质，而不是其外在形式。

以"士"为例，孔子认为士可以分为三类："行己有耻"，即对自己的言行具有耻感，并能受命出使诸国、进行外事交涉的，属于士之上者；在本乡本土以孝悌著称者，有德无才，则逊于前者；"言必信，行必果"，不问是非黑白只知履行自己承诺者，是内涵浅薄，行为执着的普通人，但也可以说是次一等的士了。

孔子在这里并不是对言行必信的德行加以贬低，他所批评的是脱离社会道德基础的守诺行为。一味地固执于言行一致的行为规范，必然会导致对道德责任的忽略和否定，从而背离信的本质要求。信所追求的是道德上与善一致的真实无妄，而不是胶柱鼓瑟的"匹夫匹妇之谅"。

履信必须以符合社会道德为前提条件，这是孔子"信"思想的一个重要组成部分，也是他对诚信伦理学说的一个贡献。为了说明孔子思想的意义，我们可以比较一下某些西方哲人的主张——例如：在康德眼里，谎言，即故意的不诚实，在任何情况下，"仅仅由于它的形式，就是人对于他自身的一种犯罪，就是使一个人在他自己眼中变得低贱的一种卑劣”。费希特的主张更是极端:“即使是为了拯救人类,我也决不食言。”这种诚信在孔子看来充其量也不过是“匹夫之谅”,不仅在理论上偏颇得近于荒谬,一旦付诸实践则极有可能导致罪恶的后果。包尔生曾这样举证——

> 假如我曾答应某人五点钟去叫他一起散步,但在去他家的路上,我看见一个孩子掉到河里了。假如我按照费希特的话去做,我应该对自己说:“如果你把他拉出来,你就要回家去换衣服,那就不可能遵守你的约会;所以你必须赶紧赶路,虽然你会觉得对不起那个孩子。”……我可以食言吗?在任何情况下都不允许。那么按照费希特的观点,我就只得说,让世界去死掉吧,这不是我的事,我所关心的是不能让谎言毁灭了我作为一个人的尊严![1]

通过比较分析可以发现,孔子的“信”学说是真正的关于人的哲学,是具有普遍的实践价值的学说。在实践意义上,它比两千多年后康德、费希特的“信”思想更为成熟。

(二)信的定位

信是孔子伦理思想体系的核心范畴之一,与信并存的还有仁、义、礼、智、忠等伦理范畴,

1 /[德]弗里德里希·包尔生:《伦理学体系》,第583-584页。

它们与信关系密切，彼此渗透，互相作用，构成了一个无法断然分离的逻辑整体。因此，要准确理解孔子信思想的含义，就不能回避信与其他伦理范畴的关系问题。

1. 信与仁

仁是孔子思想的最高范畴，是孔子政治及伦理思想的集中体现。子张曾问仁于孔子，孔子说：恭、宽、信、敏、惠这五项道德规范都是仁的具体体现，恭敬就不会被侮辱，宽厚就得到大家的拥护，信实就会得到人们的信任，勤敏就会使工作有效果，有恩惠就能指挥动人们。五项都做到了，也就实现了仁的目标。

2. 信与义

在孔子的伦理体系中，“义”具有很高的地位，“君子喻于义”；“君子以义为上”；“君子之仕也，行其义也”，义是君子追求的实质性东西，是为人处世的基本原则。所以，孔子说：“君子义以为质，礼以行之，孙以出之，信以成之。君子哉！”君子应当以“义”作为本质，“信”是保证事业成功的手段。礼义是人之所以为人的根本，是用来讲求信用，维护和睦，坚固人的肌肤，约束人的骸骨的。信约只有在符合“义”的要求时才可以履行。当信与义不能同时兼顾时，君子应该坚持正义而不固守小信。

3. 信与礼

礼是中国古代社会规范人们行为的政治法则和伦理规范。作为协调人际关系的准则和手段，礼受到孔子的高度重视和极力推崇。“克己复礼”是孔子政治抱负的核心内容。“道之以德，齐之以礼”是孔子所推崇的治国平天下的基本政治手段。而守信则是礼的内在要求。

孔子认为:“言而可复，礼也。”一个人说的话能够切实施行，就合乎礼的要求。因此，君子恭敬谦逊以求做到仁，诚信谦让以求做到礼，礼不仅是信的指归，也是形成社会信任关系的手段。讲究信用，培养和睦，这样的目标也只能靠礼治才能实现。

4. 信与忠

孔子曾提出过“主忠信”的思想，“主忠信，徙义，崇德也”。所谓“主忠信，”是指做人要以忠和信这两种品质为主。据《孔子家语》记载，颜渊准备到宋国游历时曾向孔子请教应该靠什么立身处世，孔子回答说:“恭敬忠信而已矣。”对人忠实就能与人和睦相处，待人诚信就能得到别人任用。“忠”和“信”都是“德”的内容:“孝，德之始也；悌，德之序也；信，德之厚也；忠，德之正也。”[1]在这四种德行中，孝是德行的开端，悌是德行的次序，信是德行的丰厚，忠是德行的准则。

忠和信都有诚实的意思，两者含义相近，孔子对“忠”的含义没有作专门解释，朱熹认为：忠自里而发出；信是就事上说。忠是要尽自家这个心；信是要尽自家这个理。忠信只是一事，但是发于心而自尽，则为忠；验于理而不违，则为信。忠是信之本，信是忠之发。

此外，忠是一种单项的奉献，信则是一种双向的沟通。

1 / 张涛:《孔子家语注释》，第 132 页。

5. 信与智

知是孔子经常使用的一个词语，在《论语》中出现频率极高，达116次之多。其中，作名词使用，表示“知识”的2次；作动词使用，表示“知道”、“晓得”的89次，在“智”的意义上使用，表示“聪明”“有智慧”的25次。在孔子看来，“智”是“君子”应有的重要品质。

孔子认为好学的人就有智慧，“知之为知之，不知为不知，是知也”。知道就说知道，不知道就说不知道，这才是聪明智慧。“知者不惑，仁者不忧，勇者不惧。”聪明人不困惑，有仁德者不忧愁，勇敢者不恐惧。

智慧来源于学习和思考，“学而不思则罔，思而不学则殆”，(《为政》) 两者的有机结合才能增进人的智慧，使之成为真正的智者。孔子曾说:“十室之邑，必有忠信如丘者焉，不如丘之好学也。”(《公冶长》) 同样有忠信之质，有无智识便是圣贤与凡夫俗子的区别所在。

“智”为什么会是一种德行呢？孔子的学生子夏的回答是:“博学而笃志，切问而近思，仁在其中矣。”(《季氏》) 这是因为学与思的内容均有关于人的道德修养。孔子说:“君子有九思：视思明，听思聪，色思温，貌思恭，言思忠，事思敬，疑思问，忿思难，见得思义。”由此而形成的对事物真假、是非、善恶的判断能力便是孔子所说的“智”的主要内容。孔子曾专门对其弟子仲由讲解“六言六蔽”，即“学”与仁、知、信、直、勇这五种德行的关系:

好仁不好学，其蔽也愚；好知不好学，其蔽也荡；好信不好学，其蔽也贼；好直不好学，其蔽也绞；好勇不好学，其蔽也乱；好刚不好学，其蔽也狂。(《阳货》)

好信不好学的弊病是“贼”。为什么呢？是因为不学无术、不明事理，只知固守信诺者很容易被人利用，反而会害了自己。因此，信诺必须以“智”做理性的指导。反过来说，智也要以诚信作为基础。为人处世若有智而无信则更不可取：“不悫而多能，譬之豺狼不可迩。”[1] 士人一定要诚实守信，然后才可以要求他具有知识才能。人无聪明才智而诚实守信，不会做出大恶；人不诚实守信而有知识才能，才是真正可怕的事情，这种人就像豺狼一样不可接近。

（三）信的伦理价值与实践意义

1. 立身

信是人际交往的基本准则，也是人格重要的构成因素之一。对此，孔子有一个著名的论断：“人而无信，不知其可也。”人不守信用怎么可以呢？就像车子，如果没有车轴如何行走？子张请教孔子如何使自己在社会上行得通，孔子回答说，一个人讲话忠诚信实，行为恭敬实在，即使到了野蛮地区也行得通。如果讲话不忠诚信实，行为不恭敬实在，即便是在其本土故里，也行不通。所以，

1 / 张涛：《孔子家语注释》，第62页。

孔子以“文，行，忠，信”教育学生。他还要求青年人“入则孝，出则弟，谨而信，泛爱众而亲仁。行有余力，则以学文”。(《学而》) 孔子认为长期穷困却不忘记平日的诺言，就可以说是人格健全的人。子路希望得到临别赠言，孔子提出了五项要求：“不强不达，不劳无功，不忠无亲，不信无复，不恭失礼。慎此五者而矣。”[1] 颜渊问怎样安身立命，孔子曰：“恭敬忠信而已矣。恭则远于患，敬则人爱之，忠则和于众，信则人任之。勤斯四者，可以政国，岂特一身者哉？”[2]

2. 交友

孔子曾对其弟子坦陈自己的政治理想：“老者安之，朋友信之，少者怀之。”取得朋友的信任和支持是孔子为政的一项重要内容。其爱徒曾子更是高度重视信的修养：“吾日三省吾身，为人谋而不忠乎？与朋友交而不信乎？传不习乎？”把是否对朋友以信相交作为每天都要反省的内容。孔子不只一次地谈到君子“不言而信”的问题，君子何以不必多说话就能得到别人的信任？原因就在于“君子不失足于人，不失色于人，不失口于人，是故君子貌足威也，色足惮也，言足信也”[3]。一个人的道德修养水平高低是其是否值得信任的基本依据，“有其言而无其行，君子耻之”[4]。有道德的人认为食言失信有损道德人格，将其视为一种耻辱，所以，君子“言足信也”。

1 / 张涛：《孔子家语注释》，第 227 页。

2 / 张涛：《孔子家语注释》，第 149 页。

3 / 钱玄等注译：《礼记》，第 719 页。

4 / 张涛：《孔子家语注释》，第 116 页。

“与朋友交，言而有信”（《学而》）是交友的基本准则。孔子还曾多次谈到“主忠信”，以忠信作为为人处世的根本。在交友的标准上，孔子还提出了著名的“益者三友，损者三友”说，认为直爽、信实、见闻广博，这三种朋友是有益的，虚浮、圆滑、夸夸其谈，这三种朋友则是有害的。

3. 治国

在孔子治国平天下的施政方略中，“信”是极为关键的一项内容。在孔子看来，治理拥有千辆兵车的国家，基本的施政方针是工作严谨，信实无欺，节约费用，爱护官吏，根据农时役使百姓。鲁哀公与孔子讨论治国方略，孔子以“三正”作答——夫妻有所区别，父子相互亲爱，君臣相互信任，这三个方面的关系搞好了，其他问题就会迎刃而解。孔子在回答颜渊“何以为身”的问题时，又提出了“恭、敬、忠、信”说，认为这四种德行不仅可以用来修身，而且可以用来治国。信的治国功能最经典的表述是在孔子回答子贡的问题时提出的：

> 子贡问政。子曰：足食，足兵，民信之矣。
>
> 子贡曰：必不得已而去，于斯三者何先？曰：去兵。
>
> 子贡曰：必不得已而去，于斯二者何先？曰：去食。自古皆有死，民无信不立。（《颜渊》）

孔子认为，食品充足，军备充足，民众信任，是施政的三个着眼点。子贡提出，如果不得已必须在这三项中去掉一项的话，谁是首选？孔子答曰：去兵。子贡又问：如果不得已必须在余下的两项中再去掉一项的话，先去掉谁呢？孔子回答说：去掉食。自古人皆有死，但是民众没有信任就难以生存。

信任，是社会生活的基石，是人类共同体产生和存续的前提。缺乏信任，人类关系就将为猜疑所支配。每一个人都将把任何其他人作为一个潜在的敌人，一旦有机会，这种潜在的敌人就会“使他栽跟头”。“在这种情况下，每个人注定要过一种孤独、贫困的生活，因为不会有任何的合作。没有人会想要与其他任何人发生关系，因此根本不会有社会存在……”[1]英国法学家米尔恩的这一说法，可以为孔子的“去食、存信”作一个理论注脚。

二、孟子说信

孟子生活在战国中期，是传统儒学的重要奠基人之一。学术界通常认为：在孟子的思想体系中，“信”伦理范畴的地位与其在孔子思想中的定位相比有所下降，孟子大讲“仁、义、礼、知”四端，信被其排除在基本道德范畴之外，只是处于辅助性地位。

其实，孟子并没有忽略对信范畴的研究，在信伦理思想发展史上，孟子还是有其特殊贡献的。这主要体现在以下几个方面：

1 / [英] A.J.M. 米尔恩:《人的权利与人的多样性——人权哲学》, 第 44 页。

(一) 信为五伦之一

人是社会性动物，是一种“类”的存在物。社会交往是人类社会存在的必要条件。人类的社会交往是遵循一定规则有序进行的，这就是孟子所说的“道”。在他看来，做人，要有人的规则，人与人之间的交往要合于“人”的本性，体现出人的行为特征。人必须具有道德意识，遵循道德规范，才成其为人。否则，人与禽兽就没有太大的区别了。

怎样处理人际关系才符合人道呢？孟子提出必须遵循五种人伦关系准则，即:“父子有亲，君臣有义，夫妇有别，长幼有叙，朋友有信。”(《滕文公上》)

五伦中，父子有亲，夫妇有别，长幼有序，属于家庭内部的伦理关系准则；君臣有义，朋友有信，属于社会交往的伦理关系准则。而君臣有义所指十分具体，系君与臣个体之间的政治交往关系。惟朋友有信是没有特定对象、面向大众进行社会交往的伦理关系准则。类似的说法虽然在《左传》中已经出现，但把“信”提升到“人伦”的层次这还是第一次。

(二) 天爵与人爵

在孟子的伦理体系中，人的道德水准分为“天爵”和“人爵”两个层次。孟子“天爵”中的“天”并不是指“天生”，而是指“天性”。春秋以后，传统的天命范畴逐渐失去其神秘性质，被赋予道德伦理最高依据的新意。“忠信笃敬，上下同之，天之道也”。

在天、地、人的序列中，天处在最高一级，天理是统帅万事万物的道理，是规范自然界和人类社会的根本法则。“天爵”是“天”对人的人格定位，代表了天对人的肯定性评价。“人爵”是人间的统治者对人的肯定，这种评价因人而异，能否得到人爵有时并不取决于个人的修养，它与个人机遇有关，也与统治者个人的道德判断力有关。因此，人爵是一种相对的评价标准，而天爵则是终极性的评价。天爵高于人爵，天爵统辖人爵。诚信的品德符合天性，为上天所褒奖，这是做人的根本。孟子认为，古人首先提高个人的道德修养，然后才会得到公卿大夫之类的人爵，这种情况是符合天理的。现在的人注意个人修养，目的是为了得到政治社会地位，而一旦达到目的，就抛弃道德操守，这种做法本身就背离了仁义忠信。丧失道德操守、抛弃天爵的人不会长久，他们根本就不明白“天道”，最后以身败名裂而告终是必然的。

孟子关于天爵和人爵的论述，把道德人格推上了前所未有的高度，同时也把“信”伦理推上了最高道德规范的高度。由此可见，尽管孟子在其“四端”说中没有列入“信”范畴，但若说孟子轻视信伦理恐怕是有违孟子本意的。

（三）善信美

孟子认为，道德精神可以给人带来美的愉悦，而口腹之乐满足的仅仅是人的生理需求，这种需求是一种低级需求，它没有体现出人的特质，因为这是所有动物都具有的一种嗜好。只知道吃吃喝喝，缺乏道德意识的人为人所鄙视，就在于他完全陷入动物性需求，其行为没有表现出“人格”的特性。在孟子的“三乐”说中，光明磊落，诚信不欺便是这样一种“人格”：

君子有三乐，而王天下不与存焉。父母俱存，兄弟无故，一乐也；仰不愧于天，俯不怍于人，二乐也；得天下英才而教育之，三乐也。(《尽心上》)

一个人抬头无愧于天，低头无愧于人，心底无私，踏踏实实，对人对己，诚信不欺，没有愧疚、猥琐、忐忑之情，没有自卑感，心中无愧，坦坦荡荡，对自己的人格有充分的肯定，这样的人，才会有自信和自尊，才会脱离低级趣味，充满愉悦地面对生活。这种人性的美悦己悦人，是人的生命的真谛。

在道德理想境界论中，孟子提出了善、信、美、大、圣、神六个概念，作为人生道德修养层层递进、逐步提高的序列：

可欲之为善，有诸己之为信，充实之为美，充实而有光辉之谓大，大而化之之为圣，圣而不可知之之为神。(《尽心下》)

“己所不欲，勿施于人”，推己及人，反过来说就是己之所欲亦人之所欲，人的品格操行值得别人喜欢就叫作善；这些善真实地存在于自身就叫作信；这些善充满于自身就叫作美；不但充满，而且光辉地表现出来就叫作大；既光辉地表现出来，又能融会贯通，就叫作圣；圣德达到不可测度的境界就叫作神。在孟子的道德情操六层次中，“信”乃取其真实无妄之义。善与信是道德修养的起点，美、大、圣、神则是道德追求在不同阶段的发展目标。

（四）言不必信，信不必果，惟义所在

人是否必须遵守自己的诺言？守信是不是一项根本的做人准则？在孔夫子的心目中，那些“言必信，行必果”的人，不过是“硁硁然小人哉”！孟子的看法更进了一步，他认为：

> 大人者，言不必信，行不必果，惟义所在。（《离娄下》）

“义”是处理人际关系的根本准则，诺言是否履行，同样需要以义作为衡量标准。离开道德标准，片面强调守信，机械地遵循言行一致的行为规范，就有可能导致对道德责任的否定，守“非义之信”，必然会造成“恶”的后果。因此，孟子的“言不必信，行不必果，惟义所在”并非是提倡人们言行不一，而是坚持信的道德标准，使守信建立在坚实的道德正义基础之上。

(五)“大丈夫”与“乡愿”

人的生命价值何在?当生命的物质需求和精神需求发生矛盾时谁是第一位的?孟子以前的思想家对此虽然有所涉及,但还没有给出清晰的答案。是孟子第一次正面切入这一人生重大课题,在《告子章句》中,他对物质与精神这两种需求对生命的意义以及两者关系进行了深入分析:

> 生亦我所欲也,义亦我所欲也;二者不可兼得,舍生而取义者也。生亦我所欲,所欲有甚于生者,故不为苟得也;死亦我所恶,所恶有甚于死者,故患有所不辟也。

生存,是所有生命都有的一种本能,也是人类个体最基本的一种欲望。人与动物的区别在于,除了具有满足生理需求的欲望之外,还有满足精神需求的欲望。当这两种需求产生矛盾时,是牺牲精神需求以满足生理需求,还是为了精神需求而放弃生理需求,这是对人性的一种考验。为了维护高贵的人性,就必须放弃动物性的生存。有了这样的思想基础,人才会真正脱离其动物性的一面,实现人格的升华。才有可能做到“富贵不能淫,贫贱不能移,威武不能屈”,成为顶天立地的“大丈夫”。

而真实无妄,诚信不欺,坦坦荡荡,光明磊落,显然是“大丈夫”必备的道德品质:“君子不亮,恶乎执?”君子不讲诚信,怎么能有操守?正是在这个意义上,孔子对不分善恶、唯利是图的“乡愿”极其厌恶，将其视为贼害道德的人。孟子更是高举道德人格的旗帜，对“乡愿”的丑陋嘴脸做了进一步揭露。孟子认为，“乡愿”，即“好好先生”“伪君子”，其特点是貌似忠信廉洁，言行似乎无可指责，实际上却奸诈圆滑，见风使舵，随波逐流，八面玲珑，投机取巧，见利忘义，唯利是图。在他们那里，没有是非对错，没有正义道德，更没有丝毫的真诚信实。他们的行动指南是利己，他们的处世方式是媚俗，他们的人格特征是伪善。孔子之所以厌恶“乡愿”，就在于这种人“似是而非”，以假乱真，难以甄别，容易造成道德认知的混乱。所以，“乡愿”实际上是诚信的对立物，是虚伪、奸佞的代名词。

（六）“信”的政治功能

互相信任是社会共同体存在和延续的客观要求，一个充满猜疑和戒惧的社会群体迟早会因人际关系的持续紧张而走向分裂。孟子非常重视个人诚信品质的培养和社会信任关系的建设，他认为，孝悌忠信具有强大的道德感化力和政治凝聚力，可以整合民心，齐风化俗，安邦定国。假如全国上下人人都有孝悌忠信，就能化成“威武不能屈”的凛然正气，就会形成一只无坚不摧的力量，即使秦国、楚国的坚甲利兵也不能使他们屈服。

反之，一个国家如果没有起码的社会信用，其前景就不堪设想了。统治者没有道德操守，民众不遵守法律制度，朝廷施政不信奉道义，工匠不信守行业标准，官吏违背义理，这样的国家还能生存下去，那真是太侥幸了。所以，“欲为君，尽君道；欲为臣，尽臣道”。每个人生存在世都担任一定的社会角色，每一个社会角色都对社会负有一定的责任和义务。社会对于处在不同社会地位的人规定了不同的道德标准。按照一定标准诚实不欺地履行自己的社会责任是社会共同体对每一个社会成员提出的起码要求，也是建立社会信任的前提条件。如果每一个社会角色都对社会规范的合理性和有效性持一种怀疑态度，都不去履行自己的责任，那么，无论是谁都不会得到别人的信任，这种状态下的人际交往也就没有任何诚信可言。一个尔虞我诈、互相欺骗的社会怎么能不走向灭亡呢？

因此，对于统治者而言，培植和维护社会诚信是一项基本的政治职能。君子不耕而食，为什么《诗经》却说他们不是白吃饭呢？孟子解释说，君子居住在一个国家，君主用他就能得到“安富尊荣”；民众信从他，就能做到“孝悌忠信”。难道还有什么比这更重大的事情吗？

统治者通过何种方式来建立社会诚信呢？孟子认为，诚信不是推行的结果，而是来自统治者身体力行的示范效应。“君仁，莫不仁；君义，莫不义；君正，莫不正。一正君而国定矣。”（《离娄上》）上行下效，统治者的所作所为是社会道德风尚的风标，统治者守信，民众才会信任政府，才会信守职业道德。所以，政治诚信是社会诚信的基础。

守信是统治者必须遵行的一项基本政治准则，但统治者不能仅仅把守信作为一种政治手段。孟子说，为死去的亲人哭泣而流露的悲哀，不是装样给别人看的；根据道德准则行事，不是为了谋求官职。同样道理，言语信实，也不是为了让别人知道我的行为端正。统治者的“信”应当是发自内心，真诚无妄，不以功利为目的。这就是说，统治者要有为民服务的赤子之心，对臣民要襟怀坦白，以诚相待；玩弄权术、蒙骗臣民不会有好的结果。孟子曾这样告诫齐宣王：

> 君之视臣如手足，则臣之视君如腹心；君之视臣如犬马，则臣之视君如国人；君之视臣如土芥，则臣视君如寇仇。(《离娄下》)

信任关系是一种人际双向互动，以真诚对真诚，以欺骗对欺骗。在君臣关系中，君处于优势地位，两者关系如何取决于君主的所作所为。只有君主信守自己的“职业”道德，才能获得臣民的信赖；只有君主真诚地对待臣下，臣下才会信守“臣道”，真诚地回报于君主。因此，君主的诚信是政治诚信的决定因素。

三、荀子论“信”

荀子是先秦学术思想的集大成者。《荀子》一书兼收并蓄各家学说之长，发前人之所未发，构筑起一套新的儒学体系。“信”是荀子伦理思想的一个重要范畴，是荀子政治学说的一个基本出发点。如同荀学融合吸取各家学派所长的特点一样，荀子的“信”思想也具有综合贯通的意味。郭沫若曾以“浑厚”二字称赞荀子的文章，其实这也正是荀子“信”思想的一大特点。

(一)“群”与“信”的关系

“群”是荀子人性论和社会观的基本支点。人与动物有何区别？人优于动物的原因何在？荀子认为，人与动物的区别在于“人能群”，而动物不能“群”。荀子这里所说的“群”如果用一个现代术语表示的话，应当是“社会性”或“社会化”。人为什么能够结成社会群体呢？在于“分”。人们按照礼义原则“分”——即进行社会角色定位，共同构成了可以相互协作、统一行动的人类社会。这便是人胜过牛马、创建人类文明的原因。所以说：“人之生，不能无群，群而无分则争，争则乱，乱则穷矣。故无分者，人之大害也；有分者，天下之本利也。而人君者，所以管分之枢要也。”(《荀子·富国》)

人们结成社会群体一起共同生活，一个必不可少的前提条件是建立起彼此之间的相互信任。猜疑和仇视只能产生离心力，使人际关系遭到破坏。信任才是人与人之间的黏合剂，使人们走到一起，形成一个彼此依赖的社会共同体。因此，“信”是“群”的心理基础，是“群”产生和维系的必要条件。人类结成的最正规的群体是国家，一国之君的职能是什么呢？“君者，善群也。”君主的作用就在其善于将人们组成一个社会群体。

荀子是一个性恶论者，但人性的自私并不否定人们对美好社会的向往与追求："人之所好者何也？曰:礼义、辞让、忠信是也。"(《强国》)没有人愿意成为诈骗行为的牺牲品，没有人愿意生活在戒备和恐惧之中，更没有人愿意遭受怀疑而处于孤立状态。希望受到信任，希望别人诚信待己，这是每一个人，包括那些破坏信任关系的骗子都有的心理需求。而满足这种需求的一个必要条件就是自身的诚信。诚信是人们在一个社会共同体中互相协作、共同生活的心理基础，是社会群体存在的前提条件。对于个人而言，则是立身处世必须遵循的行为准则。行为端正，本分做人，诚实守信，就可以走遍天下，即便到了蛮荒地区也能得到人们的尊重和信任。因此，诚信是修身立业必不可少的一项品质。

（二）"耻不信，不耻不见信"

鉴于人们的道德修养水平参差不齐，荀子将人的道德品质分为五类："有通士者，有公士者，有直士者，有悫士者，有小人者。"在通士、公士、直士、悫士这四类具有肯定性道德品质的人品中，除通士属于圣贤一类人物，其余三种人的品质中都有诚信的道德成分。小人是一种否定性道德人品，其基本特征便是"言无常信，行无常贞，唯利所在，无所不顾"，道德修养中完全没有诚信的成分在内。所以，一般而言，诚信与否是君子与小人之间最明显的一个道德分界线。小人的特点是肆意妄言却还要别人相信自己，竭力欺诈却还要别人亲近自己，禽兽一般的行为却还要别人赞美自己。君子的特点与之相反：他们对别人说真话，也希望别人相信自己；对别人忠诚，也希望别人亲近自己；善良正直、处理事务合宜，也希望别人赞美自己。就其资质、本性、智慧、才能而言，君子小人是一样的。喜欢光荣，厌恶耻辱，爱好利益而憎恶祸害，君子和小人没什么不同，只不过他们用来求取光荣和利益的途径有所不同罢了。君子的忠诚信实并非外界因素的诱导，而是其个人修养使然。君子以不守信为耻，却并不以别人是否信任自己作为自己行动的指归。荀子认为：

> 君子能为可贵，不能使人必贵己；能为可信，不能使人必信己；能为可用，不能使人必用己。故君子耻不修，不耻见污；耻不信，不耻不见信；耻不能，不耻不见用。是以不诱于誉，不恐于诽，率道而行，端然正己，不为物倾侧，夫是之谓诚君子。(《非十二子》)

（三）信立而霸

荀子认为，信是放之四海而皆准的为人处世原则，“以事君则必通，以为仁则必圣”。忠信公正比赏赐表扬更得人心，古代的帝王正是由于具备“忠信、调和、公平”三德，对百姓“致忠信以爱之，……潢然兼覆之，养长之，如保赤子”。(《富国》) 所以能得到民众的真诚拥戴。判断君主明暗的一个标尺就是其身边的亲信是否诚实：

> 观其朝廷，则其贵者不贤；观其官职，则其治者不能；观其便嬖，则其信者不悫：是暗主矣。……观其朝廷，则其贵者贤；观其官职，则其治者能；观其便嬖，则其信者悫：是明主已。（《富国》）

君主所用之人是否诚信，关系到国家的前途命运："与端诚信全之士为之，则霸；与权谋倾覆之人为之，则亡。"同样道理，君主是否守信也是判断一个国家贫富强弱的一个标尺：

> 政令信者强，政令不信者弱。（《议兵》）
>
> 观国之强弱贫富有征验：上不隆礼则兵弱；上不爱民则兵弱；已诺不信则兵弱；庆赏不渐则兵弱；将率不能则兵弱。（《富国》）

君主如果不守信用，唯利是图，"内则不惮诈其民而求小利焉，外则不惮诈其与而求大利焉"，那么，民众也就必然会"以诈心待其上矣"。一旦出现"上诈其下，下诈其上"，上下之间离心离德的局面，敌对国家就会轻视它，盟国就会怀疑它，其结果只能是陷入危险、遭到削弱，最终走向灭亡。

称王、称霸是先秦政治思想家经常谈论的政治目标。战国时期试图成就王业的政治家已经基本消失，保全国家、成就霸业便成为各诸侯国在群雄割据的乱世中孜孜以求的政治目标。怎样才能实现这一目标呢？荀子认为，“义立而王，信立而霸，权谋立而亡”。守信是取得霸业的基本前提条件。

为什么“信立”就能成就霸业呢？荀子说：统治者言必信、行必果；政令发布后即使发现自己的利益受到损害也不失信于民，盟约签订后即使发现自己的利益受到损害也不失信于盟友；虽然没有把政治教化作为立国之本，没有达到崇高的政治境界，没有健全的礼仪制度，没有使人心悦诚服，但君臣之间像牙齿啮合一样互相信任配合，天下就无人敢于抵挡。五霸的霸业就是这样成就的。所以说确立了信用就能够称霸于诸侯。

信对于国家政治尽管十分重要，但荀子并未把它视为第一位的东西，它要从属于义，服务于义：

> 然则凡为天下之要，义为本而信次之。古者禹、汤本义务信而天下治；桀、纣弃义倍信而天下乱。故为人上者，必将慎礼义、务忠信然后可。此君人者之大本也。（《强国》）

（四）信作为一种“职业伦理”

在儒家构筑的道德伦理诸范畴中，孟子重仁，荀子重礼。荀子重礼的原因在于他认为人性是恶的，人的恶性与伦理道德水火不容，人的欲望无穷而物的供给有限，两者之间的矛盾必然会导致社会混乱。于是，古代圣人“恶其乱也，故制礼义以分之，使有贫、富、贵、贱之等，足以相兼临者，是养天下之本也”。(《王制》)

礼所以能作为“养天下之本”，是由于礼可以“使欲必不穷于物，物必不屈于欲”，为人的欲求划定“度量分界”。礼的基本精神就在于“分”，“分”的目的是规范、矫治人性的恶，使人的行为合乎自己的社会角色。如果每个人都能遵循礼的规范，忠诚信实地履行好自己的社会职责，举国上下“朝无幸位，民无幸生”，社会就会安然有序，健康发展。因此，荀子强调，君主要尽君主的职责，臣子要尽臣子的职责，农民要信守农民的职业道德，工人要信守工人的职业道德。

怎样才能实现人人诚信有守呢？关键在于君主要诚信有守。上行下效，统治者的行为是民众行为的榜样，君主好比是民众的领唱，帝王好比是臣下的标杆。臣民们听着领唱来应和，看着标杆来行动。所以君主是臣下的根基。君主端正诚实，臣民就老实忠厚；君主公正无私，臣民就坦荡正直；君主如果信誉卓著，民众就会欢呼响应。君主如果好权谋偏私，那么即使符节、契券、探筹、投钩、衡石量器这些确保公正信用的器具，也会被臣下用来进行欺诈，营私舞弊。君主是政治的源头，如果君主能行礼义忠信，那么即使不勘验符节、契券，民众也会谨守信用；不必抽签、抓阄就能做到公正；不靠衡器称量就能做到公平；不用各种量器量具就能做到标准统一。

君主怎样才能做到诚信呢？荀子认为："君子养心莫善于诚，致诚，则无它事矣，惟仁之为守，惟义之为行。……夫诚者，君子之所守也，而政事之本也。"（《不苟》）有了"守仁""行义"的致诚之心，诚信才会有坚实的道德基础，诚信才会有可靠的思想保障。

君主驾驭臣下的手段是赏罚，以"致诚"作为赏罚原则，则"君子崇人之德，扬人之美，非谄谀也；正义直指，举人之过，非毁疵也"。（《不苟》）君主的主要职责是用人，君主怎样才能招揽到真正的人才呢？荀子认为："人主之患，不在乎不言用贤，而在乎不诚必用贤。夫言用贤者，口也；却贤者，行也；口行相反，而欲贤者之至，不肖者之退也，不亦难乎？"（《致士》）

荀子认为，君主玩弄政治伎俩，群臣就会阴谋欺诈，倾轧陷害，百姓就会投机取巧，唯利是图，这将会严重地败坏政治风气和社会风气，瓦解国家的统治基础，国家到这个地步就危险了。所以，荀子主张，君主应当使举国上下的人信守自己的职责：官吏信守职业道德，遵纪守法，尽职尽责；商贾信守职业道德，忠厚老实，不弄虚作假；工匠信守职业道德，忠诚老实，不粗制滥造；农民信守职业道德，努力耕作，不搞歪门邪道。人人都诚实无欺地敬岗敬业，各项事业就不会荒废。这样的国家政令畅通，风俗美好，国强民富，社会稳定。因此，荀子所谓君主诚实守信的最后落脚点是人人诚信和社会诚信。

第四章

法家的“信”范畴

法家是战国时期非常活跃的一个思想流派，春秋、战国时期亦称之为刑名之学。作为学术派别意义上的“法家”一词始于司马迁《史记·太史公自序》。所谓“法家不别亲疏，不殊贵贱，一断于法”；“法家严而少恩，然其正君臣上下之分，不可改矣”，非常典型地揭示了法家思想的基本特征。

就“信”范畴而言，法家学派的主要贡献首先是深化了对人性的认识，对“信”观念的形成提出了自己独到的见解；其次，法家无情地摘掉了“信”伦理的光环，使之成为统治者维护自身地位的得力工具。最后，法家从经邦治国的角度论证了“信”的政治意义，为其“法治”理论提供了必要的理论基础。

法家思想可追溯到春秋时的管仲、子产，经战国前期的李悝、商鞅、慎到、申不害等人发扬光大而羽翼渐丰，战国晚期，韩非子集法家思想之大成，为帝制时代的到来做好了理论准备。限于篇幅，本章仅就商鞅、韩非子的“信”思想进行分析。

一、商鞅之“驱民在诚信”

商鞅是前期法家的代表人物，是法家法律思想体系的奠基者之一。在中国法律思想史上，第一个系统深入地对法律信用问题展开论述的思想家就是商鞅。《商君书》是商鞅及商鞅后学的论文总集，是了解商鞅思想的基本依据，也是本篇写作的主要资料来源。以下文中凡未注明文献出处者，均引自该书。

（一）徙木为信

北宋政治家王安石有一首诗赞颂商鞅:“自古驱民在诚信，一言为重百金轻。今人未可非商鞅，商鞅能令政必行。”诗中“一言为重百金轻”指的是商鞅徙木为信的故事。

秦孝公五年（前356），商鞅在秦孝公支持下，在秦国推行变法，但一些贵族和大臣认为这是惑乱民心，破坏祖制，纷纷加以抵制。秦国的百姓对变法也持怀疑态度。怎样才能使大家相信朝廷的变法决心，提升变法的执行力呢?

在新法颁布之际，商鞅让人在京城南门外立了一根三丈[1]高的木头，悬赏说：能把这根木头由南门搬到北门者，赏给十金。由于此事并不特别困难，众人以为天下不会有如此便宜之事，所以没人去搬。见此情景，商鞅宣布把赏格增加到五十金。这时，有个人出手把木头搬到了北门，商鞅如约兑现承诺，给

1 / 秦时一尺约23.1厘米，一丈十尺，约合231厘米，三丈，今制大约合七米。

了他五十金赏钱。

南门立木之举无疑具有轰动效应，通过人们的口口相传，商鞅守信用、重然诺的故事很快就广为人知。商鞅此举是为了沽名钓誉吗？当然不是。南门立木的目的就在于“以明不欺”，让大家相信政府。政府执政的公信力提升了，变法的政令就能够顺利贯彻实施。由此可见，商鞅此举的功利性是十分明显的。

王安石不愧是目光如炬的政治家，他从国家治理的角度，一语就道破了南门立木的内在本质。自古以来，治理国家，驾驭民众，关键在于赢得国民的信任。所以，南门立木所演示的“一言为重百金轻”其实质就是“驱民”。“驱”者，驱使，驾驭也。变法在即，当务之急是破除阻力，凝聚共识，让人们坚定地信从国家意志，而南门立木就是“商鞅能令政必行”的一个关键举措。

其实，商鞅的“信”观念整体就是建立在“驱民”这一政治实用主义的理论基础之上，南门立木不过是其政治操作的一个案例罢了。

应该指出，商鞅此举的影响是极其深远的。在中国历史上，大家耳熟能详的很多典故都有明显的政治算计成分在内。如：曹操割发代首在于彰显军令如山，唐太宗纵囚归家在于夸饰天下归诚，宋真宗诈降天书强调的则是天命在我，而中国历代帝王和官吏祈雨的表演一来是把控通天通神的管道，二来是通过为民请命的祈祷活动获取民众的谅解和支持，缓解灾情带来的社会躁动。凡此种种，真正的意图都在于“取信于民”。但不难发现，这里的

“信”，并非伦理之信，而是执政者所需要的政治之信。

（二）诚信乃“六虱”之一

耕战与法治是商鞅富国强兵理论的基石，而耕战与法治得以推行的驱动力则是赏罚。在商鞅看来，赏罚之所以有效，就在于人们普遍具有“好利恶害”的本性。

饥饿时渴求饮食，劳累时渴求休息，痛苦时渴求欢乐，羞辱时渴求荣耀，这便是人的性情。天下熙熙，皆为利来，天下攘攘，皆为利往。趋利避害、好利恶害是人之常情，乃人之本性使然。人之所以不顾“名辱”“身危”仍孜孜以求，就在于有“利”的驱使，追求物质利益是人的一种生存本能，不进棺材，贪图富贵的想法就不会消失。而这种欲求人皆有之，即便是圣贤也不例外。试看“百人逐兔”的场景：一只野兔在跑，后面有上百人追逐，这种原始的狩猎活动，即便是尧、舜、禹、汤也会参与其中，之所以如此，不过是人性趋利的一个正常反应罢了。现代人从这则故事中往往看到的是所有权的归属原则——谁先得到便归谁所有，但商鞅的本意其实是论证人之趋利自私的普遍性。

那么，嗜利是恶还是善呢？商鞅对此没有做出道德判断。在嗜利无所谓善恶的人性论基础上，商鞅着力挖掘的是人人嗜利的政治意义：“人生而有好恶，故民可治也。”正是由于民众有好恶之情，统治者才有可以利用之处。民众的好恶，恰恰是统治者实行赏罚的依据。根据民众的性情因势利导，是统治者驾驭民众的基本手段。

既然民性好利，就不能期待人人皆为尧舜，更何况在商鞅眼里尧舜也是逐利之徒。诚信、仁义等伦理道德都不是出于人之本性，不过是一种虚假的说教而已。商鞅把这些有害于国家治理的东西称之为“六虱”：

> 六虱：曰礼乐、曰《诗》《书》、曰修善、曰孝弟、曰诚信、曰贞廉、曰仁义、曰非兵、曰羞战。国有十二者，上无使农战，必贫至削。十二者成群，此谓君之治不胜其臣，官之治不胜其民，此谓六虱胜其政也。（《商君书·靳令》）

在商鞅看来，诚信、孝悌、仁义等道德伦理是导致民众不务耕战，国家因此贫困衰弱的原因，同时也是君臣关系、官民关系无法理顺、政治秩序紊乱的原因。包括诚信在内的“六虱”是干扰和败坏国政的敌害，“六虱不除”，君不得安，国不能强。

（三）壹赏、壹刑、壹教

商鞅认为，法律信用源自国家政治指导思想的一致性和法令政策的连续性。政出多门，朝令夕改，臣民不仅会无所适从，还会对法律产生怀疑。因此，商鞅提出了壹赏、壹刑、壹教的主张，他认为，圣明的君主治理国家，奖赏、刑罚、教育均应一以贯之。

统一赏赐，军队就会所向无敌，统一刑罚，法令就能得到贯彻执行，统一教育就能使百姓听信国君。

所谓一赏，并非在一般意义上统一国家奖赏标准，而是选择性地把利禄、官爵等集中到奖励战功上。商鞅认为，只有这样，才能使民众无论愚智、贵贱、勇怯、贤不肖，都能全心全力地为统治者所用。“利”是民众可以为之献出生命的唯一驱动力，如果赏赐、爵禄不出自正当的门路，民众就不会拼命地努力争取。所以，明智的君主治理民众，一定要使其竭尽全力去建立功业，而有了功业则富贵随之而来，这样，民众就会一心一意地为国尽力，而不讲私德，于是教化便成功了。如果君主能让民众相信奖励政策如同相信日月给他们带来光明一样，他所带领的军队就会无敌于天下。

所谓“一刑”，即刑无等级，也就是统一刑罚标准。在商鞅看来，法律至高无上，不管是卿相将军、大夫庶人，还是功臣孝子，只要违法犯禁，就必须严格依法予以制裁。不能用以往的功折抵今日的罪，也不能以昨日的善举折抵今日的过错。如果身为守法守职之吏，不执行国家法律的话，“罪死不赦，刑及三族”。只有法律得到不折不扣地执行，才能真正为臣民所信奉。这就是说，法律信仰的产生来自法律的严格执行。

商鞅认为，讲仁的人能够对别人仁慈，但却不能使别人仁慈，说义的人能够爱人，但却不能使人们相爱。所以，光靠仁义是不足以治理天下的。圣明的君主不仅应该具有说到做到的守信品格，还应该具有使人不得不信的法令。人们合于仁义的各种表现，是推行法治后必然会出现的正常现象。所以，圣明的君主不看重仁义而看重法度，法度严明，才能做到政令必行，有了法度一切就都迎刃而解了。

国家治理应该建立在举国上下对法律信从的基础之上，而培育法律信用的关键就在于法不避亲，法不阿贵。

颠颉是晋文公的宠臣，晋文公传召诸卿大夫集会，颠颉迟到，晋文公斩之以示众。从此以后，晋国“三军之士，止之如斩足，行之如流水。三军之士，无敢犯禁者”。

周灭殷之后，武王封纣王的儿子武庚于殷，令其弟管叔、蔡叔、霍叔监视武庚。武王死后，其子周成王继位。周成王年幼，由周公旦摄政。管叔鲜与蔡叔度、霍叔处不满周公旦摄政，于是勾结武庚发动叛乱，史称三监之乱。三监者何人？周文王之子也。周文王与太姒生有十子，长子伯邑考早死，次子为周武王姬发、三子管叔鲜、四子周公旦、五子蔡叔度、八子霍叔处。周公平定叛乱，杀其兄管叔，流放其弟蔡叔，降其弟霍叔为庶人。于是，天下人都说：“亲兄弟有罪错都不能逃避法律制裁，更何况关系疏远之人呢！”正是由于法制严明受到了民众的信从，所以，周朝对外不用甲兵于天下，对内不用肉刑于朝廷，但却内外和谐，秩序井然。

所谓“壹教”，就是统一教化，究其实质则是“壹心”，也就是统一思想。商鞅主张取缔一切不符合法律、不利于耕战的言论主张，用法来统一思想、统一舆论、统一风俗，即所谓“圣王之治也，慎为、察务，归心于一而已矣”。如何才能实现“归心于一”的目标呢？商鞅列出了“六虱”“八害”“十害”“十二害”，将其作为必须彻底清除的障碍。

所谓十害，是指礼、乐、诗、书、善、修、孝、弟、廉、辩。如果国家允许这十种祸害存在，君主就无法动员民众为国而战，国家就一定还会遭到削弱乃至灭亡；反之，国家若能清除十种祸害，君主就能够动员民众为国而战，那么国家就一定会兴盛而王霸于天下。

众声喧哗，没什么实用价值。如果君主喜好花言巧语而不求其实，那么，说者得意扬扬，大言不惭者就会成群结队地出现。民众看到言辞犀利能获取高官厚禄，就会纷纷效仿。如此一来，结党立说，政见迭出，小民趋之若鹜，大人喜闻乐见，其必然的后果就是民众务农者寡，而游食者众。游手好闲的人一多，农业便荒废了。结党立说成为时尚，民众舍弃农业，“此贫国弱兵之教也”。

立国指导思想不统一，舆论不统一，就会扰乱民心。民众不专心于农战，则“田荒而兵弱”，其结果必然是“贫国弱兵”。因此，圣明的君主治国，其指导思想必须“作一”。

商鞅认为，民众的欲望和要求千奇百怪，不一而足，而达到其目的的途径应该只有一个，民众如果不沿着这条路走下去就无法得到他想要的东西，这就是“作一”。作一才能把国力积聚在一处，国力积聚在一处才有实用价值，才有国家的强大。

以农业生产而言，作一就是国家根据粮食产量来计算田赋。田赋统一了，百姓承担的赋税就会公平，这样国家才能在百姓中赢得信誉。国家有了信誉，臣下便不敢为非作歹。百姓的负担公平，也会谨慎对待自己的职业，因而也就不会轻易跳槽。如此一来，百姓就不会议论君主不对，心中也不会感到官吏害民。壮年人苦心孤诣从事农业生产，年轻人也会跟风学习务农，那么荒地的开垦就指日可待了。

民众的信服和听从是富国强兵、长治久安的基础，“守十者乱，守一者治”。“利出一空者，其国无敌，利出二空者，国半利，利出十空者，其国不守。”(《靳令》) 因此，商鞅要求君主专一农战，抛弃没用的东西，禁止人们巧言空谈，不务正业。“作一”才能使民众心无旁骛，形成对法令的专一信仰。“耕战”是商鞅为秦制定的立法指导思想，“作一”才能引导、迫使民众“死命”于农田和疆场。如此“则国富而兵胜，行是必久王”。

(四) 法、信、权三位一体

“信”是治国之要，是培养良好风俗，凝聚民心的基本手段，是治理国家的三大要素之一。在《商君书·修权》中，商鞅集中论述了“法”“信”“权”三位一体的治国方略：

> 国之所以治者三：一曰法，二曰信，三曰权。法者，君臣之所共操也；信者，君臣之所共立也；权者，君之

> 所独制也，人主失守则危。君臣释法任私必乱，故立法明分，而不以私害法，则治。权制独断于君则威。民信其赏，则事功成；信其刑，则奸无端。惟明主爱权重信，而不以私害法。故上多惠言而不克其赏，则下不用；数加严令而不致其刑，则民傲死。凡赏者，文也；刑者，武也。文武者，法之约也。故明主任法。明主不蔽之谓明，不欺之谓察。故赏厚而信，刑重而威必。不失疏远，不违亲近。故臣不蔽主，而下不欺上。

商鞅认为，君主抛弃法度凭私意来统治国家，是导致国家混乱的原因。就像度量衡是器物的标准一样，法律是衡量人们的言行是非功过并据以进行赏罚的客观标准。这一标准具有普适性，无论何人都必须严格遵守。

首先，君主应当守法。“法之不行，自上犯之”；“法之不明者，君长乱也”。君主凭私意任意解释法律是法制遭到破坏的基本原因，有法律来确定权利和义务，而君主不因私而破坏法律，国家才会长治久安。所以，君主应该去除私欲，缘法而治。应该尊重法律的权威，而不以私害法。应坚持做到“言不中法者，不听也；行不中法者，不高也；事不中法者，不为也”。只有君主以身作则，率先垂范，才能树立起法律的威信。

其次，臣下必须守法。“法者，君臣所共操也。”君主是与士大夫共治天下的，“臣不蔽主而下不欺上”，“君臣释法任私必乱”，所以，“守法守职之吏有不行王法者，罪死不赦，刑及三族”。严刑峻法的目的是维护“王法”的信用和权威。

最后，民众必须守法。商鞅主张法令应当通俗易懂，让民众容易理解。政府要进行广泛的法制宣传教育，使法律家喻户晓，人人皆知，以便使民众了解到法律的界限，远离法律禁区，趋利避害，从而实现民众的“自治”。法律权威一旦确立，就会内化为人的行为规范，“则大诈贞信，巨盗愿悫，而各自治也”[1]。

“信者，君臣之所共立也。”商鞅认为，法律信用是君臣共同建立的。君主言必信，行必果，才能取信于民。“民信其赏，则事功成，信其刑，则奸无端。”建立法律信用的手段有二：

一是“信赏必罚”。君主应当抛开个人的好恶与私情，该赏赐的不论远近亲疏一定要赏，该惩罚的不管地位高低一定要罚。商鞅推行变法过程中，太子触犯新法，商鞅将依法处罚太子，但太子身为王位继承人不能施以刑罚，于是就处罚了太子的老师公子虔和公孙贾。要知道，这公子虔可不是一般人，那是秦孝公的哥哥，太子的伯父啊！由此可见，《战国策》中“商君治秦，法令至行，公平无私，法不违强大，赏不私亲近，法及太子，黥劓其傅”之说并非溢美之词，而是商鞅“信赏必罚”的真实写照。

二是“赏厚而信，刑重而必”。薄赏轻罚不足以触目惊心，很难引起人们的重视。只有加大赏罚力度才能树立法律信用，有效进行国家管理。树立法律信用的目的在于使“刑赏断于

1 / 山东大学《商君书》注释组:《商君书新注》，山东人民出版社1976年版，第185页。

民心”，即民众依法对自己的行为进行自律和自裁。人们熟悉法律应当像自己在家中制造器物一样，无须询问他人就知道怎样做才能符合市场的标准。一旦法的权威真正得以确立，法律便不再被视为异己的力量，外在的他律就会化为内在的自律。“有道之国，治不听君，民不听官”。法治国家的官吏不必事事听候君主的命令，民众不必事事等待长官的指示。这时，“社会就可望进入他的理想境界：社会‘自治’化阶段”[1]。

二、韩非子的法律信用观

韩非是先秦法家思想的集大成者。面对战国末年各诸侯国你死我活的争斗，身为韩国贵族后裔的韩非为了给弱小的祖国寻求一条救亡图存之路，“观往者得失之变”，提出了一套以法为本，法、术、势相结合的政治理论，希望通过法治的手段实现韩国的强盛。《韩非子》一书便是韩非思想的结晶。

“信”范畴在韩非的老师荀子那里已经出现了与孔孟不同的含义，作为一代儒学大师荀子的学生，韩非却是法家理论的集大成者，韩非的信思想与其老师相比将会有哪些变化呢？

（一）人主之患在信人

“好利恶害”是荀子和前期法家对人性的基本判断。韩非虽然没有直接使用人性的概念，但其

1／曾振宇:《前期法家研究》，山东大学出版社 1996 年版，第 208 页。

整个理论体系却是扎扎实实地构筑在对人性的深刻分析之上。韩非的人性论思想源于荀子，但他对人性“好利”特点的分析比荀子更为透彻。韩非认为人生来“皆挟自为心”，人性好利是基于人的本能需要：“以肠胃为根本，不食则不能活，是以不免于欲利之心。”

在儒家看来，父母与子女的关系是至亲至爱的血肉之情，不可言以利。韩非对此却不以为然。他举例说，如果父母对未成年子女的教养简单粗暴，孩子长大后就会埋怨父母；成年子女如果对父母的供养微薄，父母就会生气斥责子女。父子至亲，一旦认为对方没尽到义务也会埋怨责备，这是因为他们都有依赖别人相助的私心。

再以生育后代为例，不管男孩女孩，都是父母创造的生命，然而生男就庆贺，生女就杀之，父母的态度为什么差别如此之大呢？究其原因，是父母在为自己的利益做长远考虑。父母对于子女的生命，尚且要算计利弊以做出取舍，何况是那些没有血缘关系的人呢？

所以，同样是工匠，造车的希望人人富贵，造棺的希望人人早死。其实，这并不是由于造车的仁爱，造棺的邪恶，而是因为人不富贵就买不起车，没人买车的话造车的就没饭吃；造棺的也是如此，如果人人长生不老，那就没人买棺，棺卖不掉的话造棺的就没饭吃。所以，公平地讲，造棺的并不是憎恨大家，而是只有死人才是他获利的唯一机会。

古代圣贤为先秦各派思想家所崇奉，但在韩非笔下，他们也是普通人，并没有什么异乎常人的高风亮节。

尧治天下的时候，住的是不加修整的茅草房，连栋木椽子都没刨光；吃的是粗粮，喝的是野菜汤；冬天披块小鹿皮，夏天穿件麻布衣。如今即使看大门的奴仆，生活也比这要好。禹治天下的时候，拿着锹锄带领大家干活，累得大腿消瘦，小腿上的汗毛都磨没了，如今就是奴隶也不会这般劳苦。既然如此，他们把天子之位让给别人，不过是逃避看门奴仆般的生活，摆脱奴隶样的苦劳罢了，所以其禅让之举并不值得赞美。如今即便一个县令死了，其子孙后代也会有高车大马，所以人们看重官职。人们之所以能轻易辞掉古代的天子，却难以舍弃今天的县官，原因就在于其实际利益相差悬殊。居住在山上要到谷底打水的人，逢年过节用水作为礼品互相赠送；居住在洼地饱受水涝灾害的人，却要雇人挖渠排水。当青黄不接的时候，自己的幼弟来了也不肯管饭；而丰年的收获季节，即使是陌生的过客也要招待吃喝。这并非有意疏远自己的骨肉而偏爱过路的客人，而是由于存粮的多寡使然。因此，古人轻视财物，并不是因为仁义，而是由于财多；今人互相争夺，并不是因为卑鄙，而是由于财少。古人轻易辞掉天子的职位，并不是什么风格高尚，而是因为权势很小；今人争夺官位或依附权势，也不是什么品德低下，而是因为权大势重。

其实，君臣关系也是如此。“臣尽死力以与君市，君垂爵禄以与臣市。君臣之际，非父子之亲也，计数之所出也。”（《韩非子·难一》）君臣关系说穿了，就是一种利益交换。

君主的祸患就在于相信别人。相信别人，就受到别人控制。臣子对于君主，没有骨肉之亲，只是迫于权势而不得不侍奉。臣子们时刻都在窥测君主的意图，君主却懈怠傲慢地高高在上，这就是劫持杀害君主事件的原因所在。君主特别相信儿子，奸臣就能利用他儿子来实现自己的私利，所以李兑辅助赵壬最终饿死了主父。君主特别相信妻子，奸臣就能利用他妻子来实现自己的私利，所以优施帮助丽姬杀死太子申生而改立奚齐。即使是像妻子和儿子那样亲近的人都无法被相信，别的人就更没有可相信的理由了。

尧舜禅让的佳话，在韩非看来不过是逃避“臣虏之劳”，并不是什么让贤的高风亮节。君臣关系的实质是互相利用，双方完全按照市场交换的法则进行交易，买卖的唯一心理驱动力是从中获取最大利益。人与人之间纯粹是利益关系，利己支配着每一个人的行为。“利之所在则民归之”，即便有什么利他行为，也不过是先付出成本，再索取回报的一种交易。因此，忠信仁爱全是子虚乌有的东西。既然“以妻之近与子之亲而犹不可信，则其余无可信者矣”。连生死相依、荣辱与共的夫妻、父母、子女都无法相信，还有什么人可以信任呢？所以，从韩非的论述中，人们只能得出这样的结论：社会信任是不可能建立起来的。

（二）信人不如信法

韩非认为，任何人都是靠不住的。对于君主而言，臣下是虎狼，时刻都在觊觎着君主的权力，尤其是那些阿谀奉承之徒，“凡奸臣皆欲顺人主之心以取亲幸之势者也”。儒家、墨家所推崇的“尚贤”，在韩非看来恰恰是君主的两大祸患之一：君主如果惑于道德仁义之说，“臣将乘于贤而劫其君”，君主将会受制于贤人，甚至有被其取而代之的潜在威胁。所以说“人主之患在信人”，君主唯一可信的是法。

圣人治理国家，不依赖人们有自觉为君主办事的善意，而是以人们不敢做坏事为基础。如果依靠人们自觉为君主办事的善意，一国之内也找不出几十个；如果让人们都不敢为非作歹，那么举国上下都是可用之人。治国者应制定使多数人都能为我所用的措施，而不能用只有少数人才能做到的办法。所以，君主应该抛弃德治，实行法治。如果一定要使用自然长成的笔直箭杆，那就千年也造不出箭来；如果一定要依靠自然长成的圆木，那就万年也造不成车轮。既然天然的直杆和圆木千载难逢，为什么大家还有车坐、还能射猎呢？这是因为使用了加工木材的工具和方法。虽然也有不需加工的天然直杆和圆木，但好的工匠并不倚重它。为什么呢？因为需要坐车的不是一个人，射箭打猎也不是靠一支箭。同样的道理，虽然也有不靠赏罚就能自我完善的人，明智的君主并不倚重他。为什么呢？因为君主统治的不是一个人，而法律才是能够驾驭众生的尚方宝剑。所以，治国有方的君主，不依据偶见的天生善行立法，而推行必然的政治措施。

通过深刻的人性分析，韩非得出的结论是，治理国家不能把希望寄托在人人皆圣贤的基础上，君主施政的出发点应着眼于使人不敢为非作歹。正如自直之箭、自圆之木千年难得，人们通过加工制作照样可以使用箭矢、车轮一样，期待民众不用赏罚就能进行道德自律是不现实的。所以，明智之君“不随适然之善，而行必然之道”。这个必然之道就是具有普适性的法。

矫正上层的过失，追究下层的奸邪，治理纷乱，判断谬误，削减多余，纠正错误，统一民众的规范，没有什么比法律更有效的。整治官吏，威慑民众，除去淫乱怠惰，禁止欺诈虚伪，没有什么可以取代刑事制裁的。刑罚威猛，权贵就不敢凌辱贫贱；法令严明，君主就尊贵而不受侵害。君主如果弃法用私，君臣之间就没什么区别了。

法是人人必须无条件遵守的强制性行为规范，它明确告示人们什么可以做什么不可以做，以及行为所带来的后果。法是“一民之轨”，是判断人们言行是非功过并据以进行赏罚的唯一标准。“主施其法，大虎将怯；主施其刑，大虎自宁。法刑苟信，虎化为人，复反其真。”（《韩非子·扬权》）君主颁行法令，大老虎就会害怕；君主动用刑罚，大老虎就不敢轻举妄动。法制具有信用，大老虎就会重新变人，恢复其身为臣子的本来面目。

法是帝王唯一可以信赖的统治工具，民众的道德素质不可信赖自不待言，就是与帝王共治天下的各级官吏也不能保证个个诚信不欺。君主不能彰明法令来控制大臣的威势，就无从得到平民百姓的信任。君主拥有整个国家的资源，手握生杀予夺之权，“重赏严诛”便足以令臣下俯首帖耳，何必把官职留给那些诚实不欺的人呢？现今，忠贞信义之人屈指可数，而国家需要的官吏却数以百计，如果一定要任用忠贞信义之士，那就只能让不合格者滥竽充数了。所以明君治国，在于专行法治，而不寻求有智之人；牢牢掌握使用官吏的方法，而不仰赖忠信之人。这样，法治就不会遭到破坏而官吏们也不敢胡作非为了。

因此，君主应将法家学说定为一尊，禁止其他思想的流布，用法来指导自己的行动。法律信用是法律效能的基石。思想多元不利于树立法家思想的权威，不利于培植民众的法律信仰。法律没有信用，国家的长治久安就无从谈起；法律没信用，君主就陷入危险；刑罚不果断，奸邪就难以控制。彰明法制是君主赢得民心的唯一选择，君主要使臣下虽有智慧和才能，也不得违法专权；虽有贤能的行为，也不能在立功之前得到赏赐；虽有忠信的品德，也不能放弃法纪而不加约束，这就叫彰明法度。

（三）寓言中的“信”

《韩非子》一书中有三四百则寓言，借用寓言说理是该书的一大特点。《韩非子》的寓言文笔生动，哲理性强，俨然是韩非子学说的思想辑要，也是了解韩非子“信”思想的一个窗口。

韩非虽然认为人性不足以信赖，君主用人不必刻意寻求忠信之士，但他并不否定“信”的政治作用。在《安危》篇中，韩非指出安定君主国家的办法有七种，其中之一就是“有信而无诈”。在论述经邦治国基本方略的《八经》篇中，韩非将“设法度以齐民，信赏罚以尽民能”列为其中的一个重要方面。显然，韩非子这里讲的“信”是民众对法、对君主的信任，讲“信”的目的是为了用民力，“尽民能”。《韩非子·内储说上》中的寓言，便是这种“信”思想的典型体现。

越王勾践想攻打吴国，征询大夫文种的意见，文种回答说：“行。我们的赏赐优厚而有信，惩罚严厉而坚决。您要了解民心可不可用，何不以焚烧宫室来做个测试？”于是勾践派人纵火焚烧宫室，但却没人前来营救。越王就下令说：“为救火而死的，和战场牺牲一样奖赏；救了火而没死的，和战胜敌人一样奖赏；不救火的人，和投降败北一样治罪。”听到这个命令，人们用泥土敷身、蒙上湿衣而奔赴火场的，左面三千人，右面三千人。由此，勾践判断，伐吴已成必胜之势。

吴起被魏武侯任命为西河郡守。当时，秦国有个小哨亭就临近西河边境，吴起想攻击它。不除掉小哨亭吧，会对魏国的种田人构成很大危害；要除掉小哨亭吧，又不值得为此调兵遣将。于是，吴起就在北门外放置了一根车辕，然后宣布命令说：“有谁能把它搬到南门外，就赏给他上等田地和住宅。”一开始没人响应，后来有人动手把车辕扛到了南门，果然得到了规定的赏赐。不久，吴起又在东门外放了一石赤豆，并下令说：“谁能把它搬到西门，赏赐如前。”这时人们蜂拥而上抢着要搬。吴起见民心可用，便下令道：“明天攻打哨亭，有能捷足先登的，任命他做国大夫，赏他上等田地和住宅。”于是，人们争先恐后，哨亭一个早晨就被拔掉了。

统治者及其所制定的法令能否为民众信从，关系到战争的胜败，越王焚烧宫室的目的是检验赏信罚必的措施是否已经被民众确信；王命一出，群起响应，民众赴汤蹈火，在所不辞，“此知必胜之势也”。吴起则是直接要弄政治手腕赚得民众的信从，“信赏必罚，其足以战”。

既然“信”是取得战争胜利的必要条件，统治者就必须具备树立信用的政治手段。对此，在《外储说左上》中，韩非从正反两个方面进行了充分论证：

> 小信成则大信立，故明主积于信。赏罚不信，则禁令不行。说在文公之攻原与箕郑救饿也。是以吴起须故人而食，文侯会虞人而猎。故明主表信，如曾子杀彘也。患在尊厉王击警鼓与李悝谩两和也。

上面这段文字中，蕴含了几则与“信”有关的故事——

“文公之攻原”说的是晋文公攻打原国时，携带了十天的粮食，和大夫们约定十天之内攻克原国。期限已到，却没有成功，晋文公于是下令收兵。这时，有人报告说：“再有三天就能攻下原国了。”晋文公左右的僚属也劝谏说：“原国粮食已经吃完，兵力已经用尽，请国君再等几天吧！”文公说：“我们约定十天为期，到期不回将失去信用，得到原国而失去信用，这种事我不干。”于是撤兵返回了晋国。原国百姓得知后，说：“有文公这样讲信义的君主，怎可不归附他呢！”于是归顺了晋国。卫国人受此感召也归顺了晋国。

“箕郑救饿”说的是晋文公与箕郑讨论救荒之策。晋文公问箕郑：“遇到饥荒怎样救济？”箕郑回答说：“守信用。”文公说：“怎样守信用呢？”箕郑说：“在名位、政事、道义上都要守信用：名位上守信用，群臣就会尽职尽责，好坏就不会混杂，政事就不会懈怠；政事上守信用，就不会错过天时季节，百姓就不会三心二意；道义上守信用，亲近的人就会努力工作，疏远的人就会前来归顺。”

“吴起须故人而食”说的是吴起出门时碰到故交，便邀其到家吃饭。故交答应马上就回来。吴起说：“我等您。”结果那人到晚上还没来，吴起便饿着肚子等他。第二天早上，派人请来故交后，吴起才和他一起用餐。

“文侯会虞人而猎”说的是魏文侯和守山人约定了打猎时间。第二天，大风骤起，近侍劝文侯不要去，文侯说：“因为刮风而失去信用，我不能那样处身行事。”于是亲自驾车去告知守山人打猎活动取消。

“曾子杀彘”说的是曾子的妻子要到集市去，小儿子跟在后面哭，曾妻便哄骗儿子说：“你先回去，等我回来给你杀猪吃。”曾妻从集市回来，见曾子正在抓猪。妻子阻止说：“不过是和小孩开玩笑罢了。”曾子说：“孩子可不是开玩笑的对象。孩子没什么判断力，要靠父母做出样子才会跟着学，完全听从父母的教诲。现在你骗了他，等于是教儿子学着骗人。做母亲的欺骗孩子，孩子就不相信母亲了，这不是教育孩子的方法。”于是就把猪杀掉煮食了。

“厉王击警鼓”说的是楚厉王与大家约定，遇到军情警报，就敲响军鼓作为号召，通知民众一起防守。有一回他喝醉酒后，失误地敲响了军鼓，民众都非常惊慌。厉王派人安抚大家说：“我是醉酒后和近侍开玩笑，才错误地击了鼓。”于是民众都松懈了下来。过了几个月，又遇到军情警报，厉王击鼓，民众却不去备战。于是他更改命令，明确信号，这样民众才信从了。

“李悝谩两和”说的是李悝警告左右营垒的士兵说：“小心警惕敌人，他们早晚会来袭击你们。”像这样的警告说了好多次，但敌人却没有来。军队于是都松懈下来，不再相信李悝。几个月后，秦人来袭，李悝几乎全军覆没。还有一种说法是，李悝与秦人交战，他先对左营将士说：“快上，右营将士已经上阵了。”又策马跑到右营说：“左营将士已经上阵了。”两军于是争先恐后地上了阵。第二年，与秦人再战，魏军几乎全军覆没。

这几则故事中，“得原失信”，晋文公“不为”，想不到却有卫国臣服的意外收获。正是由于晋文公的守信，才有“攻原得卫”的结果。救饥以信，则进一步强调了信的政治功能：政府有信用，才能率领民众克服经济困难。吴起“待公而食”，魏文侯“与虞人期猎”，则对严守信用的操守作了充分肯定。曾子杀猪以示信，从言传身教的角度说明了“信”品德的养成需要上位者以身作则。从而印证了“小信成则大信立，故明主积于信”的道理。与之相反，楚厉王和李悝的故事则说明，统治者失去信用不仅是“赏罚不信，则禁令不行”的问题，还会直接影响战争胜败和国家安全。

在鲁哀公与孔子关于“夔一足”的对话中，韩非甚至将“信”提高到安身立命的高度：尽管夔“忿戾恶心，人多不说喜”，但他为人守信，所以能够避免被人残害。这就是说，一个人即使存在严重的道德人格缺陷，但凭守信一德便足以护身了。“故有术之主，信赏以尽能，必罚以禁邪，虽有驳行，必得所利。”（《外储说左下》）

韩非的全部政治思想，是以加强君主独裁和维护君主利益而开展的，这是韩非观察问题和处理问题的出发点和归结点。韩非的“信”思想同样没有跳出君主独裁的窠臼，培植法律信用，争取民众信任的目的只有一个：维护君主的利益。“信”是君主国家得以维系的必要条件，因此也就是君主必须利用的政治工具。

第五章

道、墨、兵、杂诸家之“信”

春秋战国是中国历史上著名的文化繁荣期，也是中国传统思想体系的奠基时期，在此后两千多年的思想文化演进过程中，许多理论命题都可以从诸子学说中找到相应的思想源头。就信范畴而言，道、墨、兵、杂诸家的论述各有侧重，也都有自己独特的历史贡献。本章无意对各家学说进行全面的分析，仅就其自成一家之言的信思想展开讨论。

一、先秦道家的“信”思想

先秦道家是以老子和庄子关于“道”的学说为核心形成的一个学派。春秋末年的老子是道家学派的创始人，庄子则是战国时期道家的主要代表人物，所以人们常以老庄并称。从“人法地，地法天，天法道，道法自然”的世界观出发，老庄对当时的社会现实和流行的伦理观念，其中包括“信”观念，均持强烈的批判和否定态度。故而老庄的“信”论述个性鲜明，不同凡响，对中国“信”思想的发展有着独特的贡献。

(一)“信”之于人性

老子生活在新旧社会秩序交替的春秋末年，剧烈的社会变革冲击着人们的思想，也改变着人们的伦理观念，导致礼崩乐坏，物欲横流。民生维艰的根本原因是什么？老子认为，正是仁义礼智信这些人为的道德规范破坏了人的本真，造成了人的异化和社会的动乱。

道德的本质是朴实无华、真诚无妄。“常德乃足，复归于朴”。所谓“常德”是指永恒普遍的道德，“朴”是指未遭到污染和破坏的纯真状态，这里是指人的天然本性。这句话的意思是：要从根本上遏制道德退化和堕落，就必须致力于道德的复归。各种社会冲突和人际纠纷大量出现，是由于人的欲望太多，人多欲则诡诈机巧、欺世盗名、背信弃义等无耻行径便应运而生。只有“见素抱朴，少私寡欲”，即保持朴质，减少私欲，才能使人们返朴归真。

在现实生活中，有损于“道”的主要因素是什么？老子认为德有上下之分。上德之人不自恃有德；下德之人自以为不离失德，所以没有达到德。上德之人顺其自然而无心作为；下德之人顺其自然而有心作为。上仁之人有所作为却出于无意；上义之人有所作为且出于有意。由于仁义均由下德中产生，已经不是道的自然流露。上礼之人有所作为而得不到回应，于是就扬着胳膊使人强从，勉强和虚伪的成分就更多了。失去了道而后才有德，失去了德而后才有仁，失去了仁而后才有义，失去了义而后才有礼。礼是忠信的不足，祸乱的开端。所谓先知，不过是道的虚华，是愚昧的开始。讲究繁文缛节的礼意味着人际交往中真诚互信成分的缺失。过分的文饰必然会扭曲人的本性，使人变得虚伪浅薄，华而不实，从而导致整个社会风气的败坏和道德的沦丧。因此，老子主张做人立身敦厚，而不居于浇薄；存心笃实，而不居于虚华，只有这样才能实现人性的复归。

庄子继承并发展了老子返朴归真的道德学说。他认为在“至德”的理想世界里，人们过着合乎天性，顺其自然的生活，与鸟兽同居，与万物同在，谁都没有物欲，人人纯真质朴，没有你争我夺，用不着精于算计。他们不标榜贤能，君上如同高枝，人民如同野鹿；行为端正却不知什么是义，相互亲爱却不知什么是仁，真实却不知什么是忠，得当却不知什么是信，行动单纯而互相友助，却不以为是恩赐。

庄子还以马喻人，马的天性是吃草饮水，翘足跳跃，宫殿床榻对它毫无用处。给它钉上马掌，施以衔勒，百般摧折加以驯化，这并不是它喜欢的生活。仁义礼乐、规矩法度对于人，就如同马掌、衔勒对于马一样，也是对人性的桎梏和残害。

相濡以沫一语出自《庄子》，“泉涸，鱼相处于陆，相呴以湿，相濡以沫”。(《大宗师》) 在庄子看来，这种状况倒不如在江湖里互不相关。天然的才是美好的，人也是如此。仁义之所以是毒害骚扰人心的最大祸害，就在于它违背人的天性。礼仪是世俗人的行为，纯真则禀受于自然，出自自然因而也就不可改变。所以圣人总是效法自然看重本真，不受世俗的拘系。愚昧之人则与此相反，不能效法自然而忧虑世人，不知道珍惜真情本性，庸庸碌碌地在流俗中承受着变化，因此总是不知满足。

庄子比老子更加强调天性自由，更加强调返朴归真的必要性。庄子认为，“当是时也，民结绳而用之，甘其食，美其服，乐其俗，安其居，邻国相望，鸡狗之音相闻，民至老死而不相往来。若此之时，则至治已。……上诚好知而无道，则天下大乱矣！……夫弓弩毕弋机变之知多，则鸟乱于上矣；钩饵罔罟罾笱之知多，则鱼乱于水矣”。(《胠箧》)

三皇五帝是先秦各家学派心中的圣贤，但庄子认为，他们才是道德沦丧、天下大乱的祸首。最初是黄帝开始用仁义来扰乱人心，接着是尧舜殚精竭虑以养育芸芸众生，满心焦虑地推行仁义，耗费心血来制定法度。但他们并未治理好天下。尧将驩兜放逐到崇山，将三苗放逐到三峗，将共工放逐到幽都，就是未能治好天下的明证。夏、商、周三代更是多方面扰民，下有夏桀、盗跖，上有曾参、史鳍，而儒、墨之辩又全面展开，这样一来，或喜或怒相互猜疑，或愚或智相互欺诈，或善或恶相互责难，或妄或信相互讥刺，天下便逐渐衰败了。基本观念和生活态度如此不同，人类的自然本性散乱了，天下都追求智巧，百姓中便纷争迭起。于是用斧锯之类的刑具来制裁他们，用绳墨之类的法度来规范他们，用椎凿之类的肉刑来惩处他们。天下相互践踏而大乱，罪在扰乱了人心。因此贤能的人隐居于高山深谷之下，而帝王诸侯忧心如焚战栗在朝堂之上。

“信”德需要用真诚和质朴去培育。矫揉造作、心口不一、阳奉阴违、两面三刀、欺世盗名、巧诈伪善是“信”德的对立面。真诚和质朴是人类最好的德性，舍此则其他一切道德都会变成虚伪的丑恶之行。而这，便是老庄道家返朴归真道德学说的价值和意义所在。

（二）“信”之于政治

无为而治是道家政治思想的核心。在道家看来，天道永远是顺应自然而无所作为，但又没有一件事情不是它所为。统治者如果能遵循道的要求办事，做到清静、质朴、不贪欲，让人民安静地生活，自我化育，天下自然就会安定。

“道”大公无私，君主体“道”行事也应大公无私。庄子希望统治者效法天地日月——天无私覆，所以清澈澄明；地无私载，所以广远安宁；日月无私照，所以光耀古今。君主若能无私，就会福泽万民，天下太平。

无为而治的指导思想是减少、限制统治者的私欲。老子认为天下是神圣的事物，使用强力或人为控制来进行治理是根本行不通的。民众为什么不好管治？其原因就在于统治者总想有所作为。统治者应该顺其自然，允许民众的个性自由发展。“我无为，而民自化；我好静，而民自正；我无事，而民自富；我无欲，而民自朴。”

统治者要“去甚、去奢、去泰”，抛弃那些极端的、奢侈的、过度的政治举措，不要强行妄为，人民得以休养生息，就会自然化育。统治者不去刻意地劳民伤财，民众自然就会富裕起来。统治者没有个人的私欲，民众自然就会纯真朴实。

在老子看来，理想的世代，人民根本不感到统治者的存在；稍次的，人民亲近他并赞美他；再次的，人民畏惧他；最次的，人民轻侮他。统治者的诚信不足，人民自然不相信他。最好的统治者悠悠然而不轻于发号施令。事情办成功了，百姓们都说，我们本来就是这样的。所以，陈鼓应先生认为，“老子理想中的政治情境是：一、统治者具有诚朴信实的素养。二、政府只是服务人民的工具。三、政治权力丝毫不得逼临于人民的身上”[1]。

世风日下，人心不古，纯真诚信的赤子沦为贪婪奸诈的豺狼，是谁造成了人性的泯灭呢？庄子从古今统治者不同做法的对比中，找到了问题的症结所在：古代的统治者，把所得归功于民众，把所失归咎于自己；以为正道在人民，以为过错在自己；有一个人受到损害，就退而自责。现在的统治者却不是这样。隐匿真相而责备百姓不知，制造困难却归罪百姓不敢做，增加事务却惩罚百姓不胜任，延长途程却加诛于人之不能到达。人民知穷力竭，就以虚伪来应付，人君常作伪事，士民怎能不虚伪呢？能力不足便作假，财用不足便盗窃。盗窃的风行，要责备谁才是呢？

庄子认为，没有德性就不能取信，不能取信

1 / 陈鼓应：《老子注译及评介》，中华书局 1984 年版，第 132 页。

就不能被任用，不被任用就不能获利。所以从得到名利的角度看，仁义道德是最要紧的。以此推论，“信”作为一种德行，不过是用来获取名利的手段罢了。所以，无耻的人富有，伪信的人显达。最大的名利几乎都是由无耻伪信得来的。所以算计名利的话，伪信才是真正要紧的东西。

“信”既然已失去其本真，成为扭曲人性、获取名利的东西，那么，这样的“信”就不值得崇尚。在一个道德失范的世界里，强权就是真理，就是正义。小偷小摸被拘捕，窃国大盗成诸侯，诸侯拥有权势，仁义道德就属于诸侯。齐桓公杀其兄而娶其嫂，管仲却做他的臣子；田成子杀君窃位，孔子却接受他的钱物。既然被奉为圣贤的管仲、孔子都言行相悖，那么儒家鼓吹的诚信看来也就是一剂愚弄人的迷魂药了。

庄子认为：比干被剖心，子胥被挖眼，这是忠的祸害；直躬举证父亲偷羊，尾生被水淹死，这是信的祸患。如此忠信有什么意义？除了祸害它还能给人带来什么呢？

（三）“信”之于个人

道家思想的出发点是如何消解人类社会的纠纷，如何使人们生活得幸福安宁。

道家认为，一切社会冲突和人际纠纷都与人的贪欲过度膨胀有关。减少一己的私利，削弱个人的欲望，才能造就人际间的和谐与社会的安宁。“祸莫大于不知足，咎莫大于欲得。”人的欲望是没有止境的，只有知道满足才能保持心理平衡，也只有知足的人才能不争。

什么样的人格是完善的人格？人应该从哪些方面提升自己的道德水准？老子认为，至善的人格像水一样。水善于滋润万物而又不与万物相争，停留在大家所厌恶的地方，所以水的品格最接近于“道”。居处善于选择地方，心胸善于保持沉静，待人善于真诚相爱，说话善于遵守信用，为政善于精简处理，处事善于发挥所长，行动善于把握时机。由于具有不争的美德，所以也就没有怨咎。此处以水喻“信”，意思是人的言语要像水一样，汛期即至，不言而信。

人生在世总免不了与他人发生某些摩擦，如何面对这些恩恩怨怨？孔子曾有“君子躬自厚而薄责于人”和“君子坦荡荡，小人长戚戚”的说法，但他明确表示反对“以德报怨”，一再强调“礼尚往来”和“以直报怨，以德报德”，所以，孔子处理人际关系的基点是“以牙还牙，以眼还眼”的对等原则。

道家与之不同：善良的人，我善待他；不善良的人，我也善待他，这样就可以使人人向善。守信的人，我信任他，不守信的人，我也信任他，这样就可以使人人守信。有道德的人待人接物顺其自然，对于善人和不善的人都能善待。有了这种海纳百川的宽广胸怀，才能够避免冤冤相报，消解敌意和仇恨，创造出宽容、和谐的人际环境。

人与人之间互谅、互信关系的形成，需要所有社会成员的共同努力。将提高社会道德水平的责任推给他人，自己只想享受道德建设果实的想法是自私的。如果人人都做这种打算，社会道德水准的提高就会成为无源之水。道家伦理思想的可贵之处在于，它将道德建设的基础植根于每一个人的自我完善之上。个人的修养不受制于外界，个人对他人、对社会，只讲付出，不求回报。不论客观环境如何，个人均要调适好自己的心态，乐观、积极地去面对。

老子从美与信、善与辩的关系出发阐释了信的内涵：“信言不美，美言不信。善者不辩，辩者不善。”他指出，信实的言辞多尚质朴，所以并不华美；甘美的言辞多尚华饰，所以未必可信。善良者的言论止于真理，符合事实，所以不去追求华丽的辞藻；善良者的行为真实不妄，正直不欺，所以不做自我辩解。而花言巧语、能言善辩者，容易言过其实。冠冕堂皇的言辞下往往掩饰着行为的亏欠。

为了不使自己的言辞有损于自己的人格，老子告诫人们：“轻诺必寡信，多易必多难。是以圣人犹难之，故终无难矣。”[1] 人在做出承诺的时候一定要充分考虑事情的客观可行性，轻率的承诺，其信用一定不足。如果把事情看得太容易，将来遭遇的困难一定更多。所以明理有道之人遇事总是把它看得很艰难，等到真正做起来时也就不会有什么困难了。

不能兑现的承诺有损于“信”德，而那些刻意为之的谎言则是一种道德的败坏。庄子论

1 / 陈鼓应:《老子注译及评介》，第 306 页。

证了八种道德病的特点，其中“希意道言，谓之谄；不择是非而言，谓之谀；好言人之恶，谓之谗；析交离亲，谓之贼；称誉诈伪以败恶人，谓之慝；不择善否，两容颊适，偷拔其所欲，谓之险”。上述劣行均与谎言有关，虚假的言辞渗透着主观上的不良企图，这种道德上的弊病，“外以乱人，内以伤身，君子不友，明君不臣”，[1] 是不可救药的顽疾。只有这些毛病彻底去除了，才能成为“可教”的人。

二、《墨子》的“信”思想

墨家是战国时期的一个重要学派。墨翟“从属弥众，弟子弥丰……后学显荣于天下者众矣，不可胜数”，[2] 以致孟子有“墨翟之言盈天下”之说。《墨子》一书广泛涉及社会、政治、经济、教育、科技、军事等多方面内容，其中不乏具有重要历史价值和现实实践意义的真知灼见。墨家的“信”思想是如何展开的？有何理论特色？这是本节所要讨论的问题。

（一）信的语义分析

何谓信？《论语》的解释是：“信近于义，言可复也。”意为讲信任必求符合正义，才能履行承诺。孟子则说“有诸己之谓信”，意思是说真实存在就叫作信。与儒家的解释相比，《墨

1 / 陈鼓应：《庄子今注今译》，中华书局1983年版，第817页。

2 / 张双棣等：《吕氏春秋译注》（修订本），北京大学出版社2000年版，第48页。

子》的更为严谨:“信，言合于意也。”(《经上》)信指的是言语真实地表达内心所想，不口是心非、言不由衷，用一颗至诚之心与人进行交流。《墨子》又说:“信:不以其言之当也，使人视城得金。”(《经说上》)信的衡量标准不是人的语言本身，而是其言语能否经得起实践的检验。如果告诉人城上有金，察看之后果然可以得之，这就叫作信。在《兼爱》中，“信”被表述为“使言行之合，犹合符节也。”意思是说人的语言和行动要像军队使用的信物——符节那样能够严密吻合。这一解释十分清晰地表达了言行一致这一“信”的基本内涵。

“诺”是与信密切相关的一个概念,《经说上》释之为“言务成之”，意为说出来的话就务必实行，或曰做出的承诺必须兑现。这是从主客观统一的角度进行论证，十分确当。

“信”与言辞有关。《墨子》对“辞”的概念这样定义:“辞以抒意”，即言辞用以表达内心思想。

真假的概念也与“信”有关。虚假的东西没有信用。如真话可信，假话则不可信。《墨子》中有几处关于“假”的定义:《经下》:“假必悖，说在不然。”假即虚假，与真完全相反。这句话的意思是:假的判断必然与客观事实相反，这可以从事物原本不是这个样子推论出来。《经说下》:“假必非也，而后假。狗假霍也，犹氏霍也。”假必然与事实相违背，而后才成其为假。狗假装成鹤，就像姓霍的人并不是鹤一样。《小取》:“假者，今不然也。”所谓假，就是事物现在不是其本来的样子。

从上述相关概念的定义可以看出:《墨子》不愧是逻辑学的开山之作，其定义简洁、具体、明确，能准确揭示概念的内涵。这可以说是墨家对“信”范畴建设的一个独特贡献。

（二）言必信、行必果

在诸子百家中，墨家以身体力行、言行必信而闻名于世。墨家的做人原则可用《兼爱》中的一句话来概括:“言必信，行必果，使言行之合，犹合符节也，无言而不行也。”说话一定要真实可信，行事一定要果敢，要使语言与行动像符节相合一样，没有不兑现的语言。墨子十分重视言行一致的问题，他主张，完全可以付诸实施的言辞，应当常说；不能够付诸实施的言辞，要尽量不说。

如果经常说一些与行动背离、与事实不符的话，那就是口无遮拦、信口雌黄。虚假的言辞抛弃了言辞的本质，损害了语言的基本功能，扰乱了人类的正常思维。它不仅使人与人之间的思想交流无法正常进行，同时也对人们的互信关系造成了破坏。信口雌黄一旦成为一种习惯，一个人离撒谎者、骗子就不会太远了。因此，言辞真实可信、言行保持一致，这是个人道德修养的重要内容。源头混浊，水流不会清澈；行为无信，名声必然败坏。一个声名狼藉的人如何立身处世，实至名归？一味地夸夸其谈而迟迟见不到行动，说得再好听也不会为人所信从。

墨子还注意到与诚信人格截然相反的伪君子现象。他举例说，如果有两人在上峰手下做事，其中一人上峰在时干事，上峰不在时则不干事；另一人上峰在时干事，上峰不在时同样干事，上峰会器重哪一位呢？当面是人、背后是鬼的伪君子人人嗤之以鼻，也是上峰最为反感的一类人。推出这样一类反面典型可以衬托出“信”德的宝贵，有助于加深对“信”涵义的理解。

墨家尚鬼神，认为鬼神能公正无私地对人间善恶进行赏罚，其赏信罚必的作用无可替代。天下之所以大乱正是由于人们疑惑鬼神是否存在。既然不信鬼神是社会道德水准下降的原因，那么，提升人们“信”德水平的终南捷径自然就是皈依鬼神了。

然而，人在社会交往中能否以信待人，鬼神惩恶扬善的监督作用毕竟只是一个外部因素。墨子并没有溺于鬼神而不拔，他已经注意到“信”德的根本是诚心正意。《耕柱》篇记述了这样一个故事——季孙绍和孟伯常共同在鲁国执政，二人互不信任。于是就到祭神的祠庙里祷告，希望使两人和好。墨子对此评价说，用这种方法来取得信任，就好比是遮盖上眼睛，然后到祭神的祠庙里祷告说：希望能使我看得见。这不太荒谬了吗！显然，墨子这里说的“信”是与内心的“诚”紧紧结合在一起的。

墨家的“信”观念在有些方面与儒家是相同的。如孔子认为有道德的人“言之必可行也。君子于其言，无所苟而已矣”。君子说到就一定能够做到，对于自己说的话，一点都不马虎。但笃守信用在孔子的道德坐标系中地位并不太高，“言必信，行必果，硁硁然小人哉！抑亦可以为次矣”。严守信诺之人不如“行己有耻，使于四方不辱使命者”，也低于“宗族称孝”“乡党称弟”者，不过是一般的普通人，仅比那些小肚鸡肠的“今之从政者”略高一筹而已。与儒家相比，墨家对“信”的重视程度显然要高得多。

（三）政者，口言之，身必行之

言行一致是立身处事的做人准则，也是统治者必须遵从的政治准则。“政者，口言之，身必行之。”统治者推行政务，自己说出来的话，自己一定要予以实施。如果“口言之，而身不行”，言行矛盾，就是自己否定自己。一个自相混乱、自我否定的统治者怎么能取信于民众呢？

古代圣王贤君是理想人格的化身，战国诸子多借以阐释自己的政治诉求，墨子也是如此。他认为，古代社会之所以有良好的政治社会秩序，是由于圣王贤君“爱民谨忠，利民谨厚，忠信相连”。换句话说，君主爱护百姓确实尽心，为百姓谋的福利确实丰厚，效忠于民的诚心与不失信于民的行为紧密相连，这是形成治世的根本原因。在君民这对矛盾中，处于强势地位的君主若能爱民、利民，以宽厚、忠信待民，处于弱势地位的民众必然会衷心拥戴和信赖君主。因此，“忠信相连”是政权稳固、长治久安的基础，是统治者处理君民关系的基本原则。

统治者的政治诚信是建设诚信社会的基础。上有所好，下必从之。墨子认为，要使民众信从上级进而实现自上而下的有效控制与管理，如果爱民不深的话，百姓就不会顺从。这就是说，必须倍加爱护地使用民力，用诚信的态度赢得民心。以富贵引导于前，以严明的惩罚督率于后。施政方针如果这样的话，即使想让民众不和上级一致，也办不到。尚同是墨子提出的一个重要概念，使民众“尚同”于统治者的前提是统治者对民众的态度和自己的所作所为。如果统治者真正能够以“信”待民，就是想让民众“毋与我同，将不可得也”。

在墨子看来，国家有七种应当重视的祸患，治国若存在这七种祸患，必定亡国，守城若存在这七种祸患，国都必定倾毁。七种祸患存在于哪个国家，哪个国家必有祸殃。在危及国家政治安全的七个因素中，“所信者不忠，所忠者不信”即为其中一项。君臣上下之间不忠不信，统治集团内部便会矛盾丛生，关系紧张。这样就必然严重影响到国家的政治稳定和政务推行。所以，统治集团成员之间的内部信任是关系到国家安危的重要因素。

墨子认为，忠信品德的培养，有赖于统治者的倡导，“富贵以道其前，明罚以率其后”，奖赏与惩罚便是“因而诱之”的基本手段。所以墨子提出，凡是我国忠信之士，我都将予以奖赏和尊尚；而不忠不信之士，我都将予以治罪和鄙视。如此一来，试问举国上下谁高兴谁害怕呢？我认为必定是忠信的人高兴，不忠不信的人害怕。

墨子思想的核心是“兼爱”，“兼相爱、交相利”既是其社会理想的基石，也是其救治社会弊病的药方。墨家的“兼爱”与儒家的“仁”似乎有相通之处，如孔子讲“仁者爱人”，墨子则说

“兼即仁矣”，实则“兼爱”的内涵与实质均与“仁者爱人”不同。

首先，墨子强调的“兼”有普遍、平等之意，“天下之人皆相爱”，没有身份之别；“爱人若爱其身”，不分贫富贵贱。儒家的“爱人”则是“亲亲为大”，有亲属贵贱之分，主要是指贵族、家族内部的互爱。简言之，墨家的“爱”是“爱无差等”，儒家的“爱”是“爱有差等”。

其次，儒家不言利，孔子讲“君子喻于义，小人喻于利”。墨家的“兼相爱”则是以“交相利”作为物质基础。墨子认为，“人独知爱其身，不爱人之身”，亏欠别人使自己获利是人与人之间“别相恶、交相贼”的根源。如何解决这个问题？墨子提出“视人之家，若视其家，视人之身，若视其身”的换位思考办法，必然是我先从事于爱护和有利于别人的双亲，然后别人报我以爱护和有利于我的双亲。这就是所谓“兼相爱、交相利”。《大雅》里说：“无言不雠，无德不报……投我以桃，报之以李。”这就是说爱人的必被人爱，而憎恶人的必被人憎恶。人人都从“利人”做起，有力气的用力量帮助别人，有财富的把财物分送别人，有德行的用道义来劝导别人。“有利者疾以助人，有财者勉以分人，有道者劝以教人”，这样人与人之间就会形成互利互爱的良性互动关系。“强不执弱，众不劫寡，富不侮贫，贵不傲贱，诈不欺愚”的社会理想就会实现。

显然，人与人之间互利互爱不可分割的必然是互信，如果没有互信也就谈不上什么互利互爱，互信是互利互爱的前提条件，

“兼相爱、交相利”中就蕴含着互信的因素。就此而言，墨家的“信”有着比儒家的“信”更为坚实的理论基础。

三、先秦兵家的“信”思想

兵家是春秋战国时期的一个学派，以研究作战、用兵为要旨。《汉书·艺文志·兵书略》将兵家著作分为四类：兵权谋类侧重于军事思想、战略策略；兵形势类专论用兵之形势；兵阴阳类以阴阳五行论兵，且杂以鬼神助战之说；兵技巧类以兵器和技巧为主要内容。兵家的代表人物有孙武、孙膑、吴起、司马穰苴、尉缭等。他们的著作留传下来的有:《孙子兵法》《吴起》《孙膑兵法》《六韬》《尉缭子》等。与先秦其他学派的“信”思想相比，兵家的“信”思想具有独特的魅力。它较少进行玄奥的哲理探讨，多为实践理性的具体阐释。

（一）军法与信用

在兵家看来，对于国家而言，信用是立国之本；对于君主而言，信用是守身之要。《六韬·六守》提出人君有六守：仁、义、忠、信、勇、谋。信用是君主的基本操守。诚信盖过天下，然后才能约束天下。《司马法》认为，仁、信、直、一、义、变、专为治乱之道的七个要点。

“信”在军事上有其特殊的表现。军人以服从为天职。遵纪守法，听从指挥，军队才能统一行动，形成战斗能力。灭亡在于没有战备，危险在于号令不明。军纪涣散，号令无效的军队是“危亡”之师，号令一经发出，就必须取信于民而全国遵行。《司马法》认为，治国要施恩惠讲信用，治军要宽厚要威严，临阵要果断要敏捷。治国要上下和睦，治军要法令严明，临阵要明察情况。这样，治国就能为人民所爱戴，治军就能为士卒所敬重，临阵就能为全军所信赖。

求生畏死是人之本性，同时也是所有参战人员的自然心理趋向。如何才能克服怯懦畏惧，使一个普通人转变为勇往直前的斗士，这是每一个统军将帅都要面对的棘手问题。《尉缭子》认为，民众并非生来就好死厌生，只是由于号令严明，法制周详，才能使他们奋勇向前。既有明确的奖赏鼓励于前，又有坚决的惩罚督责于后，所以出兵就能获胜，行动就能成功。

“号令明，法制审”是培养军队斗志，锻造合格战士的基本手段。但是，“徒法不足以自行”，要使军法真正发挥作用，还必须采取各种手段以培植其信用，使之成为人们作出行为选择时可以充分信赖的依据。为此，先秦兵家们提出了如下主张——

1. 法要自信

政出多门是导致政治混乱的重要因素，更是军事指挥的大忌。平时，它会干扰正常的军务管理，引起内部矛盾，破坏上下级之间的信任关系；战时，它会使下级无所适从，贻误战机。如果进退不定，疑虑丛生，必然招致军事行动失败。因此，《尉缭子》强调，军队在出征时，国君要亲自把斧钺授予将军，并宣布三军各有其分掌的职权，凡越级向上请示的处以死刑。军中除将军外不允许其他人发布军令，凡擅自发布军令者处以死刑，延误命令的处以死刑，违抗命令的处以死刑。发令权必须集中统一，才能排除内部干扰，为树立军法信用奠定必要的基础。《尉缭子》说，军令用来统一全军的思想和行动，因此，颁布命令必须谨慎严明，才能做到军令如山，“众不二听”“众不二志”。朝令夕改，出尔反尔，必然会降低军法军令的可信度。军队如果不信军令，就不能“得其力”，更不会“致其死”。因此，下达号令的原则是，有小的缺点不必变更，有点不明确也不须重申。上级没有可疑的命令，大众也就不会无所适从；行动没有犹豫不定的事情，大众就不会三心二意。这样，法令才会令人信服，人心才会唯军令所向。

2. 信赏必罚

在《史记》孙子列传中，有一则孙武训练宫女的故事。孙武以兵法十三篇求见吴王阖闾。阖闾说:“您的十三篇我已拜读，可以试着操演一番吗？”孙武说“可以。”阖闾问:“能用妇女来操演吗？”孙子说:“可以。”于是选出一百八十个宫女，分为两队，派王的宠姬二人担任队长。孙武说:“你们知道自己的心口、左手、右手和背的方向吗？”妇女们说:“知道。”孙武说:“前方是按心口所向，左方是按左手所向，右方是按右手所向，后方是按背所向。”妇女们说:“是。”规定宣布清楚，便陈设斧钺，当场重复了多遍。然后用鼓声指挥她们向右，妇女们大笑。孙武说:“规定不明，申说不够，这是将领的过错。”又重复了多遍，用鼓声指挥她们向左，妇女们又大笑。孙武说：“规定不明，申说不够，是将领的过错；已经讲清而仍不按规定来动作，就是队长的过错了。”说着就要将左右两队的队长斩首。吴王从台上观看，见爱姬将要被斩，大惊失色。急忙派使者下令说：“寡人已知道将军善于用兵了。但寡人如若没有这两个爱姬，吃饭也不香甜，请不要斩首。”孙武说：“臣下既已受命为将，将在军中，国君的命令有的可以不接受。”于是将队长二人斩首示众。用地位在她们之下的人接任队长，再次用鼓声指挥她们操练。妇女们向左向右向前向后，跪下起立，全都合乎要求，没有一个人敢出声。然后孙武报告吴王说：“士兵已经阵容整齐，大王可下台观看，任凭大王想让她们干什么，哪怕是赴汤蹈火也可以。”故事颇具传奇色彩，但确实是体现了兵家信赏必罚的带兵原则。

赏罚是维护法令信用的基本手段。《孙膑兵法》说，赏赐是提高士气，使得军兵舍生忘死作战的办法；处罚是严明军纪，让军兵对上畏服的手段。违法不究，赏不当功，法不当过，是法令执行过程中损毁法令信用的主要因素。由于法令得不到公正的执行，人们就会对法令的效用产生怀疑，从而在执行法令的过程中产生抵触情绪，影响到法令的权威性。

奖赏是一种正面的激励，所谓重赏之下，必有勇夫，它可以提供强大的心理驱动力，使人精神振奋，勇往直前。惩罚则是一种负面的激励，它以严厉的制裁措施促使人们遵纪守法，服从指挥。有功不赏，或奖赏不当，百姓对军功奖励条令就不会心悦诚服。同样，有过不罚，或惩罚不当，百姓对违纪惩戒规定也不会心悦诚服。只有在思想上的认可才会真正形成对军法的信从，而依法奖赏，赏罚严明则是法令深入军心的一个基本前提。所以，奖赏要“明如日月，信比四时”；惩罚要“严如斧钺，利如干将”，执法到这个程度，士卒才能做到赴汤蹈火，在所不辞。

要做到赏罚公正还必须注意排除各种干扰：首先是军队统帅要严格自律，避免因一己之私而任意赏罚。对所憎者，要有功必赏；对所爱者，要有罪必罚。其次是注意人情关系对赏罚公正的影响，奖励好人好事，要像高山那样坚定不移，惩罚坏人坏事，要像溪水那样通行无阻。凡是有罪当罚而请求不罚的处死，有功当赏而请求不赏的处死，要以最严厉的法律制裁措施保障赏罚的公正进行。

赏罚向来是驭众的基本手段，二者之中孰重孰轻？《孙膑兵法》主张以奖赏作为主要的治军手段，认为军令树立信用的基础是让士兵确信有功必赏。乐赏恶罚是人之本性，更多采取奖赏的方式可以从正面调动人的积极性，使士卒更容易接受军法的管理，从而有利于军法信仰的形成。二十世纪中叶，马斯洛人本主义心理学问世以后，激励理论在西方才大行其道。两千多年前，先秦兵家就对奖励如此重视，说明其对人性的理解极为深刻，也十分超前，仅此而言，我们就应该对兵家学说的思想价值刮目相看。

3. 刑上究，赏下流

如何进行赏罚才能更有效地树立法律信用？赏罚公正固然是维护法律信用的基本手段，但怎样的赏罚才能最充分地体现公正性呢？先秦兵家对不同赏罚对象所产生的不同影响力度给予了特别关注。

《尉缭子》认为，杀戮是用来整肃军威的。杀一人能使全军震动的，就杀掉他；杀一人能使万人高兴的，就杀掉他。需要杀人时应该以地位高的人作典型，实行奖赏时应该以地位低的人做榜样。该杀的，即使官高势大也一定要杀，这就是“刑上究”的原则；奖赏及于下属的牛童马倌，这就是“赏下流”的原则。能够做到“刑上究”、“赏下流”，这是将帅威武严肃的表现，所以君主应该尊重将帅的职权。

在《六韬》一书中，借周武王与姜太公的对话，作者也表达了类似的主张：主将以能够诛杀地位高的人来树立威信，以奖赏地位卑贱的人来体现明察秋毫，用奖惩谨慎得当来达到令行禁止的效果。所以杀一人足以使三军震惧的，就杀掉他；奖赏一人足以使三军欢悦的，就奖赏他。诛杀贵在敢杀大人物，奖赏贵在不忘小人物。诛杀位高权重的人，是刑罚能够达到上层的表现；奖赏包括牧牛、洗马、养马的士卒，是奖赏不拘对象，通于下层的体现。刑罚能达到上层，奖赏能包括下层，那么主将的威信自然而然能够确立。

对比春秋战国时期各家学派的主张，可以看出其法制观念的明显区别。与儒家强调“贵贱有等，长幼有差”和法家强调“法不阿贵”“不别亲疏，不疏贵贱，一断于法”相比，兵家的主张显然更胜一筹。他们不仅认识到法律得民心缘于赏罚得当，更重要的是他们敏锐地抓住了身份差别影响法律公正这一要害问题，旗帜鲜明地提出了“刑上究，赏下流”“杀之贵大”“赏之贵小”的解决方案。就对法律信用的破坏而言，权贵重臣违法违纪所产生的影响作用是平民百姓根本无法望其项背的；同时，亲情、权势、地位等多种因素综合起来，使得对这些人的法纪惩处往往成为难点，有时甚至是盲点。“刑上究”“杀之贵大”是说法律打击的主要矛头应当对准高层权贵，“杀一人而三军震者，杀之”，这样才能真正体现出法律的威严，才能更好地发挥法律的震慑作用，从而也能更有效地维护法律的信用。“赏下流”“赏之贵小”是说奖赏不应局限于势要贵近，“赏及牛竖、马洗、厩养之徒”更有利于发挥奖赏的作用。先秦兵家的这一思想对于我们今天的法制建设，尤其是反贪倡廉工作仍不失其借鉴意义。

4. 及时公开

我们先从司马穰苴治军的故事说起。齐景公十七年（前531），晋、燕两国进攻齐国，齐军连连败北，齐国上下震动。经晏婴推荐，齐景公任命司马穰苴为大将。穰苴知道齐军纪律松弛，如不整肃军纪，很难取得胜利。他以“士卒未附，百姓不信，人微权轻”为由，请景公派一位近臣监军。齐景公当即指令宠臣庄贾出任监军一职。于是，穰苴与庄贾约定，次日中午在军营会合。

第二天，齐军集合。穰苴一面整顿队伍，一面立起标杆、沙漏计时，等待庄贾到来。庄贾一向恃宠自傲，竟然设宴款待前来饯行的亲友。中午一到，穰苴便撤去漏表，检阅部队，部署任务，申明军纪，然后进行操练。傍晚，庄贾才到军营，穰苴当即依照军法将庄贾斩首示众。景公闻讯，急派使者前来命令赦免庄贾。穰苴以“将在军，君命有所不受”驳回，并且以使者驾车在军营中驰骋违犯军纪为由，斩了使者的仆从，砍断了左边的夹车木，杀死了左边驾车的马，向三军巡行示众。随即，穰苴挥师出征，很快便收复了失地。

由司马穰苴治军的故事中可以看出，奖惩的效果在很大程度上与实施奖惩的时间有关。奖惩实施的时间越短，其激励效果就越好。反之，奖惩滞后的时间越长，其激励作用就越小。尤其是在战争期间，对奖惩及时性的要求更高。例如，对战场上的逃跑行为当场予以严惩与战争结束后再予以处理，其激励效果是截然不同的。奖赏及时，目的是使民众迅速得到做好事的利益。惩罚就地执行，目的是使民众迅速看到做坏事的恶果。奖惩的及时性是法律信用构成必不可少的一个重要因素。在先秦各家学派中，似乎只有兵家对此进行过专门的论述。

公开性是充分发挥赏罚激励作用的必然要求。“赏所以存劝，罚所以示惩”，赏罚不仅是对行为者本人的激励，更重要的是其对群体的示范作用。奖赏可以向所有的将士昭示一个努力的方向，引导大家自觉地向英雄看齐，做英雄式的战士。惩戒则可以通过典型案例向将士们敲响警钟，警示大家引以为戒，以防有人重蹈覆辙。

赏罚的目的是“赏一以劝百，罚一以惩众”。要使赏罚真正发挥“劝”与“惩”的功能，关键不在于有没有赏罚规范，而是取决于这些规范的执行情况。在先秦兵家看来，只有“赏信罚必”才能起到“劝”与“惩”的作用。同时，赏罚的执行还要采用公开的方式进行，以便于全军将士“耳目之所闻见”，这样，赏罚才能充分发挥其“劝”“惩”的教育作用。

5. 客观可行

将帅临战时的必胜信心来源于对敌情的正确判断和周密的作战部署，故先秦兵家对战争的准备无不予以高度重视。《孙子兵法》提出了“知己知彼，百战不殆”的经典性教诲，《孙膑兵法》主张“兵者不可不察……事备而后动”，《吴子》则强调“用兵必须审敌虚实”，“凡战之要，必先占其将而察其才”，《尉缭子》主张“权敌审将，而后举兵”。将士的必胜信念建立在对三军统帅作战决策正确性的高度信赖之上，这种信念需要用胜利的战果来加以巩固和强化，屡战屡败必然会损毁将帅威信和军事命令的权威性。如同遵守诺言有赖于承诺的客观可行性一样，三军将士对统帅和军令的信从也有赖于作战目标的客观可行性。作战没有必胜的把握，就不可以轻言作战；攻城没有必取的把握，就不可以轻言攻城。否则，虽用严刑重赏也不能取信于众；否则，即使采取严刑重赏也无法令人信服。威信在于平素树立，事变要在事前预见。所以兵员一经集中，就不能随便解散；军队一经出动，就不能无功而返，这样做的基本目的就是“立信”。

（二）兵不厌诈的信伦理问题

一般而言，诚信被视为一种美德，而谎言和欺骗则被视为不道德的行为。然而，这一判断是否具有普遍意义呢？对于兵家而言，其现实意义是，战争状态中对敌人实施的欺骗行为合乎道德原则吗？

战争是敌对国家之间你死我活的武力搏杀。战争的基本目的是保存自己，消灭敌人。经典的战争理论认为，只要能取得战争胜利，无论采用何种手段都无可厚非。猛禽将要袭击目标，必先敛翅低飞；猛兽将要捕捉猎物，必先贴耳伏地；圣人将要采取行动，先示人以愚钝之形。“兵者，诡道也”，军事行动的根本特征在于诡诈奇谲。用兵打仗讲究千变万化、出其不意，明明能征善战，却以软弱无能示敌；本来准备用兵，却以不想打仗示敌；要攻打近处的目标，却以攻击远处示敌；要攻打远处的目标，却以攻击近处示敌。攻其不备，出其不意，这才是兵家取胜的奥妙。

《三国演义》中，诸葛亮以空城计对付司马懿的故事引人入胜，其实，早在先秦时期，兵家就已阐释了系统的“示形欺敌”术。在敌强我弱的条件下作战，必须采用“妄张诈诱，以荧惑其将”的办法，以虚张声势，引诱诈骗手段迷惑敌将，诱使敌人迂回行进，通过深草地带；诱使敌人多绕远路延误时间，迫使其在日暮时与我交战。乘敌人先头部队尚未全部渡水，后续部队还来不及宿营之机，出动伏兵突袭敌人两翼，并令我战车和骑兵扰乱敌人的前后，敌兵虽多，也会被打败。如果是在敌我势均力敌的条件下作战，就要外面假装混乱，而内部实际严整；表面伪装缺粮，而实际储备充足；军队战斗力强，而伪装战斗力弱。使军队或合或离装作没有节制，或聚或散装作没有纪律。使敌不明虚实，才能声东击西，出奇制胜。

春秋战国是一个烽烟四起、战火不断的时代，频繁的战争为军事家施展才华提供了绝好的舞台。先秦兵家的战争理论正是对当时战争经验的概括和升华。

那么，战争中的“诈术”是否背离了诚信伦理原则？或者说诚信原则是否适用处于交战状态的敌对双方呢？在有些伦理学家的心中，诚信是一项绝对的原则，无论面对何种情况，人都不能放弃诚信的义务。例如，康德就把讲真话视为语者自身的义务，因为“谎言是对人尊严的放弃，或者，也可以说，是对人的尊严的毁灭”[1]。他认为谎言，即故意的不诚实，在任何情况下，“仅仅由于它的形式，就是人对于他自身的一种犯罪，就是使一个人在他自己眼中变得低贱的一种卑劣”。费希特的主张更是执着得近乎疯狂，他甚至公开宣称：“即使是为了拯救人类我也决不食言。”[2]

如果以这种立场来观察历史，宋襄公无疑就

1 /［英］亨利·西季威克：《伦理学方法》，中国社会科学出版社 1993 年版，第 331 页。

2 /［德］弗里德里希·包尔生：《伦理学体系》，中国社会科学出版社 1988 年版，第 583–584 页。

是值得称道的、坚守诚信义务的道德楷模。

宋襄公十二年（前639）秋，诸侯大会在宋国举行。宋襄公不顾公子目夷的建议，轻车简从赴会，以争取与会诸侯的信任，结果在会场上被楚王突袭擒获。楚国乘机进攻宋国未果，后在鲁僖公的调停下，宋襄公才被释放。

宋襄公十三年（前638），宋襄公和楚军在泓水交战。宋军在岸边严阵以待，楚军渡河时，子鱼建议：敌众我寡，应趁楚军尚未全部渡过泓水，发动攻击。宋襄公不听。在楚军上岸尚未组成作战阵型时，子鱼再次提议进击，宋襄公仍然不听。直到楚军摆好阵势后宋军才开始攻击。结果宋军大败，宋襄公的大腿也受伤了。

战后，宋襄公振振有词地以遵守战争法则为自己辩护，说什么"君子不重伤，不禽二毛，古之为军也，不以阻隘也。寡人虽亡国之余，不鼓不成列"。对此，子鱼回应道：敌人在险要的地方无法布阵，这是上天在帮助我军；乘势堵截并加以攻击还怕不能取胜，更何况丧失战机后面对强大于我的军队呢？假如可怜敌军的伤员而不去再次伤害，那么一开始就不该伤害他；可怜敌军中头发花白的老人，那就应当向他们屈服投降。宋襄公显然并不理解战争的本质和规律。在中国历代兵家的眼里，对敌仁义诚信的宋襄公是一个绝好的反面教材——迂腐、愚蠢的典型代表。

一般来说，诚信应当是正常交往的人际关系的准则。但在现实生活中还存在非正常的人际关系。故意欺骗会毁灭信任，导致社会组织的瓦解。但一个失主和窃贼之间显然并不存在什么信任关系。只要窃贼还在进行着犯罪活动，他们就应该被排除在信任的范围之外。战争中的情况也是如此。"没有任何士兵对于用自己的计划、战术或兵力去欺骗敌人有丝毫的顾虑。策略是战争的艺术之一。在战争中表明自己的意图是愚蠢的……欺骗同样是战争的规则之一。每个人使用欺骗并且相信敌人也是这样。可是这些规则仅仅适用于策略，在战争中，一俟某个人与另一个人不是作为敌人而是作为一般的人而发生关系，人们交往的普遍规则就会重新要求其存在的权利。当一场战争经双方协商暂时中止的时候也同样是这样：破坏停战，伏击举着停战旗的人，是耻辱的和不光彩的。"[1]

一般来说，进入战争状态的双方总是在道德上把敌人作为丑恶的异类——威胁自己的生存，完全丧失人性，根本无视人类道德准则，——因此是必须予以彻底消灭的杀人恶魔来看待的。对敌人讲诚信无异于农夫把冻僵的毒蛇放入自己的怀中，有可能要付出生命的代价。而伪装自己，欺骗敌人才是符合战争本质的战争艺术和战争规则。

德国伦理学家包尔生认为："必要谎言，也像必要法律一样，可以成为一种道德义务，一种即使最真诚的人也不能始终回避的义务，无论他可能如何地愿意放弃他的这种权利。"[2]这一论述为我们全面理解诚信的含义提供了有益的启示。显然，战争就是这样一种特殊的场合，战争中的诈术就

1 [德] 弗里德里希·包尔生：《伦理学体系》，第 585 页。

2 [德] 弗里德里希·包尔生：《伦理学体系》，第 588 页。

是这样一种“必要谎言”，这样“一种即使最真诚的人也不能始终回避的义务”。

四、《吕氏春秋》中的“信”思想

《吕氏春秋》是杂家的代表作，《汉书·艺文志》称其“兼儒、墨，合名、法，知国体之有此，见王治之无不贯，此其所长也”。如同《吕氏春秋》的出现体现了战国末年诸家学派由相互对立、相互论战转为相互渗透、相互吸收的思想发展趋势一样，杂家的“信”思想也具有将各家熔于一炉，采其所长而弃其所短的特点。

（一）“信”的自然法属性

在中国法律思想史上，老子第一个明确提出了“道法自然”的自然法思想。“道”是万物的本原，事物运行的规律，为人处世的准则，也是经邦治国的根本原则。《吕氏春秋》的编撰指导思想是以道为本，以儒为宗。

在《贵信》中，作者集中论证了“信”的自然法属性：天的运行不守规矩，就不能形成岁时节令；地的运行不守规矩，草木就不能长大。春风不能按时到来，就不能开花结果。夏热不能按时到来，土地就不肥沃，就会影响植物的生长成熟。秋天雨不能按时降下，谷粒就不坚实饱满，五谷就不能成熟。冬寒不能按时到来，地就不能冻开裂缝。天地如此之大，四时如此变化，尚且不能不遵循规律生成万物，更何况人事呢？君臣不诚信，百姓会批评指责，国家就不得安宁。当官不诚信，少者会不敬畏长者，尊贵者和低贱者就会互相轻视。赏罚不诚信，百姓就会轻易犯法，不可以役使。结交朋友不诚信，就会离散怨恨，不能互相亲近。工匠不诚信，制造的器物就会粗劣作假，丹漆等颜料就不纯正。可以相伴始终，可以尊卑共守的，也许只有诚信吧！信而又信，诚信叠加于身，就能与天意相通。靠诚信治理民众，才能迎来膏雨和甘露，四季运行才会正常。

自然规律客观存在，永恒不变，真实可信。人生天地之间，自然不能违背天地运行规律，人法天地，也要有信。所以说：“天曰顺，顺维生；地曰固，固维宁；人曰信，信维听。三者咸当，无为而行。”（《季冬纪》）天要顺行才能生育万物，地要牢固万物才能安宁，人要诚信才能得到信任。天地人三者都各得其所，就可以无为而行了。

（二）“信”作为个人伦理

“信”的基本含义是心口一致、言行一致。《淫辞》篇专门探讨了言与心、言与行的关系：语言是人类思想交流的工具，没有语言人们无法互相交往，但是，言辞有真有假，如果一味听信言辞就会发生错乱。使人错乱的言辞之中又包含着言辞，这就是说使人错乱的言辞中掩藏着人的思想。言语不违背思想，这就基本上符合语言的本质和目的了。语言都是为了表达思想的。言语背离思想，言语背离行动，对于听者会造成危害，对于言者也不吉祥。“能够确定地依靠别人的言论，这是友善的共处、有成果的合作和有效率的工作的一个必要条件。”[1] 所以，做人必须坚持的一项基本准则就是言行一致。

“信”是人际交往必不可少的基础，同时也是人性的体现和要求。譬如：路上的行人看见大树自然就会来到树下，脱掉外衣，挂上帽子，把宝剑靠在树上，躺下休息。这是为什么呢？树并非是人们的至亲好友，人们对它如此放心的原因，就在于大树可以令人信赖。人们常以高山上的大树作为约会场所，这是由于大家很容易看见山上的大树，而且知道它是可以信赖的。树木尚且如此，又何况士人呢？如果士人的德行诚信可知，人们也一定会信任他，放心与他交往的。

信德有两个基本要求：第一，言语的诚实要求无论是什么样的外部语言，都必须和内在的思想和知识保持一致。第二，人的行为必须符合他所支持的原则以及他所拥有的信仰。行动方面的诚实意味着一个人遵照他的思想和言辞来行动和生活。言行反复无常的人，你无法认识他的真实面目，在其冠冕堂皇的外表下隐藏的可能是肮脏的灵魂和无耻的动机。你无法与他安然共处，同舟共济，因为他随时都有可能背叛，给你致命的一击。在《吕氏春秋》中，这种人被称为“不可知”。君臣、父子、兄弟、朋友、夫妻，是人与人之间伦理关系的基础，失去了这

1 /［德］卡尔·白舍客:《基督宗教伦理学》，上海三联书店 2002 年版，第 339 页。

些伦理关系，人和麋鹿、虎狼没有什么区别。如果一个人居心叵测，言行反复无常，人性不可察知，就没有人安定国君、取悦父母、敬重兄长、亲近朋友、尊敬丈夫，人际关系的道德基础就荡然无存了。所以，为天下人所厌恶的，莫过于不可察知。一个人如果不可察知，就连窃贼也不会约他同伙，就连强盗也不会与他谋议。窃贼强盗都是非常邪恶的人，尚且要找合适的伙伴，更何况是打算成就大事的人呢？成就大功业，需要让天下人都来帮助自己，这就必须具备诚信可知的道德品质。

《无义》篇以商鞅为例阐释了背信弃义的危害：商鞅奉命率秦军进攻魏国，魏国派公子昂率兵抵抗。商鞅在魏国时与公子昂私交很好，于是派人对公子昂说：“现在秦魏两国让我们在战场上领兵相遇，我们怎么忍心刀兵相见呢？请公子向魏国君主报告，我向秦国君主报告，让我们都停止战争。”双方准备回师时，商鞅又提出以后难以相见，希望与公子会面。但就在两人相聚时，商鞅却设伏俘虏了公子昂。秦孝公死后，惠王即位，因为这件事怀疑商鞅的品行。商鞅带着自己的母亲和家众准备回到魏国去，魏国大臣襄疵拒绝接纳，说：“根据你对公子昂背信弃义这件事，我无法信任你。”所以“士自行不可不审也”。

人之可信在于其行为的前后一致。没有操守的人朝三暮四，昨是今非，令人无可预期，自然不会得到人们信赖。这种人尽管有时也能得逞于一时，却不可能得逞于一世。晋楚城濮之战，楚强晋弱，晋文公打算使用诈术，雍季说：竭泽而渔，难道不能获得鱼吗？可是第二年就没有鱼了。把沼泽地的草木烧光来打猎，难道不能获得野兽吗？可是第二年就没有野兽了。欺诈作假的手段，即使现在勉强可行，以后就不会再有效果，所以不是久长之计。靠欺诈侥幸获得了成功，那成功最终必定毁坏；即便一时胜利，那胜利最终也必然转为失败。如果各种诈术充斥整个国家，那可不是安定的局面，祸患就不单单是来自国外了。

诚信固然是立身之本，但它并不是做人的唯一原则，当诚信原则与其他伦理原则发生冲突时，就会产生价值选择的问题。《吕氏春秋》认为：雄辩而不合道理，守信而不合义理，勇敢而不合正义，守法而不合时务，就像精神迷乱骑着快马，神志癫狂手握利剑，大乱天下的，一定是上述四种行为。雄辩的可贵在于遵从道理，诚信的可贵在于遵循义理，勇敢的可贵在于伸张正义，守法的可贵在于合于时务。

《论语》中的“直躬证父”典故，被《吕氏春秋》拓展为一个新的版本:“直躬者”即以诚信正直立身的人，向官府告发他父亲偷羊的行为，官府抓住他父亲后准备处以死刑。“直躬者”请求代父受刑，临刑前他对官吏说:“能够告发父亲偷羊，这样的人不是很诚实吗？父亲受罚而代他受刑，这样的人不是很孝顺吗？又诚实又孝顺的人被杀掉，那么国家还有不遭刑罚的人吗？”直躬者的狡辩获得了成功，楚王听后免除了他的死刑。像“直躬者”这样的诚信是否也应该肯定和推广呢?《吕氏春秋》认为这就是“信而不当理”，“大乱天下者”必定是这种人。所以，“直躬之信不如无信”，这样的诚信还不如没有。

(三) 作为政治伦理的“信”

与其他先秦文献相比，《吕氏春秋》的写作不同寻常。它是一部有组织、有计划编纂的学术著作。书成后大张旗鼓地进行宣传，“布咸阳城门，悬千金其上，延诸侯游士宾客有能增损一字者予千金”，(《史记·吕不韦列传》) 以树立其理论权威，这说明它不仅是一部学术著作，还是吕不韦为秦国一统天下准备的一个政治纲领。那么，在吕不韦勾画的政治蓝图中，“信”伦理占有什么位置？作为政治伦理的“信”有何特殊意义？

《吕氏春秋》首先从历史的角度论证了诚信立国的重要性。

夏朝末年，商汤派伊尹到夏朝做内应。当伊尹发出天命灭夏的信息时，商汤没有顾及商部落正值旱灾，发兵攻夏，以信守和伊尹订立的盟约，最终取得了成功。

晋文公讨伐原国，约以七天为期。七天没有克原，便下令撤兵。有人进言：原国旦夕可下，再待几天便能成功。文公说：信用是立国之宝。得原而失信，我不能这样做。第二年去讨伐，约以攻占原国为期。原国闻讯而下。卫国人认为文公的信用无以复加，也归顺了文公。这就是讨原得卫一说的由来。文公不是不想得到原国，只是不想以失信为代价得到原国。靠信用得到原国，这样归顺的国家就不只是原国了。

鲁庄公与齐桓公会盟，由曹刿策划，在歃血为盟时劫持了齐桓公，逼迫他承诺归还侵占鲁国的土地。事后，齐桓公欲反悔，管仲认为："许之而不予，不可谓信。……予之，虽亡地，亦得信。以四百里之地见信于天下，君犹得也。"齐桓公于是兑现了诺言。此后，齐桓公之所以能够多次会盟诸侯获得成功，振臂一呼而天下响应，其信用就是从曹刿劫盟开始奠基的。

上述三例分布在《吕氏春秋》的不同部分，未必是同一作者撰述，但其主旨却一以贯之：诚信乃立国之本。《贵信》是一篇"信"的专论，集中阐述了"信"的政治功能。作者认为：如果君主诚信，还有谁能不亲附？如果没有诚信，那就什么事情都不会成功。确立了诚信，就可以鉴别谎言。谎言能够鉴别，天下就尽在君主的掌握之中了。诚信所达之处，民众心悦诚服，自然会顺从地接受君主的统制。君主如果懂得这个道理，很快就能成王；臣子如果知道这个道理，就可以成为帝王的辅佐。

反之，如果没有诚信将会如何？作者从不同角度分析了无信的后果：

在《壹行》中，作者剖析了国家诚信对国势兴衰的关系：国家强大未必能统一天下，但统一天下一定要国家强大才有可能。统一天下靠什么才能成功呢？靠威和利。有威有利，就可以禁恶劝善。当国家的威和利旗鼓相当时，能够为百姓辛苦操劳，具有诚信的人就会统一天下。威利无人匹敌，但政令诡谲莫测，令人无法预期、无法信赖的国家就会灭亡。言行无常、无法信赖这种品行，对于君主意味着失去天下，对于强国意味着政治危机，对于弱小国家就意味着灭亡。

(四）法律信用的培植——“必同法令，所以一心也”

人有欲望是天经地义的，未必是坏事。人有欲求，所以才能为统治者所用。国家制定法律政策，要以人的性情为基础。人们都希望得到荣誉和利益，也都厌恶耻辱和祸害。统治者治理民众，荣誉和利益用来体现奖赏，耻辱和祸害用来体现惩罚，这样民众就会听其所用了。

奖惩是统治者驾驭民众的基本手段。“赏罚，法也。”制定标准以区分是非善恶，并以此评判人们的行为，是正确实行赏罚的前提。辨正名称，明察职分，是治理臣民的“缰绳”。欲使民众知道什么应当做，什么不应当做，就必须有一个明确、统一的行为标准。但是，徒法不足以自行，法律要真正成为人们行为的标准还需要有足够的法律信用。那么，如何建立法律信用呢？

首先，赏罚必信。法律不能实施，还不如无法。如果有功不赏，有罪不罚，就会破坏法律信用和国家威信。所以，法律的执行必须“当功以受赏，当罪以受罚”，法才能真正为民众信服，守法才能成为他们自觉的行动。在传统社会中，法律秩序的建立与君主个人守法与否不可分，实际上破坏法律的罪魁祸首往往就是君主。因此，君主切不可以个人的好恶进行赏罚。因为臣子无法了解君主，他们是根据君主实施赏罚的情况来了解君主的。君主的赏罚得当，那么，无论关系亲疏、距离远近、贤与不肖，都会尽力为君主效劳。奖赏一个人，并非因为偏爱他；惩罚一个人，并非因为憎恶他，而是看赏罚之事可能导致什么结果。如果导致好的结果，即使憎恶他，也应奖赏;如果导致坏的结果，即使偏爱他，也应惩罚。这就是先王能够治理混乱、安定危难的原因之所在。

其次，注意法律规范的客观可行性。作者认为，法律的制定一定要根据人的本性，符合人之常情。如果法律规定过于繁杂，民众不能掌握就加以追究；命令过于频繁，民众难以执行就加以非难；政府制造了巨大危机，民众不能迎难而上就予以治罪；政府劳民过度，民众不能胜任就予以惩罚，这样的国家必然无法建立正常的法律秩序，民众也不可能对法律产生任何信仰。因为民众“进”是为了得到奖赏，“退”是害怕受到惩罚。但是，当民众明白自己力所不及时，就会弄虚作假。作假行为一旦被揭露，又会招致惩处。这实际上是因为畏罪而获罪。于是，君主和百姓之间的仇恨便油然而生了。这就是说，法律信用产生的一个必要条件就是法要适度，即法必须具备客观可行性。

最后，法律信用的培植关键在于政府。《吕氏春秋》认为:“凡国之亡也，有道者必先去，古今一也。”“有道者”即守法之臣以法律规范作为自己履行职务的最高原则，必然与无道之君势不两立，所以“夏王无道，暴虐百姓，……守法之臣，自归于商。……商王大乱，沈于酒德，……守法之臣，出奔周国。”(《先识览》)守法之臣是维护法律信用的关键所在，因此，为了捍卫国家的法律秩序，就不能唯君命是从。儿子不会一味受父亲遏制，臣子不会一味受君主遏制。志同道合就在一起，否则就离开。所以君主虽然尊贵，如果把白当成黑，臣子就不能听从；父亲虽然亲近，如果把黑当成白，儿子也不能依顺。当君主的命令破坏法律规范的时候，守法之臣应当予以抵制。这样做，国家的法律才会真正得到实施，法律由此才能获得民众的信从。

第六章

董仲舒的五常之“信”

三纲五常是董仲舒学说的一个重要组成部分。五常中的信德是其政治理论建构的一个重要支点。在中国“信”思想发展的历史进程中，董仲舒有三个独特贡献：一是将“信”与仁、义、礼、智并列，提出“五常”说，使之成为官方政治哲学和社会意识形态；二是其王权受命说不仅具有民本主义的理论内核，而且隐含着权力信托的政治思想，为限制君权提供了理论依据；三是通过天子法天为政、立五经博士、举贤任能等制度化措施，使“信”德成为国家政治规范，并为政府信任提供了组织保障。

一、“五常”说与“信”地位的提升

董仲舒在“信”思想发展历史上的最大贡献是确立了三纲五常的神圣地位。

五常中仁、义、礼、智、信诸道德范畴并不是董仲舒的发明。先秦儒家早就提出了用礼的精神原则处理君臣、父子、兄弟、夫妇、朋友五种关系的思想。孔子对仁、义、礼、智、信诸德目均有精彩发挥，但并未将其系统整合。郭店楚简《五行》篇中以仁、义、礼、智、圣为五行，其与董仲舒的五常相比有“圣”而无“信”。孟子视仁、义、礼、智为四端，与董仲舒的五常相比唯独少信。荀子又有六德说：“人之所好者何也？曰礼、义、辞、让、忠、信是也。”其选项可谓别出心裁。总之，先秦诸子对于基本人伦的内涵各有主张，尚未达成共识。这段歧义并存历史的终结者是董仲舒。将“信”与仁、义、礼、智并置而推崇为五常之道，是董仲舒的一大理论创见。他认为：

> 夫仁、谊、礼、智、信五常之道，王者所当修饬也；五者修饬，故受天之晁，而享鬼神之灵，德施于方外，延及群生也。(《汉书·董仲舒传》)

为什么五常修饬就会得到上天和鬼神的福佑呢？董仲舒的论证是：

> 天地之气，合二为一，分为阴阳，判为四时，列为五行。行者，行也，其行不同，故谓之五行。五行者，五官也，比相生而间相胜也。故为治，逆之则乱，顺之则治。(《春秋繁露·五行相生》)

在董仲舒看来，阴阳五行是天地之间万事万物的决定性因素，五行之间存在着“比相生而间相胜”的运行规律。人类政治活动也要遵循这样一种秩序安排，“逆之则乱，顺之则治”。而金木水火土五行在个体上就体现为仁义礼智信五种德行，所以，五常之道不仅具有天经地义的神圣性质，而且五常与天地万物的运行规律亦完全吻合，其本身就是天意的具体体现。

董仲舒宣称：

> 东方者木，农之本，司农尚仁……南方者火也，本朝也。司马尚智……中央者土，君官也。司营尚信……西方者金，大理，司徒也。司徒尚义……北方者水，执法，司寇也。司寇尚礼。(《五行相生》)

在这个天人合一的系统中，四方和中央与五行、五常一一对应，各得其所。既然五行是万事万物运行的客观规律，那么政府机构的设置也要符合五行的原理。其中，“信”因具土德之属性而尤其突出：

> 土居中央，为之天润。土者，天之股肱也，其德茂美，不可名以一时之事，故五行而四时者，土兼之也。金、木、水、火虽各职，不因土，方不立，若酸、咸、辛、苦之不因甘肥不能成味也。甘者，五味之本也；土

者，五行之主也。五行之主土气也，犹五味之有甘肥也，不得不成。是故圣人之行，莫贵于忠，土德之谓也。人官之大者，不明所职，相其是矣。天官之大者，不明所生，土是矣。(《五行之义》)

土是天的辅佐，金木水火各司一职，但无土则不立，所以土是五行之主。由此，在五常中，与土相配的信也就成了五常之主，仁义礼智“不因信，方不立”，没有信，仁义礼智就成了无源之水，无本之木。

本来，在中国最早的政书《尚书·洪范》中，五行的位序是：一曰水、二曰火、三曰木、四曰金、五曰土。由于这一位序不符合董仲舒理论建构的逻辑要求，于是他对五行位序进行了大胆调整，将《尚书》中水在前、木居中、土最后的位序改为木、火、土、金、水。其中，最大的变化是土从《尚书》五行的末尾跃升到五行的中央。五行位次被董仲舒称为“天次之序”，五行位序的改变当然是董学理论建构的重中之重，应该引起我们的特别关注。为什么董仲舒的五行说格外突出“土”之尊贵呢？盖有以下四个原因：

第一，汉朝立国的合法性系于土运。按照五行“比相生而间相胜”的理论，夏朝为木运，商朝为金运，金克木，所以商代夏。周朝为火运，火克金，所以周代商。秦朝为水运，水克火，所以秦代周。汉为土运，土克水，所以汉代秦。在这样一个朝代更替的逻辑论证中，本朝的土运无疑要占据最高的位置。由此，与土运相关联的信德也就顺理成章地成为五常之道的核心范畴。

第二，汉代号称“以孝治天下”，而“孝子之行取之土”。孝道与土有什么关系呢？董仲舒的论证是：

> 地出云为雨，起气为风。风雨者，地之所为。地不敢有其功名，必上之于天。命若从天气者，故曰天雨天风也，莫曰地风地雨也。勤劳在地，名一归于天，非至有义，其孰能行此？故下事上，如地事天也，可谓大忠矣……忠臣之义、孝子之行取之土……孝者地之义也。(《五行对第》)

以土为贵符合汉朝“孝治”的指导思想，可以为国家立法提供理论基础。

第三，可以将忠信设定为政府官员的根本道德规范，满足中央集权君主政体的政治需求。

且看董仲舒对土德的描述：

> 中央者土，君官也。司营尚信，卑身贱体，夙兴夜寐，称述往古，以厉主意。明见成败，微谏纳善，防灭其恶，绝源塞隟（隙），执绳而制四方，至忠厚信，以事其君，据义割恩，太公是也。(《五行相生》)

土是天的股肱，是直接对天负责的“君官”。君官的突出品德便是信。“故圣人之行，莫贵于忠，土德之谓也。人官之大者，不明所职，相其是矣。天官之大者，不明所生，土是矣。”在朝廷中，土德对应的是宰相一职，周初的太公姜望就是“至厚忠信，以事其君”的一个典范。

显然，董仲舒突出土德的目的在于强调臣子对君主的忠信。在君主制度下，当政者必然要把臣民对君主的忠信视为冠绝群伦的政治品格。把信德置于中心，使之统帅仁、义、礼、智四德，实际上就是要求臣下把对君主的信服、信从、信奉作为压倒一切的绝对义务。“事君，若土之敬天也，可谓有行人矣。”（《五行之义》）臣下服务君主，要像土敬天一样，才能称得上有德行的人。“忠臣之义、孝子之行取之土。土者，五行之最贵者也，其义不可以加矣。”（《五行对第》）忠臣的信义，孝子的德行均效法土德，土在五行中最尊贵，它所包含的伦理内涵之丰厚是无以复加的。

儒家一向重视名分，主张每一个人都应该按照上天安排给自己的社会角色担负好自己的责任。在董仲舒的五常说中，信德就是政府官员的基本身份伦理，也就是我们现在所谓的职业伦理。

为人臣者，其法取象于地。故朝夕进退，奉职应对，所以事贵也；供设饮食，候视疢疾，所以致养也；委揣致命，事无专制，所以为忠也；竭愚写情，不饰其过，所以为信也……是故地明其理为万物母，臣明其职为一国宰。

母不可以不信，宰不可以不忠。母不信则草木伤其根，宰不忠则奸臣危其君。根伤则亡其枝叶，君危则亡其国。故为地者务暴其形，为臣者务著其情。(《天地之行》)

臣下对君主必须襟怀坦白，诚信无私，忠贞不贰，否则君主的地位就会受到威胁，国家政权就有灭亡的可能。圣人是理想人格的化身，具有至善至美的道德修养，“循三纲五纪，通八端之理，忠信而博爱，敦厚而好礼，乃可称善，此圣人之善也”。而官僚贵族“号为大夫者，宜厚其忠信，敦其礼义，使善大于匹夫之义，足以化也”。(《深察名号》) 政府官员要以身作则，加强道德修养，官员对君主忠信高于百姓，才能起到教化的作用。因此，地位越高，与君主关系越近的，其对君主忠信度就应该越高。

第四，论证君主对民众诚信的必要性。董仲舒认为：“天意难见也，其道难理。是故明阳阴入出、实虚之处，所以观天之志；辨五行之本末、顺逆、小大、广狭，所以观天道也。”(《天地阴阳》) 天意、天道是经邦治国的依据，天子不可违背。政府架构，社会治理、赏善罚恶，均须遵循五行运行的规则，“使人必以其序，官人必以其能，天之数也”。(《五行之义》)

君主若不信守五行之道将会如何呢？

夫土者，君之官也。君大奢侈，过度失礼，民叛矣。其民叛，其君穷矣，故曰木胜土。(《五行相胜》)

根据五行相克的理论，木是农之本，"夫木者，农也。农者，民也"。"如人君出入不时，走狗试马，驰骋无度，不反宫室，好淫乐，饮酒沉湎，纵恣，不顾政治，事多发役，以夺民时，作谋增税，以夺民财"，就会"咎及于木"，(《五行顺逆》) 给民众带来祸害。一旦民众对君主失去信心，天命就会转移，民众的反叛就是君主的末日，这就是"木胜土"的政治原理。

关于君主与民众之间的信任关系，本文接下来将在第二节展开进一步论述。

二、天命转移论中隐含的政治信托思想

据《汉书·董仲舒传》记载，在著名的天人三策中，汉武帝提出的第一个问题就是天命：

> 盖闻五帝三王之道，改制作乐而天下洽和……三代受命，其符安在？灾异之变，缘何而起？性命之情，或夭或寿，或仁或鄙，习闻其号，未烛厥理。

汉武帝的问题是：夏商周三代为什么受命？其受命的标志是什么？如果说三代建政都是上承天命，那么天命为什么又会转移呢？

董仲舒答曰：

天下之人同心归之，若归父母，故天瑞应诚而至。《书》曰：‘白鱼入于王舟，有火复于王屋，流为乌’，此盖受命之符也。（《汉书·董仲舒传》）

董仲舒认为，人心向背是天命转移的依据，如果天下人像心归父母那样同心归顺，便能以至诚感动上天，天就会及时降下福瑞。周文王、周武王敬德保民，天便降下白鱼、火乌的福瑞，白鱼、火乌就是周的受命之符。

汉武帝所谓天命问题的实质是一代王朝统治权的来源和依据，也就是王权的合法性问题。董仲舒应对的主旨也就一句话：王权的合法性归根结底是民心。平心而论，天命归于民心并非董仲舒的思想发现。早在商周之际，周就提出了“天命无常”“天佑有德”的理论作为发动革命、颠覆商朝的思想武器。所谓“民心所向，天必由之”更是儒家政治学说的核心内容。所以，董仲舒的答案只是继承发扬了儒家学派的思想主张。

然而，所谓民心向背，其依据是什么？人们以什么方式、什么标准判断民心向背呢？传统儒家并没有解答民心向背如何影响天命予夺的具体路径问题。在西方，希腊古典民主采取的是投票方式，多数人的选择就代表了民意。现代民主政权同样以选票代表民意来决定政权的归属。根据徐鸿修先生的研究[1]，我国春秋战国时也曾出现过类似于投票制的多数

1 / 参见徐鸿修：《周代贵族专制政体中的原始民主遗存》，《中国社会科学》1981年第2期。

决策，但多半是特殊情况下的临时决策，既非常态，也不普遍，更没有事先预定的操作程序和运行规则。所以，在民心—天命—政权合法性之间并没有明确的传导路径，三者的关系是虚无缥缈，难以捉摸的。

董仲舒天命学说的高明之处在于借用阴阳五行家的理论，设用瑞应代表天意，用受命之符标示统治权力合法性的归属，从而建立了民心—天命—政权合法性的桥梁和通道。尽管董仲舒的说辞中弥漫着神学迷信的尘埃，但神学迷信不正是那个时代普遍的思想观念吗？柏拉图《理想国》中的哲学王也是神的代表，同理，如果不穿上天人感应的外衣，董仲舒的理论学说能获得汉武帝赞赏并进而跻身国家政治殿堂吗？既然董仲舒不能脱离他那个时代的思想认识水平提出政治对策，那么，对董仲舒理论中神学迷信色彩的指责就不能成立。

董仲舒如何解释天意受命理论呢？在他看来，天“溥爱而亡私”，“任德不任刑”，天当然要按照自己的道德标准来选择王者，因此，王者只有“以道配天”“承天意以从事”“法天而立道”，才能获得天的特别眷顾，这无疑为王者施政确立了客观的行为规范。五帝三王是古代理想化的圣王，是王者应效法的楷模。董仲舒宣称“五帝三王之治天下，不敢有君民之心”（《王道》），古代圣王不敢凌驾于民众之上，后世帝王岂能以主宰者自居作威作福呢？这是从主观上端正王者的自我认知和自我定位问题。

对于天子与民众的关系，董仲舒还进一步分析说：

天之生民，非为王也；而天立王，以为民也。故其德足以安乐民者，天予之；其恶足以贼害民者，天夺之。（《尧舜不擅移汤武不专杀》）

国家存在的目的是什么？不是为了满足王者的个人私欲，而是为了民众的幸福！谁能使民安乐，天就将统治权授予谁；谁贼害民众，天就剥夺谁的权位。天下国家的主权者不是王者而是天，而天心就是民心，所谓“天听自我民听，天视自我民视”，天命予夺的依据说到底是民心的向背。这样一来，获得民众信任和拥护成了王权统治合法性的前提条件。

钱穆先生提出过这样一个判断：“若我们说西方政权是契约的，则中国政权乃是信托的。”尽管钱穆先生没有仔细甄别契约与信托这两个概念的异同，也没有对中国何以是信托政权展开论证，但其使用“信托政权”一词来定义中国古代政权的性质却是传神之笔，有助于我们从一个不同的视角来认识董仲舒的“受命”理论。

信托者，信任与托付也。在一个信托契约中，托付者基于信任将某种权力托付给受托人代为行使，受托人在获得权力的同时也承担了为托付人谋取应得利益的义务。信托契约不是永恒不变的，当受托人辜负了托付人的信任，侵害了托付人的权益时，托付人有权解除契约。这就是说，当受托人背弃了信托责任，也就意味着他将失去受托人的地位和手中的权力。

最早提出社会契约思想的希腊哲人伊壁鸠鲁认为：“国家建立

在相互约定的基础上，正义是人们互不侵害的契约，有利于人相互关系的便是正义的，否则是不正义的。”这一思想后经洛克、卢梭等欧洲思想家的演绎发挥成为西方民主政体的理论基石。代议制政府的基本原理是国家权力属于人民，但人民不可能人人都去管理国家事务，于是人们把自己的部分权力委托给信任的人代表自己去参与国家治理。以议会内阁制的英国为例，国会议员由选民直接投票产生，议员代表选民行使立法权并监督政府的运行。在议会至上的原则下，政府由议会选举产生，对议会负责。当政府重大决策或重要阁员出现严重过错时，议会可以通过不信任案迫使政府解散。这就是说，政府权力来自人民的信任，一旦失去人民的信任，政府就要交出权力，结束自己的生命。

事实上，通过订立什么社会契约组建国家的个案并不存在，社会契约论不过是思想家们的一个假说。但西方国家正是在这个假说的基础上达成某种共识，以之进行宪政设计，确立国家权力的运行规则，生发出民主政治的各种体制机制。

董仲舒的天命论也是一个类似的假说。

在董仲舒的论述中，“天下之人同心归之，若归父母”，“同心归之”体现了民众对有德者的集体信任，“若归父母”则内含着子民将权力托付父君的隐喻。“故天瑞应诚而至”，天依从万民的意愿，选择他们信赖之人为王者，并以“降祥瑞”的方式把自己的意向晓谕天下，而“天瑞”便是王者接受天命的表征。诸如“白鱼入于王舟，有火复于王屋，流为乌”这类非同寻常的吉兆就是王者的“受命之符”，某种意义上我们可以把它解读为上天代表民意颁发给王者的委任状。

然而，信托契约不是永恒不变的，当受托人辜负了托付人的信任，侵害了托付人的权益时，托付人就要解除契约，收回自己的权力。在中国历史上，背信弃义、私欲膨胀、残害民众的统治者被称为“独夫”“民贼”，按孟子的说法是“人人得以诛之”。《礼记》礼运篇有“选贤与能”一说，贤乃道德标准，能乃能力标准，只有道德、才能最优者才能被天选为王者。天为民选出王者之后，并非一劳永逸，放任自流。天还会对王者的行为进行监督。“天子为善，天能赏之；天子为暴，天能罚之。”但是天神秘而高远，人们怎么才能感知上天实施的赏罚呢？孟子认为：“天不言，以行与事示之而已。”尽管先秦时期已有天谴天罚思想，但内容失之隐晦和空泛，其对政治生活的影响相对有限。为了增强天谴天罚说的政治效能，使其更具可操作性，董仲舒借助阴阳五行说，提出了系统的灾异遣告理论：

> 凡灾异之本，尽生于国家之失。国家之失将始萌芽，而天出灾害以谴告之；谴告之而不知变，乃见怪异以惊骇之；惊骇之尚不知畏恐，其殃咎乃至。（《二端》）

一旦王者施政违背了为民谋利的信托责任，天将根据给民造成的危害大小而采取不同的措施：

天地之物有不常之变者，谓之异，小者谓之灾。灾常先至而异乃随之。灾者，天之谴也；异者，天之威也。谴之而不知，乃畏之以威。(《二端》)

灾是上天的谴责，异是上天的威慑。对此，王者若能幡然醒悟，纠正错误，灾异现象自会消失。王者如果一意孤行，拒不悔改，天会降下更重的灾异以加大谴责的力度。一旦发生山崩、地震、常星不见等特别罕见的“大异”现象，就有政权颠覆、国家衰亡的危险了。根据董仲舒的天人感应理论，自然现象与人事息息相通。如果帝王“淫佚衰微，不能统理群生，诸侯背畔，残贼良民以争壤土，废德教而任刑罚。刑罚不中，则生邪气；邪气积于下，怨恶蓄于上。上下不和，则阴阳缪戾而妖孽生矣。此灾异所缘而起也”。(《汉书·董仲舒传》)总而言之，“凡灾异之本，尽生于国家之失”。董仲舒认为，上天的警告，给予王者一次次改正错误的机会，体现了天对王者的特别仁爱。但王者如果依然渎职废职，天就要褫夺王者的权位另选贤能了。

梁启超先生曾言：

美林肯之言政治也，标三介词以檃括之曰：of the people, by the people, and for the people……我国学说于 of 、for 之义，盖详哉言之，独于 by 义则概乎未之有闻。……此种无参政权的民本主义，为效几何？我国政治论之最大缺点，毋乃在是。……要之，我国有力之政治思想，乃欲在君主统治之下，行民本主义精神。此理想虽不能完全实现，然影响于国民意识者既已至深。[1]

在董仲舒“天受”“天谴”的叙事逻辑中，天下具有十分鲜明的公共属性，绝不是天子可以任意处置的私属品。天子由天根据民意选定，负有为民谋利的信托责任，作为信托契约的当事人，天必须诚信地履行其信托义务。由此可见，在神学迷信的外衣下，天人感应说的真相其实是“屈民而伸君，屈君而伸天”。

三、渗透于政体设计中的“信”

希腊思想家柏拉图在其《理想国》中把“哲学王的统治”视为理想的政体形态。所谓哲学王指的是爱智慧、具有良好判断力的理性君王。他认为，哲学家实际是神在人间的代表，是神的摹写，是人世间最接近神的东西。神是善的，哲学家最接近善。离开哲学王的统治，正义的实现就成为一句空话。哲学家依靠智慧和道德统治国家，其统治合法性就在于它是最佳的统治。尽管哲学王的统治离不开人们的同意，但人们的同意只是哲学王统治建立的一个条件，并不构成哲学王统治合法性的基础。在柏拉图眼里，哲学家的产生极为困难，哲学家成为统治者就更加困难，所以，哲学王的统治是一个难以企及的政治理想。

希腊人没有找到实现“哲学王统治”的机制和路径。董仲舒虽然没有提出什么哲学王统治的概念，他却通过一系列制度设计化解了柏

1 / 梁启超:《先秦政治思想史》，东方出版社1996年版，第5页。

拉图难题，某种程度上在中国实现了“哲学王的统治”。

董仲舒的政治药方中有哪些灵丹妙药呢?

(一) 以“信”范畴为核心，从国家理念上树立善的标准

春秋战国时期，诸子百家众说纷纭，“信”与仁义礼智一样，不过是民间话语体系中的一个普通概念而已。汉初六十年推行黄老政治，道家言说成为殿堂之上的关键词和流行语。这时，“信”与仁义礼智一样，尚未引起官方的特别重视。

“信”从一个众说纷纭的普通伦理概念变为国家倡导的核心道德范畴，缘于董仲舒提出的“罢黜百家，独尊儒术”的建议成为国家的思想路线和文化政策。在董仲舒利用阴阳五行论打造的三纲五常说中，信已经与仁义礼智并列，获得了天经地义的神圣性。随着三纲五常成为官方意识形态，“信”也开始了体制化生存的历史进程。

所谓罢黜百家，就是“诸不在六艺之科、孔子之术者，皆绝其道，勿使并进”，其目的是将各家学说排除在体制之外，以董仲舒新儒家学说为依托，重新建构官方的思想信仰系统。

(二) 君主副天所行而为政

柏拉图的哲学王是神在人间的代表，董仲舒的圣王则是受天委托理民的统治者。柏拉图的神是善的，哲学王要以善治国，董仲舒的天是仁爱的，人君要“法天而立道”“视天而行”“副天所

行而为政”。天道是君主一切行动的依归，“与天同者大治，与天异者大乱”。天有阴阳，阳为天之德，阴为天之刑，天好仁，所以“贵阳而贱阴”“大德而小刑”。天数要求君主“务德而不务刑”，如果君主“为政而任刑，谓之逆天，非王道也”。在董仲舒的天道政治理论中，君主法天与否，关系到国家兴亡，王位存废，君主“逆天，非王道”必致天谴天罚，君主再不悔改的话，天命就会发生转移。天的监控与惩戒形成对君主权力的有力约束，而这样的制度设计在柏拉图的理想国中并不存在。就此而言，董仲舒的政治逻辑更为严密，也更具有实践意义。

（三）立五经博士、行察举制度

理想国难以实现的最大困难是哲学家难以产生，而更为困难的则是哲学家如何获得权力。怎样才能破解这个近乎让柏拉图绝望的难题呢？董仲舒的思路是立五经博士、行察举制度。

“兴太学，置明师，以养天下之士”，这是董仲舒天人三策中提出的政策建议。太学是国家专门培养政府官员的最高学府，也是思想传承、参政议政的舆论重镇。通过在太学中设立五经博士及弟子员，儒学成为独占官学的文化权威，这不仅划定了太学教育的知识范围和政治导向，也掌控了将儒家弟子培养后输送到政府的法定渠道。“自此以来，则公卿大夫士吏彬彬多文学之士矣。”取缔除儒家经学以外的百家之学在官学中的合法地位，也必然导致儒家以外的百家之学因失去进身门径而逐渐衰落。儒学的政治理想是致君尧舜，儒家的政治抱负是治国平天下，这些信奉德治仁政的仕进者不就是柏拉图眼中的哲学家吗？

创建察举制度同样出自董仲舒的天人三策：“使诸列侯、郡守、二千石各择吏民之贤者，岁贡各二人。”察举是汉代最基本的官吏选拔方式，其选拔标准是儒家所倡导的仁义礼智信忠孝等道德规范。察举推出的人才要由皇帝主持策问，而策试内容和评判标准则出自儒家经义。这种推荐加考试的人才选拔方式对天下读书人的影响极其深远，从此士大夫的知识结构、思想观念和从业操守就被儒家“格式化”了。值得一提的是，文官考试制度是中国对世界的一大贡献，英美现代公务员的考选制度即来自中国。正因为文官考试是中国优秀的政治传统，符合现代的民主宪政理念，所以孙中山先生在五权宪法中专门设置考试权，与立法、行政、司法、监察四权并立，由此可见，考试选官的制度创意是多么的超前！

察举的录用标准是道德修养和文化理论修养，录用方式是推荐加考试。这种选官方式打破了家世、武功、吏进对政府官职的垄断，实际上是向社会开放了政府职位，给每一个有志者提供了由布衣而卿相的可能。察举的主科是“孝廉”，而孝子、廉吏必是操行显著、众所服膺者方能得以推荐，皇帝的策问则以学问高下为标准，成绩优者方得录用，其公共性、公正性昭然可见。

政治信任最重要的是对体制的信任。民众如果被排除在体制之外，没有任何机会摆脱“治于人”的境地，他们就不会对这个体制产生信任，当然也不会对那些靠某种特权晋身的“治人者”产生信任。即便那些靠家世、军功而出仕者尽心尽职，也难以为人所信服，因为他们霸占了仕进的通道，其任职伊始就违背了程序正义的原则。从这个意义上说，察举是国家治理方式的一场革命。如果说董仲舒王者受命说的目的是论证君主统治的合法性，提供民众信赖、信从君主的理论依据的话，立五经博士、行察举制度则是从组织上贯彻落实“选贤与能”的标准，为“贤能治国”提供了组织保障，同时，它还从制度上拉近了民众与政府官员的距离，从而解决了民众对政府官员以及对国家的信任问题。

最后需要特别指出的是，柏拉图的理想国是有严格规模限制的：人不能太多，以 5500 人为宜，过多就超过了人类的治理能力；地不能太大，以人站在城市的高处将全国尽收眼底为宜，国人应彼此认识。在中国，政治思考的对象是“天下”，是疆域万里、人口数以千万计的帝国，要在“天下”“帝国”实现“哲学王的统治”，其难度比在小国寡民的城邦不知要高出多少倍。就此而言，董仲舒以“信”为基点的国家治理理念不仅远远超越了柏拉图理想国的政治追求，而且对中国政治文明和法制文明均有历史的贡献。

第七章

家法族规中的“信”

中国古代家法族规中蕴含着丰富的“信”伦理思想，“立心以忠信，不欺为主本”不仅是历代家法共同倡导的立身处事原则，还是启蒙教育的一个重要内容。在继承和传播诚信思想的过程中，家规起着将儒家精英们的抽象命题转化为民间话语的中介作用。在经济方面，家规既强调家族成员自身的诚实信用，也十分讲究运用法律手段提供信用保障。家规中体现的信用思想和制度具有鲜明的特色，是中国“信”伦理文化的一个重要组成部分。

家庭是社会生活的最基本单位。中国古代的家庭组织承担着政治、经济、宗教、教育等多种社会功能。中国早期的法律由家规发展而来，并带有家规的明显遗传。由于家族主义根深蒂固，家规在中国历史上不仅一直延续下来，而且由于国法所能调整的社会关系相对有限，家规在人们的社会生活中往往起着国法无法替代的作用。家规的功能在于维护家族共同体，它对家族兴衰安危的意义比国法更为重大，自然也更容易为家族成员接受。因此，家规是“信”思想社会化的一个重要途径。民间社会所接受的

“信”观念在很大程度上即来自家规，所以，通过家规不仅可以更为贴近地考察平民大众的“信”观念，而且有助于从群体意识的角度观察“信”伦理的民族特征。

在中国历史上，训诫和规范家庭成员言行的有“家训”“家戒”“家法”“家礼”“家规”“家仪”“家教”“家范”等，与之类似的还有祖训、族规等，按其性质可以分为纯粹劝诫性的和具有惩罚性的两类。这里无意甄别其异同与各自属性，为叙述方便起见，概以家规一词称之。

一、立心以忠信

以诚信作为社会交往的基本准则，是儒家的一贯主张。在汉代确立的三纲五常伦理规范中，信是五常之一。历代家规都对这一核心伦理范畴予以高度重视，并根据不同情况对“信”的内涵作出了新的解释。在继承和传播“信”思想的过程中，家规起着将儒学大师们的抽象命题转化为民间话语的中介作用。不过，这一转化不是简单的翻译，不同时代的家规也有自己的阐释和拓展，因此，家规中的诚信思想是丰富多彩的。

家训肇始久远，可以说家庭产生之后便有了家训。产生于殷周之际的《周易》是假天意来确立家庭行为原则的，其《家人》卦云:“君子以言有物而行有恒。”是说君子日常言语必须切合实物，居家行事应当守恒不变。这里虽然没有直接说“信”，但言有物、行有恒，其中显然蕴含着诚信的思想。又如“上九，有孚，威如，终吉”[1]。“孚”就是信，是说家长应怀有诚信，威严治家。由此推测，早在殷周时期，萌生状态中的家规便已具有“信”思想普及的功能了。

后世家规将信伦理渗透于民间的作用更为明显。例如：胡安国是南宋理学家，其《与子寅书》说：“立心以忠信，不欺为主本。”[2]这里便没有繁琐的理论说教。忠信，是对动机的要求；“不欺”，是对言行的规范。“不欺”是验证“忠信”与否的标准，将其作为主旨和根本，强调的是把“信”落到实处。

家规中也不乏剖析义理的抽象思考。明人薛瑄的《诫子书》中就演绎了人性与伦理的相互关系：

> 人之所以异于禽兽者，“伦理”而已。何谓“伦”？父子、君臣、夫妇、长幼、朋友五者之伦序是也。何谓理？即父子有亲、君臣有义、夫妇有别、长幼有序、朋友有信，五者之天理是也。于伦理明而且尽，始得称为人之名。苟伦理一失，虽具人之形，其实与禽兽何异哉！[3]

这种阐释的意义在于传承先哲思想，借助家规的诫谕作用，将“信”观念植根于家庭之中，

1 / 黄寿祺等:《周易译注》，上海古籍出版社 2001 年版，第 307 页。

2 / 陆林主编:《中华家训》，安徽人民出版社 2001 年版，第 202 页。

3 / 陆林主编:《中华家训》，第 296-297 页。

使之成为社会群体意识的一个有机组成部分。

家规的作用不仅在于使人知其然，有些劝谕性的家规还要使人知其所以然。在《袁氏世范》中，就有这样的解释：

> 今人有为不善之事，幸其人之不见不闻，安然自得，无所畏忌。殊不知人之耳目可掩，神之聪明不可掩。凡吾之处事，心以为可，心以为是，人虽不知，神已知之矣。吾之处事，心以为不可，心以为非，人虽不知，神已知之矣。吾心即神，神即祸福，心不可欺，神亦不可欺。《诗》曰："神之格思，不可度思，矧可射思？"释者以谓"吾心以为神之至也"，尚不可得而窥测，况不信其神之在左右，而以厌射之心处之，则亦何所不至哉？[1]

神灵无处不在，人的所思所想、一举一动均在其监督之下。所以，人要心口一致，言行一致，以"不愧心"作为立身处事的根本。文化人类学的研究表明，古人相信语言具有神奇的魔力。声音可以吓退野兽，可以呼唤家畜，当然也能上达天地神灵。祈祷、诅咒、盟誓，都是在利用语言求助神灵。因为言语的听者不仅是人，还有神灵。所以，食言者不仅欺人，也是欺天。"神不可欺"，欺神必遭"天谴""天罚"，还有什么比这更可怕的后果呢？袁采的解释带有浓重的神秘色彩，这种注入了佛、道思

1 / 周秀才等：《中国历代家训大观》，大连出版社 1997 年版，第 187 页。

想的说法无疑具有更强的说服力和心理震撼力。

一般而言，家规大都传承了儒家正宗的道德原则，但也不乏拓展，甚至是明显的背离。以诚待人是“信”德的基本要求，但在人际交往中如何贯彻这一原则呢？南宋理学家吕祖谦的告诫是：“及人托于某处问询干求，若事非顺理，而己之力不及者，则可至诚面却之；若已诺之矣，则必须达所欲言，至于听与不听，则在其人。”[1] 襟怀坦荡、直道而行、无愧我心，以自己的本真面对世人，这样的处世标准显然是对中庸、恭顺传统观念的一种超越，它根基于更加充分的道德自信，也使人具有更为鲜明的人格魅力。

“信”是一个抽象的概念，在付诸实践的过程中必然要面对各种与之相关的问题。“讳贫、伪贫”是人所常有的一种心态和做法，表明上看似乎与“信”无涉，但汪辉祖的家规却一语道破了两者之间的内在联系：“若以贫为讳，将饰虚为盈，必致寡廉不顾。至实已不贫，而伪为贫状，此在居家则欲疏亲简友；在居官则图亏帑婪赃。鄙哉！不足道也。”[2] 弄虚作假，无论装穷还是装富，都隐含着不良的企图，最终使人“寡廉不顾”，所以，这是一种应当坚决鄙弃的行为。汪辉祖主张，在社会交往中“一切财利交关、婚姻撮合、至亲密友相商，自应各以实告”[3]。诸如此类的问题是儒家经典中很少涉及的，而家规却着眼于身边细事的处理，将深奥的哲理变成了可以践履的具体规范，不

1 / 陆林主编:《中华家训》，第 236 页。

2 / 夏家善主编:《双节堂庸训》，天津古籍出版社 2016 年版，第 144 页。

3 / 夏家善主编:《双节堂庸训》，第 146 页。

仅给人以思想启迪和行为指导，还在推进“信”德社会化的过程中丰富完善了传统的思想学说。

履信守约是“信”的另一重要内涵。孔子释“信”为“言可复”，“复言”即实践自己的诺言。宋人袁采的家训将这一道德要求具体表述为“有所许诺，纤毫必偿；有所期约，时刻不易，所谓信也”[1]。袁采的规定明显提高了“复言”的可操作性，而且要求更为严苛。但是，守信守约不仅是个人主观努力的问题，在很大程度上还取决于必要的客观条件，这就要求人们作出许诺与约定之前充分考虑自己的履约能力。因此，汪辉祖特别告诫其子孙：“假债济急，即当先筹偿之之术。与人期约，不可失信。谚云‘有借有还，再借不难’，真格言也。因循不果，至子大于母，则偿之愈难，索之愈急。不惟交谊终亏，势且负累日重。”[2]就普通家庭而言，因一时窘困而借贷是难免的事情，倘若只顾一时之需，不思何以偿还，将来难免会失信于人。这个道理在今天仍然是具有现实意义的。

礼信关系向来是一个难题。先哲认为“直而无礼则绞”，“质胜文则野”，所以要“动容貌”“正颜色”“出辞气”以待人接物[3]。但是，“文胜质则史”，过度虚饰就变得虚浮，甚至口是心非，表里不一，有损于“信”德。即使孔孟于此亦难免遭人讥讽。在这方面，有些家规的主张却不落俗套，更为可取。宋人吕祖谦就

1 / 夏家善主编：《袁氏世范》，天津古籍出版社 2016 年版，第 74 页。

2 / 夏家善主编：《双节堂庸训》，第 109 页。

3 / 杨伯峻：《论语译注》，中华书局 1980 年版，第 78 页，第 61 页，第 79 页。

主张在人际交往中，“若事非顺理，而己之力不及者，则可至诚面却之；若已诺之矣，则必须达所欲言，至于听与不听，则在其人”。这种于心无愧，直来直去的处事方法就值得推广。明代家规《药言》认为：“客气甚害事，要在有主。主者何？忠信而已。”[1]中国人的社会交往活动主要是在亲属和乡邻之间进行，“碍于面子”常给正常的人际关系带来不必要的麻烦。当情面和道义发生冲突时，关键是要坚持原则，这个原则就是“忠信”。就是有再大的情面，如果事情有违忠信原则也不能“客气”。

诚信是发自内心的一种道德情感，它不依赖外界的客观条件，尤其是不能像一种商品用来进行交换。这就是说，我之诚信不应该仅仅作为他人诚信的回报，我之诚信也不能要求他人必须等价回报。信德要求先行自律，然后再谈他律。然而，“今世之人，能自省其忠信笃敬者盖寡，能责人以忠信笃敬者皆然也”。假如人人都宽于自律，严于他律，社会信用就无从建立。因此，袁采主张从我做起，“忠信笃敬，先存其在己者，然后望其在人者”[2]。换句话说，就是以“厚于责己而薄责人”的态度来处理人际关系。李邦献在《省心杂言》中提出，“父慈子孝，兄友弟恭，相须之理也。然子不可待父慈而后孝，弟不可待兄友而后恭。譬犹责人以信，然后报之以诚。所以立身之道，非求备于人也”；“自信者人亦信之，胡越犹兄弟。自疑者人亦疑之，身外皆敌国”。

1 / 陆林主编:《中华家训》，第 352 页。

2 / 周秀才等:《中国历代家训大观》，第 185 页。

家规的制定者多为官僚士大夫，使子孙后代出仕为官以光宗耀祖是他们共同的心愿，但他们也担心跻身仕途的子孙不肖，招灾引祸而累及整个家族。于是有的家规便为从政者专门订立戒约，对其职业操守做出规定。田母教子就是这样的一则家训。田稷担任齐国的宰相，收受下属馈送的贿金百镒，送予其母。田母就此对其进行了一番训诫。在田母看来，“修身洁行，不为苟得”；“竭诚尽实，不行诈伪”；“言行若一，情貌相逼”，是读书明理的士子应有的品质；“尽力竭能，忠信不欺，务在效忠，必死奉命，廉洁公正”，是国家官吏必须遵守的职业操守。无论为士为官，诚信都是基本的要求。君主“设官以待子，厚禄以奉子”，臣子却利用职权接受贿赂，这是“为人臣不忠”。君臣关系“犹为人子而事其父”，为人臣不忠就是为人子不孝。“不义之财，非吾有也。不孝之子，非吾子也。”[1] 为官以信的思想在历代家规中都有所反映。北宋名相范仲淹告诫其子弟“守官处小心不得欺事”[2]。明朝东林党领袖高攀龙则宣称：“吾人立天地间，只思量作得一个人，是第一义，余事都没要紧。”[3] 曾国藩则提出以“三不”为立身处世之本：“不贪财、不失信、不自是，有此三者，自然鬼服神钦，到处人皆敬重。”[4] 家规中关于诚信的这些训诫对于促使为官子弟信奉职守、廉洁奉公是有积极意义的。

在一个家庭本位的社会里，家庭成员之间

1 / 周秀才等:《中国历代家训大观》，第 147 页。

2 / 成晓军主编:《宰相家训》，湖北人民出版社 1994 年版，第 98 页。

3 / 陆林主编:《中华家训》，第 356 页。

4 / 成晓军主编:《宰相家训》，第 176 页。

荣辱与共，利害相关，每个人都负有不可逃脱的家庭责任。历代王朝推行的继承、丁忧、荫庇、连坐等制度更从法律上进一步强化了个人与家庭的关系。在个人行为对每一个家庭成员都会造成直接影响的情况下，背信弃义、坑蒙拐骗的个人行为就可能使整个家庭陷入孤立、败落。因此，历代家规中屡屡强调“信”德就不难理解了。由于官方借助宗法制度维系社会秩序，家长管制家人的权威向来不乏行政与司法的支持，家规所拥有的实际强制力有时丝毫不逊于国法。在这种历史背景下，家规在“信”伦理社会化的过程中所发挥的作用应该给予足够的估价。

二、蒙养以“信”

中国是文明之邦，历来重视文化传承和子女教育。中国古代的启蒙教育完全由民间承担。由于对教育规律的共同认识和对传统道德文化的一致认同，家规中关于启蒙教育的内容具有一定的共性。这种约定俗成的启蒙教育体制，实际上具备了某些民间法的特性，承担着规范启蒙教育的法律功能。诚信作为立身之本，自然是启蒙教育不可缺少的一项内容。

一说到古代教育，人们首先想到的是“读书做官”。其实，这是一种误解，至少在家规中还难以见到对仕进的强调。“古人读书，取科第犹第二事，全为明道理、做好人。”[1]在古代长者

1 / 成晓军主编:《名儒家训》，湖北人民出版社 1996 年版，第 205 页。

的心中，教育的主要目的并不是科举。“成才”是次要的，“成人”才是基本的。在《家劝录》中，刘桨规定：“若夫举子业，非可语于今日者。但修学明经，使知义理而已。”[1]读书的目的在于明白事理，至于应举不过是题外之意。针对“士之学奚为先”的问题，徐祯稷回答：“其忠信乎。夫子之教主忠信。夫虽有庶美，无主焉丽？”[2]忠信是统率其他道德品质的主要德目。以忠信为“士之为学”的首要内容，实际上是将其作为成人的必备品质来进行培养。《药言》认为：“孝悌忠信，礼义廉耻，此八字是八个柱子，有八柱始能成宇，有八字始克成人。蒙养无他法，但日教之孝悌，教之谨信，教之汝爱众亲仁。”[3]张履祥教导其子“忠信笃敬，是一生做人根本”[4]。这表明，道德完善才是古代教育的真正要义。

古人进行道德教育，背诵经书并非是唯一的方法。杨亿认为：“童稚之学，不止记诵，养其良知良能，当以先入之言为主。日记故事，不拘古今，必先以孝悌、忠信、礼仪、廉耻等事。……久久成熟，德性若自然矣。”[5]文中“养其良知良能”的“养”字，非常准确地把握了德行培养的关键所在。通过各种喜闻乐见的教育形式，忠信等优良品质就会进入受教育者的身心。

“易子而教”是古已有之的教育理念，但作为一种制度规范则是在家规中首先出现的。司

1/ 费成康主编:《中国的家族法规》，上海社会科学院出版社1998年版，第247页。

2 / 周秀才等:《中国历代家训大观》，第55页。

3 / 陆林主编:《中华家训》，第348页。

4 / 成晓军主编:《名儒家训》，第254页。

5 / 周秀才等:《中国历代家训大观》，第126页。

马光《涑水家仪》要求家中“十岁男子，出就外傅，居宿于外，读《诗》《礼》《传》为之讲解，使知仁义礼智信。”[1]《郑氏规范》规定：“子孙自八岁入小学，十二岁出就外傅，十六岁入大学。聘致明师训饬，必以孝弟忠信为主，期抵（底）于道。”[2]《家劝录》虽未明文规定住宿于外，但也要求“子孙六岁以上，便择老成有学行者教之。先知揖让尊卑之理，稍长教以孝弟忠信，使之底于成立，无忝尔祖。”[3]易子而教显然更有利于少儿脱离溺爱的环境，接受纪律训练，培养独立精神，学习孝悌忠信等伦理规范。

从小事做起，注意循序渐进是古代启蒙教育的又一特点。真德秀的《教子斋规》要求子弟在言语方面“朴实说事，毋得妄诞”[4]。实话实说是诚信伦理在语言上的基本要求，儿童自幼不说谎话，看似平常小事，但水滴石穿，积而成习，长此以往就会铸成人的品格习性。所以张履祥提出：“若子弟在家庭不敬信父兄，在学堂不敬信师友，欺诈傲慢，习以成性，望其读书明义理，向后长进，难矣。”[5]

在中国古代，系统的信伦理教育基本上是在少儿启蒙过程中进行的，但个别家规中也出现了针对全体家庭成员的规范化教育。浦江郑氏自南宋开始合族同居，被朱元璋誉为“江南第一家”“义门”予以旌赏。由一代名儒宋濂协助修订的《郑氏规范》要求家中成员每天早晨

1 / 周秀才等：《中国历代家训大观》，第 77 页。

2 / 费成康主编：《中国的家法族规》，第 264 页。

3 / 费成康主编：《中国的家法族规》，第 247 页。

4 / 周秀才等：《中国历代家训大观》，第 59 页。

5 / 成晓军主编：《名儒家训》，第 254 页。

在“有序堂”集合，“令未冠子弟朗诵男女训戒之辞”。其《男训》云:“人家盛衰，皆系乎积善与积恶而已。……何谓积恶？恃己之势以自强，克人之财以自富，凡所以欺心者，皆是也……”这种日复一日的强制灌输，目的在于让人铭记“克人之财”是一种导致家道衰败的“积恶”行为，不仅会引祸及身，还会遗患子孙。《郑氏规范》不仅注意宣传，更注重身教。例如，其对家长义务的规定是“专以至公无私为本，不得徇偏。”“为家长者，当以至诚待下。”“不得私假，不得私与。”“子孙倘有私置田业，私积货泉，事迹显然昭著，众得言之家长。家长率众告于祠堂，击鼓声罪而榜于壁。更邀其所与亲朋，告语之。所私即便拘纳公堂。有不服者，告官以不孝论。”自幼在这样的一种氛围中耳濡目染，于诚信品格的养成是大有裨益的。

综上所述，可以看到家训对教育规律的认识是科学的：儿童六至八岁入小学读书学习，与现代教育体制完全吻合；对教育本质的认识是正确的：启蒙教育的目的是“明理”“成人”，明白如何做人的道理，成为一个道德情操高尚的人。以这种思想为指导的启蒙教育，正是在社会上构筑互信型人际关系所必需的基础性工作。

三、交易之信

中国人一向注重“信”的内在实质，不甚在意“信”的外在形式，有学者据此便论定中国传统文化中缺乏经济信用的制度资源。这种认识揭示了中国传统法律文化的某种特质，但并不全面，至少从家规所提供的材料中，就可以得出截然不同的结论。

商业欺诈是任何社会都无法完全杜绝的一种丑恶现象。它毒化交易环境，增加交易成本，降低社会的经济道德水平。宋代著名家规《袁氏世范》在《小人难责以忠信》篇中，对当时存在的各种经济欺诈行为进行了揭露：

> “忠信”二字，君子不守者少，小人不守着多。且如小人以物市于人，敝恶之物饰为新奇，假伪之物饰为真实；如绢帛之用胶糊，米麦之增湿润，肉事之灌以水，药材之易以他物。巧其言词，止于求售，误人食用，有不恤也，其不忠也类如此。负人财物，久不尝，人苟索之，期以一月，如期索之不售，又期以一月，如期索之又不售，至于十数期不售如初。工匠制器，要其定资，责其所制之器，期以一月，如期索之不得，又期以一月，如期索之又不得，至于十数期而不得如初。其不信也类如此，其他不可悉数。小人朝夕行之，略不为怪。

所谓“君子爱财，取之有道”，诚信经营，公平交易，是人人都应具有的经济道德。那些唯利是图、轻诺寡信、见利忘义者，是社会经济生活的害群之马，对这样的“小人”要严加防范。使小人的伎俩无法得逞，关键在于采取必要的法律措施来保护自己。

所以《袁氏世范》一再告诫子孙后代注意交易规范。其《田产界至宜分明》条云："人有田园山地，界至不可不分明。异居分析之初，置产、典买之际，尤不可不仔细。人之争讼多由此始。"《田产宜早印契割产》条云："人户交易，当先凭牙家索取阄书砧基，指出丘段围号，就问见佃人，有无界至交加，典卖重叠。……官中条令，惟交易一事最为详备，盖欲以杜争端也。而人户不悉，乃至违法交易，及不印契、不离业、不割税，以至重叠交易，词讼连年不决者，岂非人户自速其辜哉！"《交易宜著法绝后患》条要求："凡交易必须项项合条，即无后患。不可凭恃人情契密，不为之防，或有失欢，则皆成争端。如交易取钱未尽，及赎产不曾取契之类，宜即理会去著，或即闻官，以绝将来词诉（讼），切戒！切戒！"商业交易中的形式要件在家法中受到如此重视，表明时人已经更多地依靠契约条款来维护交易信用，更多求助于法律对背约失信者予以制裁了。

道德自律是维护商业信用的基本前提，与人为善才能实现经济活动的互利共赢。坑蒙拐骗不仅害人，最终也会害己。元朝的《旌义编》提出，在购置产业时要进行换位思考："增拓产业，彼则出于不得已，吾则欲为子孙悠久之计。当体究果值几缗，尽数还足，不可与驵侩交谋，潜萌侵人利己之心。否则天道好还，纵得之，必失之矣。交券务极分明，不可物货逋负相准，或有欠者，后当索偿。又不可以秋税暗附他人之籍，使人陪输官府，积祸非轻。"[1] 违背诚信原则的交易后患无穷，因此决不能有"侵人利己之心”，法律手续要“务极分明”，这才真正是“为子孙悠久之计”。

汪辉祖是清代名幕，其积多年处理各种纠纷之经验写成的《双节堂庸训》对经济活动中契约信用的保障问题提出了许多行之有效的告诫。汪辉祖认为市场交易者的智力水平是大致相当的，决不能自以为手段高人一筹，“天下无肯受欺之人，亦无被欺而不知之人”。所以进行交易活动的最好办法是“以勿欺为要，人能信我无欺，庶几利有攸往”。汪辉祖还专门论述了建立信誉的重要性：“以身涉世，莫要于信。此事非可袭取，一事失信，便无事不使人疑。果能事事取信于人，即偶有错误，人亦谅之。”[2]参加交易者都想多赢，因此，在利益分配上应当坚持公平原则，但斤斤计较的做法并不可取，“财利交关，最足见人真品。天下无不能计利之人，其不屑屑较量、甘于受亏者，特大度包荒耳。显占一分便宜，阴被一分轻薄。故虽至亲、密友，簿记必须清白”[3]。大度包荒，这才是中国儒商的风范！也是迅速建立信誉的一条捷径。土地、房屋是古代家庭的主要财产，进行交易需格外谨慎。所以汪辉祖特别告诫其子孙：“典卖田产，须确查户贯、字号、段落、四至、界址、佃人、租额、有无典买他处？一一分明。然后凭中立契。屋宅则间数、椽瓦、墙壁、门窗、正路、旁径，以及花木、砖石，凡宅中所有一切，均须注载清白。售主当面交割，然后受产，自无后患。如或爱得些小便宜，必有余累。弱者累在及身，

1 / 周秀才等:《中国历代家训大观》，第 179 页。

2 / 夏家善主编:《双节堂庸训》，第 134 页。

3 / 夏家善主编:《双节堂庸训》，第 194 页。

强者累贻后嗣。十常居其八、九矣。”[1]

从宋朝的袁采到清朝的汪辉祖，在经济活动中守信用、重契约的法律意识非常引人注目：他们已经不是仅仅局限于在道德意义上强调自身的诚信交易，而且十分讲究使用法律手段保证诚信原则的实现。家规中所提供的这类史料在正史、法典等一般官方文献中是很难见到的，因此，有学者对中国传统文化产生缺乏信用制度资源的误解也就不足为奇了。

历代家规、家训有关坚持家庭和个人社会信用和商业信用的内容极为丰富，其学术价值和现实意义还有待于人们去深入挖掘。就制度而言，家规中的信用规范如此细密、严谨，至少可以说明当时的经济活动已经十分重视信用问题，由此也可以论定，无论是民间法（家规），还是国家法，中国古代社会都不乏交易信用的法律资源。就思想而言，家规所体现的信用观念则有十分鲜明的中国特色。就以汪辉祖与美国历史名人本杰明·富兰克林的信用思想为例，后者的箴言是：“切记，信用就是金钱。……假如一个人信用好，借贷得多并善于利用这些钱，那么他就会由此得来相当数目的钱。”“除了勤奋和节俭，在与他人的往来中守时并奉行公正原则对年轻人立身处世最为有益；因此，借人的钱到该还的时候一小时也不要多留，否则一次失信，你的朋友的钱袋则会永远向你关闭。”[2]显而易见，富兰克林的话语里充满了对金钱的渴望，毫不掩饰其诚实

1 / 夏家善主编：《双节堂庸训》，第 103 页。

2 /［德］马克斯·韦伯：《新教伦理与资本主义精神》，三联书店 1987 年版，第 33–35 页。

守信的自利目的。正如马克斯·韦伯所评论的:“富兰克林所有的道德观念都带有功利主义的色彩。诚实有用，因为诚实能带来信誉；守时、勤奋、节俭都有用，所以都是美德。按逻辑往下推理，人们或许可以得出这样的印象：在富兰克林看来，假如诚实的外表能达到相同的目的，那么，有个诚实的外表就够了；过多的这种美德只是不必要的浪费。”[1]与其形成鲜明对比的是，在汪辉祖的家训中，同样地教人诚实守信，却没有追逐金钱的狂热，没有丝毫“从牛身上刮油，从人身上刮钱”的意念，清白做人、公平交易、诚信守家的目的是留下一世清名，留给子孙一分“后福”。显然，富兰克林的话“所表现的正是典型的资本主义精神”，而汪辉祖家训中所体现的则是典型的中国传统伦理观念。就诚信观念的价值取向而言，一个是贪婪的进取，一个是淡泊的守成，这种差别也许就在某种程度上影响了两个民族的不同历史走向吧！

1 /［德］马克斯·韦伯:《新教伦理与资本主义精神》，第36页。

第八章

商贾之信

在西方法律语境中，诚实信用被视为经济活动的帝王规则。其实，中国古代也有类似的商训。

早在两千多年前，齐国执政管仲就提出了“非诚贾不得食于贾”的从业伦理准则。孔子所谓“富与贵，是人之所欲也，不以其道得之，不处也；贫与贱，是人之所恶也，不以其道得之，不去也”。否则，“不义且富与贵，于我如浮云”。这一说法显然是为致富预设了正当性与合理性的前提条件。民间广为传颂的“君子爱财，取之有道”一语，则为社会大众进行经济活动划定了伦理底线。“道”又作“道义”，系指诚信、仁义等道德标准。其中，诚实信用无疑是商业经营活动不可或缺的基本道义。

在中国历史上，以诚信而发家致富者大有人在，因失信而败家失身者亦不乏其人。这种情况，不仅在文学作品中多有描述，更有同仁堂、余庆堂、陈李济、瑞蚨祥以及徽商和晋商等以诚信立业，筑就百年辉煌的范例。通过他们的成功故事，我们不仅能看到信字巨大的商业价值，还能认识到信在经济领域中的丰富内涵。

一、文学作品中的商业诚信

（一）药商宋清的故事

宋清是唐朝的一个药商。据李肇《唐国史补》记载："宋清卖药于长安西市。朝官出入移贬，清辄卖药迎送之。贫士请药，常多折券，人有急难，倾财救之。岁计所入，利亦百倍。长安言："人有义声，卖药宋清。"由此可见，宋清在京城经营的药铺信誉卓著，深得时人之信赖；而柳宗元笔下的《宋清传》并非文学虚构，实乃纪实之作。

"宋清，长安西部药市人也。居善药。"由于其人缘极好："有自山泽来者，必归宋清氏，清优主之。"商家吸引客户的最好办法是服务热情，价格公道。采药者来长安药市"必归宋清氏"，说明他生意实在，大家卖药给他比较放心。货源、质量有了保障，宋清在药材经营的市场竞争中就有了基础。"长安医工得清药辅其方，辄易雠"。用宋清的药材治病疗效特别显著，说明宋清十分注重信誉，不干掺杂使假、缺斤少两的勾当。药店得到医生和病家的交口称赞，这就使其药材的销路有了可靠的保障。《唐国史补》说，宋清的药铺"岁计所入，利亦百倍"，如此超额利润不靠投机钻营，蒙骗欺诈，而是源于诚实信用，这就是宋清的过人之处。

诚信经营怎么能获取超额利润呢？其实，早在西汉时期，司马迁在《史记·货殖列传》中就曾揭示过"贪贾三之，廉贾五之"的商业现象。贪贾只能赚到三成的利润，廉贾却能赚到五成的利润，裴骃将其原因解释为："贪贾未当卖而卖，未可买而买，故得利少，而十得三。廉贾贵而卖，贱乃买，故十得五。"意思是贪贾因过于贪婪，不能把握买卖时机，所以难得大利。而廉贾只赚取合理利润，能够不失时机地买进卖出，因此获利反比贪贾要高。其实裴骃的解释仅仅看到了问题的一个方面，他没有注意到商业信誉对经营效益的巨大作用。顾炎武的《日知录》说："义然后取，人不厌其取，是以取之虽少，而久久更富。"这才是"廉贾五之"的根本原因。所以，宋清致富是符合商业规律的。

宋清的名声传开后，"疾病疕疡者，亦皆乐就清求药，冀速已。清皆乐然响应"。对于上门的顾客，宋清不分贫富贵贱，一视同仁。有些人治病没钱，宋清照样给他好药。尽管有大批的借据积存在手中，宋清也不去病人家里讨债。甚至有些毫不相识的人赊账买药，宋清也不拒绝。到年底宋清感觉不能收回欠款时，就把借据烧掉，不再提起这事。宋清的生意经显然不合常道，所以做生意的人嘲笑他，说他荒唐。也有的人说宋清道德高尚。宋清却说："清逐利以活妻子耳，非有道也，然谓我蚩妄者亦谬。"

宋清经营药铺四十年，被他先后烧掉的借据有一百多张。那些当初无钱治病的人后来有的高官厚禄，有的富甲一方，所以，带着重礼到宋清家报答救助之恩的人络绎不绝。宋清对人的资助虽然不能马上得到回报，而且赊账最终成为死账的也很多，但并不影响宋清的致富。从经营的角度讲，宋清赚取的是长久之利，回报期长，所以利润也大。

宋清成功的关键在于坚定地信守自己的原则并能持之以恒。经商需要赢利，因为这是商业活动的目的，是经营成功的标志；但药店又是一种特殊的商业，其商品销售对象是急需救治的病人。所以经营药业需要具备一种特殊的职业伦理——扶危解困的人道主义精神。病人固然有贫富贵贱，但他们都有得到药物的需求，暂时没有付款能力不等于说以后也没有，因此，药店对他们不能差别对待。宋清充分信任顾客、竭诚帮助弱者的经营理念在那些遭到贬降、免职乃至刑罚及身的官员身上体现得尤为突出，对他们，常人怕受连累避之唯恐不及，宋清却一如既往，有求必应，从不怠慢。日后，这些人一旦东山再起，自然不会忘记宋清的雪中送炭之举。

宋清的商业信用不是建立在契约神圣的法制基础之上，甚至与一般的商业惯例背道而驰。例如：不论认识与否，谁都可以在宋清的药店里赊账；宋清几乎是以慈善家的心态去扶危济困，他并不计较这些欠账能否收回。从他从不上门讨债，年终烧毁欠条的做法中可以看出，宋清本人并没有施恩图报的心理预期，他完全是在诚心诚意地帮助弱者。但宋清是一个商人，他要遵循商规，所以，他的药品不是赠送，而是赊销。无钱购药可以先取药后付款，不用保人，也不用抵押，纯粹建立在对求药者的人格尊重与信任的基础上。这里显然蕴含着十分积极的伦理意义——我对你以诚相待，并相信你也会对我以诚相待——宋清实际是在用自己的诚信呼唤顾客的诚信。事实上也确实形成了这样的良性互动，宋清的发家致富在一定程度上就是由于当年赊账者对“滴水之恩”的“涌泉相报”。至于有些人年底未能还钱，宋清便烧掉借据不再提及，这也是他诚信对人的一种表现形式。也许在他看来，这些人不会欺骗他，只是穷困潦倒无力还钱而已。

宋清的经营思想和诚信观念是典型的中国文化的产物。

（二）刘基寓言中的奸商

刘基不仅是一位有传奇色彩的政治家，也是卓有成就的文学家。《郁离子》是刘基创作的寓言集，其中关于商人失信的两则故事妙笔生花，韵味深长，堪称寓言中的精品。

善有善报恶有恶报的因果报应说是中国传统文学作品中不断再现的一个主题，虞孚贩漆这则寓言阐释的也是这个道理。

虞孚从人学得种漆之术，三年之后，漆树长成，得漆数百斛，准备运到吴国去贩卖。虞孚的妻兄说：“吴国人崇尚装饰，漆在吴国为紧俏货物。我曾见有的卖漆者将漆叶煮成膏后掺在漆中，利润加倍，买者并不知道。”于是，虞孚如法炮制，用漆叶煮膏数百瓮，与漆一起运到吴国。当时，吴国正缺漆，吴国商人听说有贩漆者到来，居然到郊外迎接。一番热情招待后，开封验货，对漆的质量十分满意，于是约定改日带金币来付款提货。虞孚大喜，晚上便将漆叶熬制的膏掺进漆中。吴国商人如约而至，但看到漆瓮换了新的封识，心生疑虑，便要求改日付款提货。“期二十日至，则其漆皆败矣。虞孚不能归，遂丐而死于吴。”

寓言的主题不仅体现在故事情节中，还隐含在主人公的名字里。《左传·宣公十五年》:“我无尔诈，尔无我虞。”虞即欺诈之义。而孚者，信用、诚信也。由此可见，刘基以虞孚命名这位奸商寓意着欺诈与诚信的道德内涵。而虞孚沦为乞丐，客死他乡的下场则鲜明表现了作者的道德价值取向。

另一则寓言中讲到，济阴的一个商贾渡河时翻了船，趴在漂浮的苴麻上号哭。有个打鱼人驾船去救他，尚未靠近时，商人大声疾呼说:“我是济上的富户，你能救我，我将给你一百金”。打鱼人将商人救起后，商人只给了他十金。打鱼人说:“刚才许诺一百金，现在却给十金，这恐怕不行吧！”商人这时却突然翻脸说:“你一个打鱼人，一天能赚几个钱，现在一下子就得到十金，还嫌不够吗？”打鱼人无奈，很不高兴地走了。后来，商人从吕梁乘船而下，又一次触礁沉没，这个救过他的打鱼人恰好在场。有人问:“要不要救他？”打鱼人说:“这就是那个许诺给钱却不兑现的人”。于是大家停船观望，结果商人溺死于河中。刘基借郁离子之口评论说:“或称贾人重财轻命，始吾或不信，而今知有之矣。”

知恩图报、守信践诺是中国传统伦理基本的做人准则。寓言中的商人在自己获救后没有兑现自己的承诺，也许在他看来，翻船落水这种偶发事件重现的概率极小，对萍水相逢的打鱼人不守信用并不会使自己承担失信所带来的后果，所以，商人的背信似乎是一个精明的选择。然而，聪明反被聪明误，寓言通过一次情理之中、意料之外的事故使商人最终为自己的背信付出了生命的代价。

(三)“三言二拍”故事中的诚信

“三言二拍”中描写了一批栩栩如生的商人形象，既有诚信无欺的君子，也有背信弃义的小人。作品对这些人物的品格、经历与最终结局的描写显然体现着作者的道德价值取向。因此，通过对这些故事进行解读，我们可以洞悉隐含于其中的道德忠告。

童叟无欺、诚信经营是传统商业伦理的核心内容，也是“三言二拍”的主题思想之一。

冯梦龙的《张廷秀逃生救父》讲述了木匠张权靠诚实信用，勤奋敬业发家致富的故事。张权开小木匠铺谋生，“因做人诚实，尽有主顾，苦挣了几年，遂娶了个浑家陈氏，夫妻二人将就度日”。他工作认真负责，做出的东西货真价实——“尽是小子亲手所造。木料又干又厚，工夫精细，比别家不同。”他还采取让利于人，薄利多销的经营方式——“若是作成小子，情愿奉让加一。”他带两个儿子应王员外之邀上门做活，“父子三人量画定了，动起斧锯，手忙脚乱，直做到晚。吃了晚饭，又要个灯油，做起夜作。半夜方睡。一连作了五日，成了几件家伙，请王员外来看。王员外逐件仔细一看，连声喝彩道：‘果然做得精巧！’”后来张权一家经过千辛万苦，终于得享后福。诚实信用地对待自己的劳动，笃守货真价实的职业伦理，这是张权创业的立足点。篇末诗云：“由来白屋出公卿，到底穷通未可凭。凡事但存天理在，安心自有福来临。”张权的故事告诉人们的是：为人处世应当遵循社会伦理规范，诚信一定会给人带来长久的回报。

《刘小官雌雄兄弟》讲述的是小酒店店主刘德的故事。刘德经营酒店特别厚道，“凡来吃酒的，偶然身边银钱缺少，他也不十分计较。或有人多把与他，他便勾了自己价银，余下的定然退还，分毫不肯苟取。”他接连周济和收养刘方、刘奇两个义子后，“家业渐渐兴隆”。日后刘奇二人把酒店改开布店，“四方过往客商来买货的，见二人少年志诚，物价公平，传播开去，慕名来买者，挨挤不开。一二年间，挣下一个老大家业，比刘公时已多数倍”。诚实信用使刘德无子而得子，也使刘家终于“挣下一个老大家业”。

《卖油郎独占花魁》中的卖油郎秦重“是个老实好人”，油坊里的人因此对他有意扶持。秦重“得了这些便宜，自己转卖与人，也放些宽。所以他的油比别人分外容易出脱”。和尚们“闻之秦卖油之名，他的油比别人又好又贱，单单作成他”。妓院的老鸨“也听得闲人讲，有个秦卖油，做生意甚是忠厚”，于是就专门买他的油。秦重为人诚信，还表现在他爱慕已久的莘瑶琴向他表示“非卿不嫁”时，他却如实说出自己的家贫窘况和无法提供丰厚生活的困难。秦重致富后，“家业挣得花锦般相似”，但他却一直坚守爱的诺言，与莘瑶琴白头偕老。诚信不仅使秦重得到了财富和爱情，而且还感动上苍，使他找回了生父。

在《施润泽滩阙遇友》的故事中，施复在家中开张修紬机度日，因其为人忠实厚道，卖丝时柜上总是“把些好银子与他”。有一次卖货后施复拣到一包银子，小户人家骤得意外之财的欢喜一时淹没了他的本性，他一边走一边盘算着如何使用这些银子，但将近家门时他忽然从自身境遇出发，设身处地地意识到失主也许将为此付出沉重代价，于是又回到原地忍饥挨饿等了半天，终于物归原主。后经一系列巧合，遇难呈祥，发家致富。作者以拾金不昧作为一系列巧合的开端，将诚信无欺当成了幸运、财富乃至一切后福的初始原因。

凌濛初《转运汉遇巧洞庭湖，波斯胡指破鼍龙壳》的立意也是歌颂诚信无欺的商业伦理精神。故事说文若虚从海外带回一只大龟壳，众人嘲笑他捡了废物，波斯商人马宝哈识得其中藏有异宝，立即郑重其事地求购，文若虚因为不知其究竟价值几何，便胡乱讲了五万要价，马宝哈对此不敢相信，还再三确认并非诳语，立下字据付款成交后，他告诉众人龟壳乃鼍龙遗蜕，壳中有二十四颗大珠，每颗价值五万，大家知道后均有悔意。有人劝文若虚多要些，文则认为，“我们若非这主人认货，也只当废物罢了。还亏他指点晓得，如何还好昧心争论”，并不在意卖贱了。文若虚这种信守契约、豁达大度的人品正是作者着力推崇的理想品格。

《王渔翁舍镜崇三宝，白水僧盗物丧双生》说的是，渔翁王甲在江边得到两颗小石子，当晚梦见两个白衣女子，自称是姊妹二人，特来随侍，王甲于是猜想石子是宝贝，便将其结在衣带上。后有波斯胡人来见到石子后说：“此宝本没有定价，今我行囊只有三万缗，尽数与君，买了去罢。”王甲说：“吾无心得来，不识何物，价儿既不轻了，不敢论量，只求指明，要此物何用。”胡人说可以从国宝池中取宝："如今有了此石，只需带在身边，水多澄清，如同凡水，任从取宝，岂不值钱？"王甲遂与胡人达成交易。买卖双方在此均开诚布公，诚信无欺，表现出良好的商业道德。

与对诚实守信大加赞赏形成反衬的是对欺诈行为的痛加鞭笞。

在《诉穷汉暂掌别人钱，看财奴刁买冤家主》中，穷汉贾仁挖出周秀才上朝应举前埋在地下的一窖祖传金银，得以发家致富，但他"生性悭吝苦克，一文也不使，半文也不用，要他一贯钞，就如挑他一条筋。"他骗买周秀才的独生子，立约时故意不写正价，倒写明反悔之人罚钞一千贯，使周秀才卖掉独生子却只收到了四贯钱。后来，贾仁一病身亡，买下的儿子又认回了亲生父亲。于是作者写道："物归旧主，岂非天意！怪道他平日一文不使，两文不用，不舍得混费一文，元来不是他的东西。只当此替你加看守罢了。"故事的结局透露出对欺诈和为富不仁的尖锐嘲笑与辛辣讽刺。

《迟取券毛劣赖原钱，失还魂牙僧索剩命》讲的是，夏主簿与富民林氏合资卖扑官酒坊地店，做沽拍生理，临时把夏主簿该得的利息两千两赖下不还，反而贿赂州官把他收监追比，夏主簿又气又病，临终吩咐儿子："我受了这般怨恨，今日待死。凡是向扑官酒坊公店，并林家欠钱账目，与管账八人名姓，多要放在棺内，吾替他地府申辩去。"他死后一月，林氏与这八人果然陆续暴病而死，有人看见林氏诸人都被赶入地狱。……陈祁为多分家产，暗中把家中土地低价卖给毛劣，商定分完家后原价取回，没想到时候毛劣收了赎金却赖账不认，又贿赂县官判陈祁败诉，陈祁只好求东岳神灵主持公道，果然阴间把一切是非都判明清楚，毛劣暴死，受贿的官吏都有报应，陈祁还魂后也是心疼之病不脱，家计消耗，真正是善有善报，恶有恶报，无一逃脱。篇末诗云:“阳间有理无处说，阴间不说也分明。”又云:“阳间不辨到阴间，阴间仍旧判阳还。”

二、中华老字号药铺之诚信立业

“中华老字号”是指在长期的生产经营活动中，沿袭和继承了中华民族优秀的文化传统，具有鲜明地域文化特征和历史痕迹、具有独特工艺和经营特色的产品、技艺或服务，取得社会广泛认同，具有良好商业信誉的企业或产品品牌。下面，我们以几家老字号药商为例，通过它们的成功故事，认识“信”字在商业经营中的巨大价值。

(一) 同仁堂之“修合无人见，存心有天知”

北京同仁堂迄今已有四百多年的历史。

同仁堂肇始于康熙八年（1669）乐显扬创办的同仁堂药室。同仁者，“同修仁德，济世养生”也，乐显扬欣赏“同仁”二字“公而雅”的内涵，便以此命名他的药室。

乐显扬出身医药世家，“善辨药材疑似”。他认为“可以养生，可以济世者，惟医药为最”。因此，乐显扬辞官从医的出发点并非发家致富，而是悬壶济世。在他看来，“古方无不效之理，因修合未工、品味不正，故不能应症耳。”所以，同仁堂开业伊始，就以“修合无人见，存心有天知”作为天条用以自警和自律。地道药材，精工炮制，由此便成了同仁堂基业长青的护身符。

乐显扬去世后，其三子乐凤鸣接过同仁堂招牌，在康熙四十一年（1702）将同仁堂药室迁往前门外大栅栏路南，并改名为“同仁堂药铺”。为光大同仁堂药业，乐凤鸣主持编写了《乐氏世代祖传丸散膏丹下料配方》和《同仁堂药目》，收录古方、宫廷秘方、家传秘方、历代秘方362种。在书中，乐凤鸣提出了“遵《肘后》、辨地产，炮制虽繁必不敢省人工，品味虽贵必不敢减物力”的制药规范，为同仁堂建立起一整套严格选料、精心配制的工艺流程。由于其产品配方独特，选料上乘，工艺精湛，疗效显著，很快便赢得了市场的认可。

随着同仁堂药业声誉鹊起，朝廷的信任和赏识又进一步确立了其“药王”的行业地位。雍正元年（1723），皇帝钦定由同仁堂供奉御药房所需药料，并代制内廷所需各种中成药。从此，同仁堂独家供奉皇家用药直至清朝覆灭，历时近二百年。承办御药，等于是给同仁堂竖起了一面质量可靠、足以信任的金字招牌，使之在药业同行之中，取得了官商一体、财势两利的优势地位。

同仁堂历时四百年而长盛不衰，正是诚实信用的经营方针支撑它一步步走过来。

(二) 杭州胡庆余堂“戒欺”

杭州胡庆余堂建于清同治十三年（1874），为著名的徽商胡雪岩所创。胡庆余堂的门楼上，至今还保留着胡雪岩创业伊始所立的“是乃仁术”四字匾额。“是乃仁术”源出于《孟子·梁惠王上》“无伤，是乃仁术也”一语。历代医家皆以“医乃仁术”作为行医宗旨。何谓“仁术”？晋人杨泉《物理论》说：“夫医者，非仁爱之士，不可托也；非聪明理达，不可任也；非廉洁纯良，不可信也。”唐代名医孙思邈强调从医必须“先发大慈恻隐之心，誓愿普救含灵之苦”。明人聂尚恒则言“医者仁术，圣人以之赞助造化之不及，所贵者，扶危救困，起死回生耳。”显然，胡庆余堂以“是乃仁术”昭告于天下，表明其创办的宗旨在于扶危救困，广济于人。

尤能体现胡庆余堂立业精神的是其向内悬挂的《戒欺匾》。

匾文为：“凡百贸易均着不得欺字，药业关系性命，尤为万不可欺。余存心济世，誓不以劣品弋取厚利，惟愿诸君心余之心，采办务真，修制务精，不至欺予以欺世人，是则造福冥冥，谓诸君之善为余谋也可，谓诸君之善自为谋亦可。”这八十六个字，揭示了胡庆余堂的执业自律和对质量的执着追求。

“采办务真”不仅是指杜绝假货，不以次充好，更要求其所售药材地道、真材实料，强调控制原料的品质。“修制务精”不仅是指不偷工减料，不粗制滥造，更要求精工细作，严格控制质量，以保证药品的疗效。

由此可见，正是诚信不欺的职业精神，铸就了胡庆余堂的百年辉煌。

（三）广州陈李济堂

广州陈李济是与北京同仁堂、杭州胡庆余堂三足鼎立的南药代表。陈李济创建于明朝万历二十七年（1600），其历史比同仁堂早69年，比胡庆余堂早274年，比外国最早的制药企业德国默克还要早68年，因此，吉尼斯世界纪录将其认定为“最古老的正在运营的制药厂”。

作为世界上最古老的制药企业，陈李济长寿的秘诀是什么呢？同样是诚信！

其实，陈李济品牌的由来，便与一个近乎传奇的诚信故事有关。明朝万历年间，在驶往广州的一条船上有两个南海县（今佛山市南海区）人：他们是在广州大南门己未牌坊经营一间药店的李升佐和商人陈体全。船抵广州，陈体全离船上岸时，不小心将货银遗落在船上。所失货银恰好被同乡李升佐拾获。李升佐不顾岁末天寒，在码头等候了一整天，直到失主陈体全匆匆返回寻找，方将货银如数归还。陈体全为李升佐的高风亮节所感动，得知李升佐是位药医，便将失而复得的银两半数投资于李升佐的药店。两人立约：“本钱各出，利益均沾，同心济世，长发其祥。”并将草药店命名为“陈李济”。店名中，陈、李二字分别为两人姓氏，而“济”字含有救济、周济、济恤之意，揭示的是扶危救困的共同志向。

因诚信而生的“陈李济”，在日后的经营中，也始终将诚信作为不可逾越的道德底线。有济世之心，陈李济人才会一直坚守古方正药之“正”；有诚信之德，陈李济人才能“工艺虽繁必不减其工，品味虽多必不减其物”。有了这样的执业操守，陈李济的药品才能有可靠的质量保证。尤其是陈李济首创的蜡壳药丸工艺，为中成药的保质保存做出了巨大贡献。许多中药材中含有糖、淀粉、挥发物等成分，极易吸潮、霉变或虫蛀。如何防止药品变质，是医药界一直无法解决的棘手问题。陈李济的药丸蜡封技术，巧妙地通过煮蜡、串圆子、蘸蜡、[illegible]壳、入丸、封口、剪蒂、盖印等八道制作工序，将药丸密封于蜡丸之中，一举破解了这一技术难题，大大提高了中成药的保质期。1981 年，联合国教科文组织委托北京中医学院和北京科教电影制片厂，以陈李济蜡丸的生产过程拍成电视录像片，作为中国中药文化的代表，向世界传播。

某种程度上可以说，正是一个信字，使陈李济赢得了“最古老的正在运营的制药厂”的美名。

三、鲁商、晋商

（一）瑞蚨祥

瑞蚨祥是鲁商的杰出代表。毛泽东在《同民建和工商联负责人的谈话》中曾说:“瑞蚨祥、同仁堂一万年要保存。”同仁堂前文已有介绍，这个瑞蚨祥是何来历？居然列在大名鼎鼎的同仁堂之前，它有什么值得“一万年要保存”的东西呢？

瑞蚨祥的创始人孟鸿升，山东济南章丘县（今章丘市）旧军镇人。道光元年（1821），孟鸿升在周村设立万蚨祥字号，经营土捻布生意。同治元年（1862），济南瑞蚨祥绸布店开张，瑞蚨祥的字号由此打响，并逐渐开启了连锁经营的商业模式。其第二代当家人孟洛川开始将生意做到北京，起初，仍以大捻布的批发经营为主。光绪十九年（1893），孟洛川斥银八万两在最繁华的商业区大栅栏创建北京瑞蚨祥绸布店。民国初年，瑞蚨祥已成为北京最大的绸布店。到 1927 年，瑞蚨祥已经发展为集布匹、绸缎、绣品、皮货、织染、茶叶、首饰、钱庄、当铺等众多经营项目之大成的商业王国，分号遍布于北京、天津、沈阳、包头、上海等商业重镇。孟洛川也一跃成为中国北方最大的民族商业资本家。

瑞蚨祥的经营何以如此成功？

首先，经营大捻布生意是旧军孟家几代人的家族传承，也是瑞蚨祥资本原始积累的主要来源。明清时期，山东西部是著名的产棉区。当时，济南府章丘县旧军镇北部辛寨生产的一种土布以“寨子布”而闻名，当地人俗称“大捻子布”。这种布色泽柔和，质地绵软，结实耐用，深受百姓喜爱，再加上孟家世代以此为业，可以从源头上充分掌控商品的质量和价格，这就为其建立良好的商业信誉奠定了坚实的基础。

其次，瑞蚨祥创业伊始就提出了“至诚至上、货真价实、言不二价、童叟无欺”的经营宗旨，并始终将其作为立业的法宝予以坚持。比如，熟罗货最好的为十一丝，而瑞蚨祥的要求是十三至十五丝；纺绸一般为四合成丝织，而瑞蚨祥的要求是六合成丝织，并且必须使用上等丝。这样一来，瑞蚨祥便成了上等好货的代名词。

瑞蚨祥的布匹在进货检验合格后并不立即投放市场，而是先要进行为时六个月的“闷色”处理，以使颜色全部渗透纱中。经过“闷色”的布匹缩水率小，布面平整，色泽均匀鲜艳，不易褪色。瑞蚨祥正是凭借这种追求卓越的工匠精神使得其经营的商品质量远高于同行，由此带来的不仅是其品牌的美誉度，还有与日俱增的市场占有率。

当年的瑞蚨祥有多火？清末民初，北京城有一首“头顶马聚源，脚踩内联升，身穿瑞蚨祥”的歌谣，就是当时时尚与品位的生动体现。慈禧太后的寿袍、袁世凯称帝时穿的“皇服”都是出自瑞蚨祥。1949 年 10 月 1 日中华人民共和国开国大典，天安门广场上升起的第一面五星红旗，也是在瑞蚨祥特别定制的。

（二）晋商

晋商是明清时期经营范围最宽、涉足地域最广、实力最为雄厚的商帮。总结晋商发达的历史，可以发现，诚信为本是晋商取得成功的一个关键要素。

1. 乔家经商“首重信”

祁县富商乔致庸的致富秘诀是“首重信，次讲义，第三才是利”。因此，乔家字号里绝不允许出现偷奸取巧、坑害顾客的行为。违规者一经发现，严惩不贷。有一年山西歉收，油价大涨，乔家复盛油坊便从包头收购大批胡麻油运往山西销售。经手伙计趁机暗中掺假，以次充好，试图大赚一笔。掌柜发觉后，立即追回假油，换装纯净好油运出。这次商机，乔家不仅没有赢利，反倒亏了本钱。但是，其重合同、守信誉的操守却带来了更大的市场，乔家的生意由此也更加兴隆。

光绪十年（1884），乔致庸创立汇通天下的大德通、大德恒票号，很快其业务触角就遍及全国各大商埠及水陆码头。左宗棠任钦差大臣督办新疆军务时，其所需军费，多由乔家票号存取汇兑，军费一时出现短缺，则向乔家票号借支透支。庚子事变，慈禧太后一行仓皇出逃，途经山西时，是乔家的大德恒票号为清皇室垫支路费银 30 万两（一说 20 万）。慈禧太后在西安期间，其财赋皆由大德恒经管。光绪三十一年（1905），户部银行成立，其第一任行长即由大德恒票号的贾继英出任。光绪三十四年（1908），户部银行改组为大清银行，贾继英继续留任行长一职。乔家的经济实力和江湖地位由此可见一斑。

最能体现乔家诚信品质的当属 1930 年大德通票号的生死抉择。是年，蒋介石、冯玉祥、阎锡山中原大战，阎锡山通过发行晋钞筹措军费。阎锡山战败后，晋钞大幅贬值。在这种情况下，如果票号对晋钞存款户仍以晋钞给付，那么，票号不仅不赔钱，还能发一笔横财。大德通存款多为山西省内，放款却多在省外。由于省外放款不存在贬值问题，如果付出晋钞，省外的放款便有二十多倍的暴利。这是千载难逢的商机，大德通完全可以趁机大赚一笔。然而，大德通却反其道而行之，不仅没有趁机赚钱，还把历年盈余的公积金提出来贴补存款，按新币值兑给存款户，仅此一举便造成白银三十万两的巨额亏空。在这次晋钞贬值事件中，大德通票号以实际行动诠释了晋商对诚信道义原则的崇奉和坚守。

2. 日升昌票号

真正让晋商叱咤风云、称霸天下的是其遍布海内外、从事存贷款业务和汇兑业务的票号。在票号产生以前，商人做买卖只能使用现金结算，在外地赚了大钱得靠专门的镖局把银两运送回家，既不方便，又不安全，而且还大大增加了额外支出。

日升昌票号是中国第一家专营存贷款和汇兑业务的私人金融机构。其前身是总部位于平遥，并在北京、天津等地设有分庄的西裕成颜料庄。嘉庆末年，西裕成颜料庄首先在京、晋间试行汇兑办法，效果显著，于是开始兼营汇兑业务。道光三年（1823），西裕成颜料庄改名为日升昌票号，专营汇兑。

票号安身立命的根本在于信用。无论存款、提现还是汇兑，票号业务的每一个环节都与信用直接相关。为了保证安全，日升昌不仅采用了加“水印”的新技术印制汇票，并在关键部位盖印。汇票印数和领用都要登记在案，严加控制。而且日升昌还创制了用汉字代表数字的密押手段。如日升昌西安分号的防假密押是："谨防假票冒取，勿忘细视书章"，这十二个字，对应的是每年的十二个月份。"堪笑世情薄，天道最公平；昧心图自私，阴谋害他人；善恶总有报，到头必分明"，这三十个字，对应的是每个月的三十天。"生客多察看，斟酌而后行"或"赵氏连城壁，由来天下传"，对应的是银两的数目。"国宝流通"，则表示万千百两。对外人来说，这种密押无疑就是天书，无从破解，自然也就无法诈欺冒领。此外，密押会不时变更，这就进一步增加了破解和伪造的难度。同时，汇票书写的字迹辨别也是一道行之有效的防火墙。《清朝续文献通考》说："山右钜商，所立票号，法至精密，人尤淳朴，信用最著。"揆诸史实，此言不虚也。

日升昌的历史上曾经发生过这样一件事：一位多年在平遥城里乞讨为生的年老寡妇，有一天拿着一张汇票到总号提款。汇票是由日升昌张家口分号签发，金额为白银 12000 两，签发时间为同治七年（1868）。前台看到是三十多年前的汇票，马上到后厅请教大掌柜。原来，老妇人的丈夫早年在张家口经营皮货生意，同治七年启程返乡前，在日升昌分号汇款 12000 两白银，不料途中得病身亡。处理完丧事后，妇人衣食无着，只好乞食度日。这天，老妇人无意中从丈夫留下的夹袄中摸到一张日升昌汇票，就想试试，看还能不能兑取现银。大掌柜问清了汇票来历，又仔细查阅了数十年的账簿，确认了汇票的真实性后，如数兑付了款项。

光绪二十六年（1900），八国联军攻占北京，京城许多王公贵族随着慈禧、光绪帝仓皇西逃。他们来不及收拾家中的金银细软，随身携带的只有山西票号的存折。一到山西，这些人纷纷跑到票号提取银两。其实，日升昌北京分号的银库也在战乱中惨遭劫掠，甚至连账本都被焚毁。在这种情形下，山西票号如果即时付款无疑面临着严重的信用问题，稳妥的办法应该是等总号重新清理账目后再行兑付。但是，日升昌的选择却是：只要储户拿出存银的折子，不管数目多大，一律予以兑现。如此一来，日升昌把风险留给了自己，把资金安全留给了储户。由此可见，无论何时，信义都是日升昌统摄其经营活动的根本理念和执业准则。

3. 关公信仰

晋商坚守诚信为本的经营宗旨，与源自山西的关公信仰不无关系。

关羽是山西运城人，本为蜀国武将，《三国志》里有传。北宋时，解州盐池遭遇风灾，损毁严重。灾后，幸存的盐工相传夜里梦见关羽相助而得救，民间对关羽的信仰因此而起。北宋末年，关羽的信众大增，其信仰也由民间供奉上升为国家祭祀，先是被封公爵，继而晋升王位。到明清时，关羽已经成为与文圣孔子并列的“武圣”，而且有了“帝”的封号。此时，关羽的地位如日中天，不仅是朝廷敕封的“关圣帝君”，军人祭祀的战神，甚至连帮会组织也奉其为神主。在这样的背景下，山西商人将这个家乡人奉为自己的保护神，就再正常不过了。

关公并非以经商而名垂后世，当然也没有什么成功的商业成就和经营理念。晋商之所以奉关公为财神，除了同乡关系之外，更重要的还是关公信义昭著的文化形象特别契合他们的精神追求。晋商不仅在家中供奉关公，在商铺中专门设立关公的神位，还在集资兴建的各地会馆中修庙供奉。各地现存的山陕会馆中，最雄伟的建筑往往就是祭祀关公的神殿。关公在晋商心中的地位之高，晋商对关公的信仰之笃，由此可见一斑。

关公信仰对于晋商的意义在于，它为商人提供了一套从业的伦理准则。关公“义薄云天”“义不苟取”“信义昭著”的道德形象不仅为晋商树立了效法的楷模，也使见利忘义、背信弃义之徒成为晋商群体挞伐的对象。一旦有人谋取不义之财，商会便会责其花钱请戏班子在关公庙前的戏台上演出三天，以示惩戒，同时，此举包含着犯事者为损害晋商名誉而向众人谢罪之意。若有再犯，则由商会送官究治。会馆中的关帝庙，还是晋商集体议事的场所。在关公的神位前进行协商和决策，当是借助关公的神威，以信义为标准来规范和监督商人的行为，可见关圣在晋商精神世界中的作用和地位。

第九章

明符所以为信

在中国传统文化中，“信”作为一个政治、法律、伦理概念自有其独特的理论价值，历代哲人对“信”内涵进行的解读代表了一个民族所能达到的思想高度，但它毕竟是阳春白雪，与脚踏实地的日常生活还有相当的距离。不管哪个国家、哪个时代，仰望星空进行哲理思辨的都是凤毛麟角，大多数人的道德意识和情感认知还是来自个人所处的生活环境。因此，国民对“信”的理解和践行在很大程度上取决于“信”意识对社会实践的渗透程度。譬如：在国家管理、社会习俗以及个人交往中，“信”是以什么方式体现的？“信”是借助哪些制度设计和物质载体转化为人们的思想意识和行为规范的？

西汉思想家扬雄的《法言》一书在谈到“仁义礼智信之用”时有一个非常形象而贴切的诠释：“仁，宅也。义，路也。礼，服也。智，烛也。信，符也。”然而，用一个“符”字来释“信”还是太晦涩了，“符”又如何解读呢？注释说“铜虎、竹使，非民生日用之物，故广其义于契，明符是凡所以为信者之总称也”。

“信，符也”，是说“信”思想付诸实践所借助的载体是“符”，“符”是各种可以取信的事物之总称，其存在的意义是实现社会系统“信”行为的符号化，为人际互动中的“信”关系提供一个具有确认功能而且是可依托、可识别的显著标示。

本章试以玺印、符节、押字和指印为代表，来说明信符号在中国传统文化中的意义和作用。

一、为之符玺以信之

“为之符玺以信之”是《庄子·胠箧》篇中的一句话，所谓“符”指的是用以取信的以特殊形态呈现的各种凭证，如虎符、竹节等；所谓“玺”现在统称印章，中国古代则使用过多种名称，如玺、印信、宝、图章、图记、钤记、钤印、记、戳记等等。有关“符”的问题，我们将在下一节予以讨论，本节首先解析玺印的信内涵。

印章和“信”有什么关系呢？这个问题古人早已给出了很好的答案：

蔡邕《独断》从文字本义的角度做出的说明是：“玺者，印也。印者，信也。”

《说文解字》从国家行政角度作出的界定是：“印，执政所执信。”

《释名》从物品交割角度作出的界定是：“玺，徙也，封物使可转徙而不可发也。印，信也。所以封物为信验也。亦言因也，封物相因付。”

韩愈《原道》从人性与经济活动关系的角度做出的界定是：“相欺也，为之符玺斗斛权衡以信之。”

毕沅《续资治通鉴·宋高宗建炎三年》则从皇权行使的角度说明了符玺的作用：“今朕退处别宫，不与国事，用何符玺以为信？”

综上所述，可见在古人心目中，印章是取信于人的凭据。正如马端临《文献通考·王礼考》所言：“无玺书，则九重之号令不能达于四海；无印章，则有司之文不能行之于所属。”所以，印章又有印信之称。

“不经凤阁鸾台，何名为敕？”是一句掷地有声、传之千古的名言，语出唐朝宰相刘祎之之口。当时，武则天临朝听政，宰相刘祎之私下对凤阁舍人贾大隐说：“太后既然能够废除昏君立明君，又何用自己临朝行天子事呢？不如返政给皇帝，来安定天下人心。”贾大隐将此话密奏于武则天，武则天说：“刘祎之是我推荐的人，竟有背我之心，哪里还顾念我的恩德呢！”后来，有人诬告刘祎之收受贿赂，与他人之妾有私情，武则天于是指定肃州刺史王本立审讯此案。王本立宣读武则天的手敕，不料刘祎之看了文书，驳斥道：“不经凤阁鸾台，何名为敕？”这句话是什么意思呢？唐朝的制度规定，皇帝命令必须经过政事堂会议通过，并加盖“中书门下之印”，方可颁行。也就是说，未经政事堂副署，没有“中书门下之印”，怎么能称之为敕令呢？换句话说，皇帝擅自发出的命令不是规范的国家文件，是不具备合法性的，当然也不为国家机关所认可。由此可见，在中国古代，国家权力行使的正当性是由官印来证明的。

关于印章的起源，《后汉书·祭祀志》有这样一说："尝闻儒言，三皇无文，结绳以治，自五帝始有书契。至于三王，俗化雕文，诈伪渐兴，始有印玺以检奸萌。然犹未有金玉银铜之器也。"所谓三王，指的是夏禹、商汤、周文三位开国君主。我们知道，夏禹身处从蒙昧走向文明的过渡时期，由于可资依据的传世文献匮乏，其在世的具体时间于史无证，学术界推断约为公元前21世纪。按照这个约定俗成的说法，那么夏禹与周文之间就相隔着一千多年，所以，仅从时间概念上来说，三王"始有印玺"便失之宽泛以致没什么学术价值可言。《后汉书》的表述为什么如此含混呢？也许是作者自己也未必清楚印玺究竟起于何时，也就只好含糊其词，姑妄言之了。更为重要的是，三王始有印玺说迄今没有得到考古学上的证据支持，因此，学术界对这个说法并不认可。

那么，印章的出现和使用究竟始于何时呢？史学界现在的主流观点是春秋战国之际。当时纸还没有问世，书信要写在竹简木牍上，印章最初多用以封发简牍。所谓封发是指用绳捆扎书简后在绳子结节处涂抹胶泥，然后在封泥之上盖印以防私拆，并作信验。先秦时玺印本为一物，秦始皇称制后，只有皇帝印才可称"玺"，官吏及一般人的章只能称"印"。无论官印还是私印，其基本功能都是作为书信或物品交往的凭证。汉代印又称"章"和"印信"。唐以后印又被称为"记"或"朱记"，明清则称"关防"。

但是，“印”这个通称始终未变。正如明陶宗仪《南村辍耕录·印章制度》所言：“古无押字，以印章为官职信令。”

有关玺书使用最早的记载见于《左传》。事情的大致经过是：襄公二十九年（前544），鲁襄公出席楚康王葬礼后，在回国到方城山时，国内发生了季武子占领卞地的事件。季武子派属臣公冶前来问候襄公，中途又派人追交给公冶一封玺书，令其转交襄公。玺书的大致内容是：“听到戍守卞地的人打算叛变，下臣率领部下讨伐了他，已经得到卞地了，谨此报告。”从相关记载透露的信息来看，这无疑是“为之符玺以信之”的一份密函。

西门豹担任邺令，兢兢业业，清廉正直，一点儿都不谋取私利。但他轻慢朝中的权贵，于是这些人便合伙中伤他。一年后，西门豹到京上计（年度工作考核）时，魏文侯收回了他的官印。西门豹请求说：“我过去不知道怎么治理地方，现在我懂了，请把印还授予我，让我再去治邺。如果治理不好，甘愿接受斩刑的处罚。”文侯于是又把官印交给他。西门豹到邺后一反常规，加重搜刮百姓钱财，极力侍奉君主左右。一年后，西门豹赴京上计时，魏文侯对他“迎而拜之”。西门豹回答说：“往年臣为君治邺，而君夺臣玺；今臣为左右治邺，而君拜臣。臣不能治矣。”于是交还官印离去。魏文侯说；“我过去不了解你，现在了解了。希望您继续尽力为我治理邺地。”最后没有接受西门豹的官印。《韩非子·外储说左下》记载的这则故事告诉我们，官印乃是官员身居其位和行使职权的信物，所以印章又被称为“印信”。战国时期，各诸侯国已经形成了拜官授印、辞官交印、罢官收印的印信管理制度。著名的谋士苏秦游说东方六国联合抗秦，其成功组建合纵联盟的标志便是“挂六国相印”，出任合纵长。

秦朝的官印制度已经相当完备。各级官员获得任命时要由国君授予官印。官印要随身佩戴，拴住印纽将官印系在身上的丝带叫“绶”，印绶是官员身份和行使权力的凭证。秦朝末年，陈胜揭竿而起，天下响应，会稽郡守殷通召项梁谋划应变之策，项梁于是密示侄子项羽杀殷通取而代之。事成后，项梁手持郡守的头颅，佩戴着郡守的印绶，以郡守自居，行令各县，得精兵八千人。“佩其印绶”便意味着有其权位，反过来说，“夺其印绶”那就意味着罢免官职了。

汉朝历史名人朱买臣，出仕前以砍柴为生，穷困潦倒甚至连自己的老婆都养不起。后来，朱买臣时来运转，被汉武帝任命为会稽郡守。当朱买臣怀揣印绶回到其寄居饮食的会稽郡邸时，出现了一个戏剧性的场面。《汉书·朱买臣传》是这样描述的：

起初，朱买臣被朝廷免去了官职，经常在会稽郡邸的守邸人那里借住蹭饭。后来，当他被任命为会稽郡守时，仍旧穿着免官后的服装，怀揣系着绶带的官印，步行回到郡邸。当时，会稽郡来京办理上计业务的官吏正一起饮酒，对买臣不屑一顾。买臣走进内房，和守邸人一起吃饭。快吃饱时，买臣稍微露出系官印的绶带。守邸人感到奇怪，就上前拿起绶带，端详印章，确认是会稽郡守之印。守邸人大惊，便出外告诉上计掾吏。喝醉的掾吏们大喊道："胡说！"守邸人说："你们自己看看吧。"有位平素轻视买臣的旧相识进内看了官印，吓得掉头就跑，高喊道："的确如此！"在座的掾吏们这才惊慌失措，相互推拥着列队到中庭拜谒朱买臣。会稽守丞听说新任太守将要到了，发动百姓清除道路；县吏一起送行和迎接的车辆达一百多辆。

该场景中的人物形象特别生动，众人之所以前倨而后恭即缘于朱买臣怀中的印绶被发现。什么叫只认印绶不认人？朱买臣的经历就是最好的诠释了。二十世纪六十年代，中国有部电影讲述一个村庄围绕争夺领导权而展开的故事，电影的片名就叫《夺印》。无论其思想内容和艺术水平如何，"夺印"的题意对于国人来说妇孺皆知，堪称是电影主题的点睛之笔。至今，"掌大印""抓印把子"还是当官掌权的代名词。可见，印章作为身份权力之信物与凭据的功能至今还在中国文化中存活。

关公、诸葛亮是大家熟知和钟爱的两个历史人物。在古典文学名著《三国演义》中，二位都有与印相关的故事情节。书中第二十六回的标题就是"关云长挂印封金"，讲的是刘备在徐州被曹操打败，独自投奔袁绍，关公被曹军围在一座土山之上，以"三约"为条件，接收了张辽的劝降。曹操爱才心切，送给关公大量金钱，并封其为汉寿亭侯，以期挽留关公。但关公身在曹营心在汉，一得知刘备的下落便迫不及待地要离开曹营。由于面辞曹操不成，关公便把官印挂在大堂之上，把曹操赏赐的金银封存起来，带着嫂嫂（刘备之妻）离开了曹营。接下来展开的便是关云长千里走单骑、过五关斩六将的神奇故事了。

该书第三十九回“博望坡军师初用兵”则是诸葛亮请印的故事。刘备得知曹魏十万大军杀奔新野而来的消息后，请诸葛亮前来商议对策。书中写道：

孔明曰：“但恐关、张二人不肯听吾号令；主公若欲亮行兵，乞假剑印。”玄德便以剑印付孔明，孔明遂聚集众将听令。云长曰：“我等皆出迎敌，未审军师却作何事？”孔明曰：“我只坐守县城。”张飞大笑曰：“我们都去厮杀，你却在家里坐地，好自在！”孔明曰：“剑印在此，违令者斩！”玄德曰：“岂不闻运筹帷幄之中，决胜千里之外？二弟不可违令。”

关公、诸葛亮是“三国”中偶像级的明星人物，从宋代口头表演艺术“说三分”到长篇小说《三国演义》以及戏曲等各种艺术表现形式，关公挂印、诸葛请印的故事已经流传了千年之久，在中国印信文化的塑造过程中，其影响力绝对不可轻估。

梁山一百单八将中也有一个与印相关的人物，《水浒传》在他首次出场时的赞诗中写道：

凤篆龙章信手生，雕镌印信更分明。
人称玉臂非虚誉，艺苑驰声第一名。

此人是谁？江湖上人称玉臂匠的金大坚是也。从赞诗中可知，这是一位名扬天下的治印专家。在宋江因题“反诗”被关押在江州大牢期间，智多星吴用指使神行太保戴宗“请”金大坚和圣手书生萧让上梁山，目的是利用二人所擅长的书法、治印专长制作假冒蔡京的书信蒙骗江州知府，借以救出宋江。金大坚归附梁山后负责“刊造雕刻一应兵符、印信、牌面等项”。梁山大聚义时，石碣上名号为“地巧星玉臂匠金大坚”，排名一百单八将第六十六位，职务为“掌管专造一应兵符印信”。由此可见，“为之符玺以信之”不仅是国家治理不可缺少的制度规范，即便在草莽聚义的山寨中，也少不了玺印的一席之地，“信之用”在传统文化中被接受的程度于此可见一斑。

下面，我们再说一说皇帝使用的印章——玉玺。据《后汉书·舆服志》载：皇帝的玉玺有六，上面镌刻的文字分别是：皇帝行玺、皇帝之玺、皇帝信玺、天子行玺、天子之玺、天子信玺。《汉旧仪》中记载天子六玺的用法是：皇帝行玺在封命诸侯王及官员时使用；皇帝之玺在赐诸侯王书时使用；皇帝信玺在发兵时使用；天子行玺在征召大臣时使用；天子之玺在策拜外国事务时使用；天子信玺在事天地鬼神时使用。唐朝时改玺为宝，在汉代六玺的基础上又增加传国神宝和受命宝，共为皇帝八宝，皆用白玉制作。法令规定“神宝，宝而不用；受命宝，封禅则用之；皇帝行宝，报王公以下书则用之；皇帝之宝，慰劳王公以下书则用之；皇帝信宝，征召王公以下书则用之；天子行宝，报番国书则用之；天子之宝，慰劳番国书则用之；天子信宝，征召番国兵马则用之”。

印章中的玺印，在古代是一种对外行使职权的国之信器，是国家统治权力的一种显示物。印章的兴替变化反映着朝政命运的变化。亡国者要呈缴印章，立国者开铸新印，小小印章堪称是记录时代风云变幻的晴雨表。秦朝覆亡，子婴向刘邦投降时，“奉天子玺符”。魏晋之际，蜀国倾覆，刘禅派人请降，首先是“奉赍印绶”；吴国孙皓请降，也是“奉所佩印绶，委质请命”。可见印章之得失犹如国鼎之迁移，与名分和权力的更替紧密相连。孙策割据江东，病危时“呼权佩以印绶”，通过这样一个简单的交接仪式，完成了权力的合法转移。

唐律中说，“宝者，印也，印又信也”。既然玺印是国家权力行使的凭信，伪造玺印就对国家政治安全构成了直接威胁，立法者必然将其定为一项犯罪行为予以法律制裁。整部《唐律》一共500条，伪造、伪写玺印罪就占了两条，国家对玺印权威性的重视程度和保护力度于此可见一斑。

《唐律·诈伪律》第362条规定:“诸伪造皇帝八宝者，斩。太皇太后、皇太后、皇后、皇太子宝者，绞。皇太子妃宝，流三千里。伪造不录所用，但造即坐。”唐朝皇帝八宝为玉质，皇太后以下为金质，伪造者不论用什么材料仿制，也不问其用与不用，只要伪造就得治罪。

《唐律·诈伪律》第363条规定:“诸伪写官文书印者，流二千里。余印，徒一年。写，谓仿效而作，亦不录所用。”官印为铜质，“余印”是指地方官府的封函印以及畜产之印，不问其用与不用，只要伪造就得治罪。

"即伪写前代官文书印，有所规求，封用者，徒二年。因之得成官者，从诈假法"。唐朝时，北周、隋朝的官员也可以享受恩荫的特权，所以有人会伪写前代官文书印，借以谋取政治利益。所谓"封用"，是指在文书上盖印或做文档的封检之用。如果利用伪造文书骗取了一官半职，则按诈假法治罪。

唐朝刑罚分笞、杖、徒、流、死五个等级，其中死刑又分绞、斩两等。流刑分两千里、两千五百里、三千里三等。徒刑分一年、两年，三年三等。伪造玺印适用的刑罚为斩、绞、流三千里、流两千里、徒二年，综合考量，其量刑还是相当重的，这也反映出国家对玺印信用的高度重视和严格保护。

二、符节之为信

符节是中国古代朝廷传达命令、征调兵将以及处理各类政务的凭信。符一般用作政治和军事活动中的身份证明，既是出入国境、关卡、军营、要塞的凭证，又是传达命令、调遣兵将的信物。节一般作为君主派遣使者的凭信，有节方有资格代表君主出征、节制方面、监察、办理重大案件以及出使外国。

符节的起源甚早，从《周礼》一书记载的情况看，周朝有不少官职的事权与符节有关，例如：

掌节：负责保管王国的节并分辨它们的用途，以辅助执行王命。诸侯在其境内使用玉节，封邑在其辖区使用角节。诸侯国的使者出国时，山区之国用虎节，平地之国用人节，泽地之国用龙节，均为铜质。出入国都城门和关门时用符节，运输货物时用玺节，通行道路时用旌节。节的使用有时限要求，到期必须归还。持节才能通行天下，可以用传作为节的辅助。没有节的人，遇有检查不得通行。

掌交：负责持旌节和币巡视诸侯国。

行夫：负责前往诸侯国传达有关福庆或丧荒而无须讲究礼的小事，出使时必须持有旌节。

环人：负责迎送诸侯国以常事往来的宾客，发给旌节使他们能在王畿各地通行。

司关：负责检查国境上过往货物的玺节。

布宪：负责执旌节到四方宣布刑法禁令。

从上述记载中可以看出，运用符节的领域非常广泛，当时似乎已经形成了一套以符节为信管手段的行政机制。然而，《周礼》并非周朝人所作，书中文字是源自史实还是后人杜撰迄今并无定论。那么，如何判断《周礼》中符节制度的真实性呢？最简单的办法就是看它能否从其他先秦文献中得到印证。

试以墨子为例。墨子不仅有“非攻”的理论主张，在城市防卫作战方面也有具体的御敌方案，其中就有与符节相关的制度设计。且看《墨子》的论述。

《杂守》中提出：守城主将掌管符节凭证，凡使者出入，掌管凭证的官吏一定要将详细情况记录在案，等他回报时予以验证。

使者凭符节出城，无论从哪个门通过，守门者一律要向上报告凭证出门的时间和拿凭证人的姓名。

《旗帜》篇也规定了信符的使用问题：城中与大道相连通的大街小巷都一定要装设上门，每个门派两人把守，没有通行凭证不许通行，不服从命令的处斩。

《号令》篇是关于军中禁令的专论，涉及信符的内容最为集中：带兵四人以上去执行守城任务，大将一定要给予信符作为凭证；大将派人巡查守备情况时，要发给信符，对信符不合及口令不对的人，伯和长以上官吏就一律把这种人扣押起来，并报告大将。

所有人士入城，一定要拿出凭证。只有守城主将和他发给了凭证干公差的人，才能在禁止通行的时间行走。

城门阶前的卫士要严格检查符节，符节相合才能进入，符节不合的予以扣留，并报知守城主将。黄昏时，派骑兵和使者携带符节去传令关闭城门，使者必须手执令牌。

各个城门和路亭，要严格审查往来行人的“符”。符传有疑和没有符传的，要送到县廷，查问他们由谁派来。

官吏、兵士和百姓没有符而擅自进入里巷和官府，有关官吏、三老以及守门者未能及时盘问和制止，都要定罪。

没有符节而横行于军中者，斩！

试将《墨子》与《周礼》两书有关符节的内容进行比对，可以发现两者是可以彼此映衬、互为表里的，这就表明《周礼》的描述应有所本，而不是后人设计的政制方案。

为了进一步说明问题，我们再从历史事件中观察符节的实用情景。

孟尝君夜出函谷关是一则具有传奇色彩的历史故事。据《史记》记载，孟尝君先被扣押在秦国，一获得自由便即刻逃奔齐国。秦昭王随即反悔，急忙派兵利用邮车火速追赶，但一路稽查下来却毫无所获，孟尝君还是溜掉了。怎么回事呢？原来，孟尝君中途更换“封传”，半夜用别人的姓名混出了函谷关。

有专家考证，当时的封传就是后来的驿券，一种在驿道上通行必须出示的凭信。秦国驿道、关卡实行的符证管理制度初为商鞅创建，后来商鞅变法失败逃亡至边关，欲宿客舍却未带凭证，客舍主人说商君之法规定留宿无凭证客人须治罪，所以他不能给商鞅提供住宿，可见其运行相当有效。关门开启的时间按规定是在鸡鸣以后，那怎么解释孟尝君半夜混出函谷关呢？是门客中有位口技艺术家模仿鸡叫，赚开关门，让孟尝君实现了胜利大逃亡。这便是成语鸡鸣狗盗的由来。

符多用作君主授予臣属兵权和调拨军队的信物。虎符最早出现于春秋战国时期，当时多以铜质虎符作为中央发给地方官或驻军首领的调兵凭信。虎符的背面刻有铭文，分为两半，右半存于朝廷，左半发给统兵将帅或地方长官，并且专符专用，一地一符，调兵遣将时需要两半勘合，才能生效。这就是“符合”一词的来历。

墨家钜子孟胜，与楚国的阳城君友好。阳城君让孟胜带领墨家子弟帮助他守卫自己的食邑，并且把璜玉分成两半，作为符节。

阳城君自己拿了一块，给孟胜另外一块，并约定："如果有人来接管封地，必须出示符节。合符以后才能听从命令。"

信陵君窃符救赵的历史壮举，便是以兵符为核心进行策划并成功实施的。当时，秦昭王进军包围赵国首都邯郸，信陵君的姐姐，也即赵惠文王的弟媳平原君夫人，向魏王和信陵君求救。魏王迫于亲情命晋鄙率十万大军援救赵国，但因惧怕秦国报复而令晋鄙屯军于邺城逗留观望。信陵君请魏王爱妃如姬从魏王卧室内窃出虎符，然后去邺城假传魏王之命，凭虎符接管了晋鄙大军，驰援邯郸，在危亡之际保全了赵国。郭沫若的历史剧《虎符》就取材于这段历史。

虎符的形制历史上有过几次大的变化。从汉朝到隋朝，虎符中分为二，右留朝廷，左给官员。唐朝改为鱼符后，也分左、右，中间有"同"字形卯榫相合，但与秦汉不同的是左符留在朝廷，右符颁给官员。有些鱼符还在底侧中缝加刻"合同"二字，以便合符查验。唐朝内外官五品以上，皆佩鱼符、鱼袋，以"明贵贱，应召命"。鱼符以不同的材质制成，亲王用金，庶官用铜，皆题其官位、姓名。装鱼符的鱼袋则三品以上饰以金，五品以上饰以银。

上面说唐朝改虎符为鱼符只是概而言之。其实，唐初以兔为福瑞，用的是兔符。永徽二年，以鲤与皇家之姓谐音，取鱼数量众多之吉兆，改用鱼符。武则天时，又以武姓与玄武之武同，玄武者龟也，改鱼符为龟符。李商隐诗"为有云屏无限娇，凤城寒尽怕春宵。无端嫁得金龟婿，辜负香衾事早朝"，写一女子埋怨丈夫因赴早朝而辜负了一刻千金的春宵，诗中的“金龟婿”一语便有鲜明的时代和身份烙印。武则天时规定，龟符、龟袋的制作，三品以上用金，四品用银，五品用铜。可见，用金龟的女婿至少是三品以上的高官甚至是亲王。

节比符的用途更广且变化更大。

使节一词，现指外交人员，古时则是指物。“使卿大夫聘于天子诸侯，行道所执之信也。”这就是说，节是贵族官员奉命出使时手中所持的信物。墨家弟子田鸠到秦国，想拜见秦惠王上言自己的政治主张，因无人引荐，三年不成。有人便把田鸠推荐给了楚王。楚王见到田鸠后对他十分欣赏，便让他持将军节，以楚国使者的身份到秦国出使，田鸠借此机会见到了秦惠王。

节是由国家出具的信物，也是使者的身份证明。《战国策·西周策》云:“与之高都，则周必折而入于韩，秦闻之必大怒，而焚周之节，不通其使。”鲍本注曰:“节，符信也，行者所执。焚之者，不通周也。《周官》，通达于天下必有节，无节则不达。”所谓“焚周之节，不通其使”，直白地讲就是毁坏使者所持之节意味着断绝交往，相当于现在的“断绝外交关系”。所以，使者往往视使节高于自己的生命，不论多么艰难困苦，都要力保使节完好。苏武牧羊二十年拒不归顺匈奴，节旄尽落仍持汉节不失。张骞出使西域，被匈奴俘获，被迫滞留十几年，在当地娶妻生子，但张骞始终“持汉节不失”。

汉节为竹制，长约七八尺，节上饰有三重旄牛尾，最初旄皆赤色。武帝时巫蛊之乱，太子刘据被逼以赤节发兵反抗，丞相刘屈氂再加黄旄于第一重之上以示区别，此后遂以为常。汉末，董卓又将节上黄旄改为赤色。三国时，刘表死后，刘琮降曹操，“以节迎曹公”。众将都疑其为诈降，娄子伯说：“今以节来，是必至诚。”节的意义由此可见一斑。

节不仅是国家治理的工具，也是国家主权的象征。秦王子婴向刘邦投降时，“封皇帝玺、符、节，降轵道旁”，是交出王位和权力的象征。

苏轼有一首名作《江城子·密州出猎》：“老夫聊发少年狂，左牵黄，右擎苍。锦帽貂裘，千骑卷平冈。欲报倾城随太守，亲射虎，看孙郎。酒酣胸胆尚开张，鬓微霜，又何妨！持节云中，何日遣冯唐？会挽雕弓如满月，西北望，射天狼。”词中“持节云中，何日遣冯唐？”说的是西汉时，魏尚抗击匈奴屡有战功，却因为战绩报告有误差而被削职，后来汉文帝听从冯唐劝谏收回成命，并派冯唐持节前去云中赦免了魏尚。

节也用作水陆交通运输的凭信。鄂君启节是目前我国发现的最早的通行证。

鄂君启节 1957 年出土于安徽省寿县，分舟节和车节两种，舟节用于水路运输，车节用于陆路运输。使用时，货主与官府手中的节两相比对，核验无误才可通行。此节是公元前 323 年由楚怀王颁发给鄂君启的，据专家考证，鄂为地名，启为人名。鄂君启，字子皙，是楚怀王之子。节上的铭文详细规定了鄂君启水路、陆路运输的路线、车船大小与数量、运载额、运输货物的种类、禁运货物和纳税及免税情况等。

从上面叙述中可以发现，秦王子婴归降所持的节，张骞、苏武、冯唐所持的节，形制与楚怀王颁发的鄂君启节明显不同。

汉武帝时，济南名士终军应召赴京，入函谷关时，关吏发给他帛制的符传，终军问：这有何用？关吏回答说：你回来时用，只有合符才能出关。终军说：大丈夫西游赴京，是不会回来合符出关的。扔掉帛传而去。后来，终军奉命巡视郡国，持节东出函谷关时，关吏还记得他，说：这就是从前那个丢下符信的儒生啊。

从这个故事中，就可以看出节的功用，以及节与符传的区别了。

符节是国家权力行使的凭信，一旦出现伪造就会对国家安全构成直接的威胁，因此，历代王朝都把伪造符节定为一项重罪予以严惩。

《唐律疏议》中规定，出入宫殿需要出示鱼符，对勘合符之后才能开门放行。朝廷调兵遣将、调拨物资、人事变动时，敕符和铜鱼一起下达，受命者必须通过铜鱼合符的检验确定命令的真实性之后才能执行。“传符”则是驿传的凭信。凡伪造者一律处以绞刑。伪造朝廷使者所持的节，出入皇城、京城城门的符，则处以流二千里的刑罚，伪造禁苑的门符、守卒使用的交符、巡更警夜使用的鱼符等，处以两年徒刑。

如果把伪造的以及国家丢失的御宝、官印和各种符节出借或者卖给他人，借者和买者虽然没有亲手制造，如果拿来使用的话，一律都按伪造罪论处。

自己伪造的官印印在文书上使用；把伪印的文书借给他人以及接受别人的伪文书；不管哪种情况，只要文书已进入政府机关，都要按照伪造罪予以处置。如果制造了伪文书但并未使用，或者是制作印、符、节没能完成，分别按已使用或已制成减罪三等予以制裁。

三、画押为信

画押是大家耳熟能详的一个词语，什么是“押”？《汉语大词典》的解释是：“在公文或契约上签字或画符号，以作凭信。亦指所签的名字或所画的符号。”这个释义言简意赅，既明确了押字的基本内涵，又指出了从签名到画符的阶段性特征。但要了解押字的文化传承，还需要有更多的文字做进一步说明。

押字《说文》解释为“署”，也就是签名。但押字又不是一般的署名。欧阳修《归田录》说：“俗以草书名谓押字也。”洪迈《容斋五笔》卷十说：“押字，古人书名之草者，施于文记间，以自别识耳。”叶梦得《石林燕语》说：“唐人初未有押字，但草书其名，以为私记，故号花书。”朱彧《萍洲可谈》说：“押字自唐以来方有之，盖亦署名之类，但草书不甚谨，故或谓之草字。”高承《事物纪原》说：“古者书名，改真从草，取其便于书记，难于模仿。”顾炎武《日知录》说：“所谓署字者，皆草书其名，今谓之画押。”综上所述，可知押字使用的字体是草书。押字之所以用草书，而不用一笔一画、书写工整的隶书、楷书，是基于如下两个原因：其一，草书更具个性，通常采用连笔速写、交错相叠的书写方法，有时甚至还会加入一些符号，成为别具一格的信约标记。“难于模仿”，“以自别识”是其突出的特点。其二，对于经常需要在文案上署名的官员、文人而言，草书比隶书、楷书的书写更加方便快捷，有利于节省时间，提高效率。

画押又称花押、押记、花书、五朵云、花字，是替代签名的一种符号化的签署方法。《魏书》里说：“崔元伯尤善行押之书，特尽精巧，而不见遗迹是也。或以其体之变化，谓之花字。”《北齐书·幼主纪》说：“连判文书，各作依字，不具姓名，莫知谁也。”这两条材料中所说的花字，从描述的情况看，实际上就是花押。如此说来，画押在北朝已经出现了。

与草书名字相比，画押往往取名字中的一两个字变形书写，如唐朝人韦陟署名“所书‘陟’字若五云，时人慕之，号郇公五云体”，这是文字符号化的一个典型例证。

《癸辛杂识·别集下》中有宋代自太祖至度宗十五朝御押，这些“押”皆非御名，是完全符号化的“花押”。

画押的广泛应用是在宋朝，官员处理公文，百姓交易买卖，官府讯问罪犯，当事人都要在文书上签字认可，才具有法律效力。

宋朝规定，官员签署公文时“画押仍须一手书写”，盖印后才能发出。臣下写给皇帝的奏章只押字而不署名。中书舍人定员六人，他们书写诏令时便用花体签名，浓淡相间，人称“六花判事”。宰相签发文书也要押字。钱惟演一心想当宰相，曾大发感慨说：“使我得于黄纸尽处押一个字，足矣。”叶梦得《石林燕语》记载，王安石画押是押一个“石”字，其写法是“初横一画，左引脚，中为一圈”。王安石的性子急，画圈大多不圆，呈窝匾状，横又经常写过头，人们就私下议论说王安石画押是押“歹”字。王安石得知后再画押就特别小心，刻意把圈画得很圆。

北宋时，四川富豪设立“交子铺”，发行“交子”。这种世界上最早的纸币“同用一色纸印造，印文用屋木人物，铺户押字，各自隐秘题号，朱墨间错，以为私记”。后来官方发行的交子上也有交子务长官的押字。无论“铺户押字”还是“长官押字”，究其作用，一是防伪，更重要的应该还是示信吧！

打官司的“文状须是呼集邻保，对众供写，或不能书字，须令代写人，对众读示，亲押花字，其代写人及邻保亦须系书以为照证”。

田宅交易，如果没有牙保与写契人“亲书押字”，合同将不具法律效力。《袁氏世范》说，与人交易田产，“如有寡妇、幼子，应押契人，必令人亲见其押字”。如果当事人不会写字怎么办呢？通常的做法是画个十字或者圆圈来表示认可。

在中国古代，即便是有身份的人也未必有书写能力。后周柴荣即位后，他父亲柴守礼居洛阳，和一帮朝中权贵的家属朝夕往来，恣意妄为，洛阳人多畏避之，号“十阿父”。柴守礼每天要点十名妓女，“以片纸书姓字，押字大如拳”，派人送到洛阳府，府尹在守礼押字的花票上签字画押后，便到妓院领人。如果在职官员一时出现书写障碍，那就会影响到公务的处理了。后周时，宰相李谷由于手臂有疾无法画押而提出辞职，皇帝特令其“刻名印用”以代替手写画押。《南村辍耕录》认为“此则押字用印之始也”。

自古以来印章就是个人的凭信，押印比执笔画押更为便利和快捷，其示信的效力也更强，尤其是对书写困难的人而言是一个绝好的替代。所以，押印一出现便受到社会各界人士的喜爱。近年的考古发掘中，常可见到辽、金、西夏的押印，但其真正流行是在元朝，所以押印又有“元押”之称。押印之所以在辽、金、西夏、元特别受到青睐，是由于四个王朝的统治者大多不识汉字，签字画押非常困难，这是押印大行其道不可忽略的一个特殊历史背景。就像《南村辍耕录》所说：“今蒙古色目人之为官者，多不能执笔花押，例以象牙或木刻而印之。”

画押立信的情况在许多文学作品中都有反映。

《水浒传》写鲁智深打死镇关西后——

府尹辞了经略相公，出到府前，上了轿，回到州衙里，升堂坐下，便唤当日缉捕使臣押下文书，捉拿犯人鲁达。

写林冲发配沧州前写休书——

林冲当下看人写了，借过笔来，去年月下押个花字，打个手模。

写浪子燕青在李师师处见宋徽宗的场景是——

李师师撒娇撒痴，奏天子道：“我只要陛下亲书一道赦书，赦免我兄弟，他才放心。”天子云：“又无御宝在此，如何写得？”李师师又奏道：“陛下亲书御笔，便强似玉宝天符。救济兄弟做的护身符时，也是贱人遭际圣时。”天子被逼不过，只得命取纸笔。婢子随即捧过文房四宝。燕青磨得墨浓，李师师递过紫毫象管，天子拂开花黄纸，横内大书一行。临写，又问燕青道：“寡人忘卿姓氏。”燕青道：“男女唤作燕青。”天子便写御书道：“神霄王府真主宣和羽士虚靖道君皇帝，特赦燕青本身一应无罪，诸司不许拿问！”写罢，下面押个御书花字。燕青再拜，叩头受命，李师师执盏擎杯谢恩。

《红楼梦》第二十三回写道：“叫他写了领字，贾琏批票，画了押，登时发了对牌出去。”

鲁迅《阿Q正传》中写道，阿Q因为不识字，砍头前被特许以画圈作押。他生怕被人笑话，“立志要画得圆”，最后画成了瓜子的模样。

最后，我们通过《名公书判清明集》中的案例，具体说明押字在诉讼过程中所起的作用。书判使用的是当时的白话，今天阅读起来并不特别困难。

《黄宗智伪造契据抢占寡妇阿宋田产》案：

寡妇阿宋有三男：长宗显、次宗球，次宗辉，户下物业，除三分均分外，克留门前池东丘谷园，又池一口，充阿宋养老。嘉定十六年，黄宗球出一契抽东丘谷田三中一分，典与黄宗智，索到干照，有母亲阿宋及牙人知押此项，委是正行交关。外有两分宗显、宗辉不曾出卖据。阿宋初词以为黄隅官宗智强占其业。黄宗智供状，则以为并已买到。及索出嘉熙元年契一纸，但有黄宗辉、黄宗显押字，既无牙人，不曾有母亲阿宋知押。以黄宗显字画考之供状，已绝不同。又据阿宋称：黄宗辉系乙未年身死。今上件契书乃在黄宗辉已死之后，兄弟押字不同，又不取母亲知押及牙人证见，弊病百出，不容遮掩。

此案最后的判决是："黄宗智立伪契占田，勘杖一百，真契给还，伪契毁抹附案，仍给据与阿宋。"

在《出继子卖本生位业》一案中，余自强制造伪契，假作亲生母亲许氏画押，倒卖本生家田予李姓，蔡久轩审理此案时从契券上发现了破绽，"伪契非特假作许氏画押，兼所写字画皆在朱印之上，又无年月，全不成契照，可见作伪之拙，毁抹附案"。

由于押字是个人凭信，那么押字造假就会严重破坏社会信任，并给他人带来无法估量的后果，因此，伪造押字在法律上一向被视为重罪而严加惩处。元朝规定：伪辅署押，杖七十七，发配原籍。如果是伪造省官的押字，动支钱粮，干碍选法，并杖一百零七，流放奴儿干。明清两朝更进一步加大了处罚的力度：套画押字，盗用印信及将空纸用印，一律处以绞刑。

四、画指为信

指纹人皆有之，其纹理结构各不相同，且终身不变，是个体识别的可靠标示，在法律上被视为物证之首。

在人类历史上，是哪个民族首先发现了指印的意义并赋予其实用价值？是哪个国家首先将指印用于物证检验和司法审判？国际学术界公认，世界上第一个用作信验的指印出现在中国，世界上最早将指印引入物证检验和司法审判的也是中国。

指印在中国古代最主要的用途是签署契约文书时作为代表个人的信验。《周礼》中有“以质剂结信而止讼”的记载，意思是商品交易要订立书面的“质”和“剂”作为凭证。“质”“剂”的模样现在已无从得见，东汉学者郑玄释之为“若今下手书”，从“下手书”的字义上看，汉代的契约上似乎已经要按手印了，但其含义仍显模糊。到唐朝时，何谓“下手书”已经罕有人知，于是，贾公彦解释说：“汉代下手书若今画指券。”就“画指券”的字义而言，唐代契约上的指印显然是代表个人的信验了。但严格地讲，“画指”还可以作出多种解释，并非只有按指印一个选项，所以其含义仍有进一步澄清的必要。

而这，仅凭传世文献中的只言片语就无能为力了。因此，“画指”之谜能否破解关键还是要看考古学有没有相关的实证。好在不少唐代出土文书、契约、遗嘱上都有指纹、指节纹或掌纹，可以作为了解“画指券”的样本。

在新疆吐鲁番阿斯塔纳左憧熹墓出土的几件唐代契约文书中，均写有“两合立契，画指为信”“两合立契，按指为信”等内容，落款处当事人、保人、知见人等还在自己的名下画上指节印。其画指方法是将手指平放于纸上，画下三个指节间的距离。

类似的方式在敦煌契约文书中也可以看到。“最为普遍的签署方式，就是‘画指’，由书契人书写契文，在契后一一并列双方当事人及见人、保人等的姓名，然后各人在自己名字下方，按照男子画左手食指，女子画右手食指的原则，画上一节手指长度的线段，并在指尖、指节位置画上横线，以示契约由自己签署。更普遍的是不画手指长度线段，而直接在姓名后点出指尖和两节指节位置。”[1]

新疆吐鲁番阿斯塔纳 10 号墓出土的两件残缺的遗言文书上，均有朱红色的右手手印。其中一件手掌印长 16.9 厘米，除小指处印记残缺外，余皆清晰可辨。

新疆米兰古城遗址出土的唐代藏文借贷契约，落款处有四个红色指印，其中一个印记清晰可辨。

贾公彦所说的“画指券”，是指一种特定的画指方法抑或是一个泛称，现在已无从考证，我们也只能是存而不论了。

出土文献中常见“两合立契，画指为信”“官有政法，人从私契，两共平章，书指为契”“恐人无信，故立私契，两共平章，书指为契”等说法，从中可以看出，其表述方式已经有鲜明的格式化色彩。所谓“两合立契”“两共平章”指的是两个独立主体之间经协商达成的合意，“画指为信”“书指为契”指的是指印代表了立契者本人的真实意思表达，“画指”是契约成立的必要条

1 / 参见陈永胜《敦煌买卖契约法律制度探析》，《敦煌研究》2000 年第 4 期。

件。契约语言达到如此规范的程度，说明其使用的范围已相当普遍，而且使用的时间也不短了。

宋元以后，指印在各种契约中已经得到广泛的应用。北宋黄庭坚《涪翁杂说》："今婢券不能书者，画指节，及江南田宅契亦用手摹也。"元朝姚燧亦言："凡今鬻人皆画男女左右食指横理于卷为信。"而明清时期带指印的契约文献在各地历史博物馆和档案馆中多有收藏，无须本书再加赘述了。

婚姻是"画指为信"运用较多的一个领域。南宋人陈元靓编写的《事林广记》是学术界公认研究中国古代日常生活的重要文献，其《家礼·婚礼》条目云："诸婚娶两家，并用点指画字，写立合同文约，明白具载往回聘礼。"其"点指"二字可谓点睛之笔，非常形象而准确地抓住了摁指印的动作特征，是以指纹为信凭的最好说明。该书一向被视为民间日用百科全书，点指画字被收入其中，说明当时这种做法十分流行。

点指画字的现象在文学作品中也多有描述——

南宋话本《快嘴李翠莲记》中，李翠莲主动提出与丈夫张狼离婚，说："快将纸墨和笔砚，写了休书随我便。今朝随你写休书，搬去妆奁莫要怨。手印缝中七个字：永不相逢不见面。恩爱绝，情意断，多写几个弘誓愿。鬼门关上若相逢，别转了脸儿不厮见！"

《水浒传》写林冲遭奸人迫害刺配沧州时，叫酒保找人写离婚文书："有妻氏年少，情愿立此休书，任从改嫁，更无争执；委是自行情愿，并非相逼。恐后无凭，立此文约为照。× 年 × 月 × 日。”

“林冲当下看人写了，借过笔来，去年月下押个花字，打个手模。”

元高文秀《好酒赵元遇上皇》第一折中，妻子刘月仙要求与丈夫离婚时也说：“动不动要手模，是不是取招状。”

《今古奇观》第二十四回《陈御史巧勘金钗钿》中有“梁尚宾一向夫妻无缘，到此说了尽头话，憋一口气，真个就写了离书，手印，付与田氏”。

文学作品是社会现实的一种反映，宋元明清时期的话本、小说、戏曲中，常有“打了手模”“捺了手印”的描述，从中可以看到民间社会在离婚时的一般做法。

手印在法律上的这种证据力在中国古代司法实践中存在已久。在云梦秦简中，《封诊式》里的《穴盗》篇是一起挖洞入宅盗窃案的现场勘验笔录，其中便有“内中及穴中外壤上有膝、手迹，膝、手各六处”的具体记录。这表明在战国后期，司法人员已将“手迹”作为现场勘查的重要证据，当然也是其侦破案件的方法之一。这是一篇可以载入世界司法文明史的原始文献，它表明我们的先人在 2500 年前就已经利用案犯在犯罪现场遗留的指印进行破案工作了。

北宋时期，永新知县元绛处理过一起伪造文书案：

永新县周家孤儿寡母，家中上等肥田被龙聿夺占。周母到县衙告状，龙聿出示的契约上有周母的指印，县官据此便不予受理。周母又到州衙击鼓鸣冤，但由于契约上有周母指印的缘故，还是无法申冤。元绛到永新任知县后，周母又来提告，龙聿仍出示契约文书为据。元绛亲自下阶检视后从中发现了破绽，于是断然喝令龙聿退还了周家的田产。

这份契约文书的破绽出在哪里呢？原来，那份文书所用纸张并非完整的原件，而是用带有周母指印的残卷伪造而成。造假时，残卷上已有周母的指印，伪造的立契“年月日”的字迹便只能写在指纹之上了。这种造假手段非有经验且极细心的法官难以察觉，所以，以前都蒙骗成功了。但一经元绛拿到明亮处仔细审视，还是露出了马脚。

元人姚燧所撰《潘泽神道碑文》也记录了一起伪造文书案：

潘泽审理狱案很有办法。一天，有人状告某豪强奴役其一家17口。豪强出示的原告先人的卖身契上有指纹为凭，言明世代为奴。此案缠讼了几十年，历经多位法官审理，一直不能了断。潘泽仔细审视了那份卖身契和上面的指纹。契约的年份已久，卖身者也身死多年，契约文本看来不像伪造。但契约上注明卖身者年十三岁，指纹印痕却酷似成人，问题会不会出在这里呢？于是，潘泽令找来几个十三岁的孩子提取指纹，比对后发现其大小疏密与契约上的指纹大相径庭。至此，案情大白，豪强只好承认了伪造契约的事实。此案中，潘泽已在运用现代皮纹学的知识去辨别人的年龄，其证据鉴定的态度之严谨、技术水平之高，堪称是中国古代司法文明的一个代表性案例。

伴随着指纹取信在证据鉴定中的广泛采用，按手印的做法也进入司法审讯的过程中。大家在文艺作品中经常可以见到这样的场景，每当审讯终结时，当事人都要在审讯记录上签名按手印。《水浒传》中，武松审问潘金莲与西门庆合谋毒杀武大郎一案，最后的环节就是让二人在供述记录上“点指画了字”，又“叫四家邻舍书了名，也画了字”。这“点指画了字”就代表本人对口供的认可，到法庭上就是可以凭信的审判依据。

最后，特别值得一提的是，孙中山创建中华革命党时，一直坚持把在党证上按手印作为入党的必要条件。对此，许多革命同仁持有不同意见。为排除非议，孙中山以“昭信誓”“验诚实”“重牺牲”“明团结”为由，系统阐释了加盖指模的意义。但同仁们一心响应者不多，声言有损人格尊严而反对者仍大有人在。于是，孙中山写了《批释加盖指模之意义》一文，从革命成功后享受权利的角度强调了按手印的必要性：“故第三次成功之后，欲防假伪，当以指模为证据。盖指模人人不同，终身不改，无论如何巧诈，终不能作伪者，此本党用指模意也。他日革命成功，全国人民，亦当以指模为识别，以防假伪，此至良之法也。”试图消除大家的抵触情绪，减轻推行打手模入党的阻力。由此可见，在孙中山的心目中，“打手模”是“昭信誓”“验诚实”的不二法门，毋庸置疑，无以替代。且不论其把摁手印作为加入革命党前提条件的要求是否具有合理性以及对党的思想组织建设带来的影响如何，孙中山对指模的生理特性、昭信作用以及社会意义的认识还是相当到位的。

今天，尽管科技发展带来了诸多新的人身识别手段，但指印在社会生活中的作用并未消减，指纹读卡、指纹锁等新技术已经将其拓展到更加广阔的应用领域，“画指为信”的中国传统文化历久弥新，还将继续服务人类，续写新的历史篇章。

第十章

婚恋之信

春秋时，有个叫尾生的男子与其心上人约定在一座桥下相会，心上人没来，上游的洪水却不期而至。眼看着水位在不断上涨，尾生却一直抱着桥柱痴痴地守候，结果被水淹死了。尾生用生命信守了对心上人的承诺，对爱的忠诚和执着达到了极致的境地。史上有“孝如曾参，廉如伯夷，信如尾生”之说，尾生作为“信德”之标杆，与大名鼎鼎的道德楷模曾参、伯夷并列为“三高”，可见其受到何等的赞誉和推崇。三国时嵇康的《琴赋》有“比干以之忠，尾生以之信”；《玉台新咏·古诗八首》有“安得抱柱信，皎日以为期”；唐朝李白的《长干行》有“常存抱柱信，岂上望夫台”，直到今天，人们还用“尾生之信”“尾生抱柱”“抱柱之信”等成语喻指人坚守信约，忠诚不渝。

随着故事的流传，尾生抱柱的那座桥也被注入了特殊的纪念意义和文化内涵。于是，传说中尾生殉情的陕西蓝田县蓝溪上的蓝桥，也被赋予了情感和道德属性，成为传统文化中的一个特定符号。随后，以蓝桥为背景的故事在各种文学艺术形式中不断推陈出新，《蓝桥会》也好，《水淹蓝桥》也罢，蓝桥都是见证纯情的爱恋之桥、践行承诺的诚信之桥。由此还衍生出一个新的意象：若情侣一方失约，另一方殉情，则被称为魂断蓝桥。

二战期间，有一部费雯·丽、罗伯特·泰勒主演的好莱坞爱情故事片风靡全球，电影的名字英文叫 *Waterloo Bridge*，若直译成汉语就是《滑铁卢桥》。作为一部爱情片，这名字显然太直白、太无趣了。影片译为中文时的片名为《魂断蓝桥》，甫一播映，便受到中国观众异乎寻常的热捧，究其原因，除了影片本身好看以外，片名借用中国味十足的蓝桥意象以契合中国人的审美情趣，是一个不容忽略的重要因素。

除了蓝桥，在中国的婚恋习俗中，还有哪些表达信诺的文化符号呢？这便是我们接下来将要讨论的问题。首先要说明的是，中国文化多元一体，表达信诺的文化符号为数众多，即使一部专著也无法穷尽，所以，本章不做全景描述，只就某些典型进行介绍。

一、破镜重圆中的信意象

破镜重圆一词大家耳熟能详，意为夫妻离散后团聚或夫妻决裂后和好。这则成语源于乐昌公主与徐德言破镜为信、悲欢离合的传奇故事。

南陈王朝太子舍人徐德言之妻是陈后主叔宝的妹妹，封乐昌公主，才色冠绝。夫妻琴瑟和谐，情深意厚。在隋朝一统天下的征伐行动逼近南陈之际，徐德言见大势已去，想到国破之后按惯例皇族将作为战俘被押送隋都长安，乐昌公主自然也是在劫难逃，而以公主的才情姿色，十有八九将被分配到权贵之家，夫妻二人恐怕再也无缘相见。于是，便凿破一面铜镜，两人分别持有半面，并约定到正月十五那天在京城的街市上卖镜，希望能以此取得联系。陈朝灭亡后，乐昌公主果然被押送进京，隋文帝把她赐给了统军南征的主帅越国公杨素为妾。杨素对其倍加宠爱。来年正月十五，徐德言在长安街市上果然发现有苍头高价出卖半面铜镜，且与自己持有的半面吻合。于是，徐德言在镜上题诗道："镜与人俱去，镜归人不归；无复嫦娥影，空留明月辉。"公主得诗，悲泣不食。杨素得知详情后，决定成人之美，便召来徐德言，设宴送行，席上杨素请乐昌公主赋诗，公主感慨万千，吟道："今日何迁次，新官对旧官。笑啼俱不敢，方信做人难。"诗中新官指杨素，旧官指徐德言。尔后，杨素让徐德昌带着公主回到了江南。

这则故事感人至深且情节格外离奇，特别是那面决定人物命运的铜镜不仅构思独特而且富有文化内涵。铜镜既是乐昌公主和徐德言之间暗中约定的联络手段，更是蕴藏和传递夫妻情感的私密信物。后来，在文人骚客的演绎下，铜镜便成了见证婚姻爱情的信物，而破镜则成了喻指夫妻离散的一个意象。

晚唐诗人杜牧有《破镜》诗：

佳人失手镜初分，何日团圆再会君。

今朝万里秋风起，山北山南一片云。

北宋词人赵令畤有《蝶恋花》词：

镜破人离何处问，路隔银河，岁会知犹近。
只道新来消瘦损，玉容不见空传信。
弃掷前欢俱未忍，岂料盟言，陡顿无凭准。
地久天长终有尽，绵绵不似无穷恨。

秦观的《词笑令》之二《乐昌公主》更是完整地演绎了“乐昌分镜”的故事情节：

金陵往昔帝王州。乐昌主第最风流。一朝隋兵到江上，共抱凄凄去国愁。越公万骑鸣箫鼓。剑拥玉人天上去。空携破镜望江尘，千古江枫笼辇路。

辇路。江枫古。楼上吹箫人在否。菱花半璧香尘污。往日繁华何处。旧欢新爱谁是主。啼笑两难分付。

北宋末年还有一首大曲《新水令》，更加详细地记述了徐德言与乐昌公主相见、相爱到相分、相合的整个过程，南宋时期还出现了《乐昌公主破镜重圆》的戏曲。此后，破镜重圆的情节在话本、戏曲、小说等文学体裁中又生发出诸多不同的人物故事。

如：朱鼎的《玉镜台记》中有温峤以玉镜台为聘礼求婚于表妹润玉;《刘希必金钗记》中有萧氏送给丈夫刘文龙的半面菱花镜;《贾云华还魂记》和《洒雪堂传奇》中有贾云华送给魏鹏的破镜;《紫箫记》中有李益送小玉的祖传九子金龙镜。今天，我们在辞书中可以查到由这个故事生发出的乐昌分镜、乐昌破镜、乐昌之镜、镜破钗分、分钗破镜、分鞋破镜、镜圆璧合、破镜重圆等多个成语，可见乐昌破镜故事的流传之广、影响之深。

然而，流行的就是真实的吗？在众声喧哗的表象之下会不会有某些更深层的东西被掩藏起来呢？事实上，以破镜喻指夫妻离散的历史源头至少可以往上追溯好几百年。在汉代文献《神异经》中，就有这样一条记载:“昔有夫妇将别，破镜，人执半以为信。其妻与人通，其镜化鹊飞至夫前，其夫乃知之。后人因铸镜为鹊安背上，自此始也。”当时，铜镜背面盛行铸造喜鹊图案，人们认为，如果妻子与人有私情，镜子就会化为喜鹊飞到丈夫那里，私情便会因此败露。显然，此时铜镜的功能在于警戒背叛婚姻信约的行为，而“昔有”则指此事早已有之，可见“破镜”为夫妻离别之信物的说法由来已久。元稹的《古决绝词》有“我自顾悠悠而若云，又安能保君皑皑之如雪。感破镜之分明，睹泪痕之余血。幸他人之既不我先，又安能使他人之终不我夺”，其中既有对徐德言和乐昌公主坚守盟誓的感慨，也不乏对移情别恋的担忧，这说明《神异经》中的镜意象直到唐朝中期仍有残留。

那么，破镜和夫妻分离之间的联系又是怎么产生的呢？要回答这个问题就得从铜镜在婚姻家庭生活中的作用和意义说起了。中国古代婚礼有“六礼”之说，其内容为纳采、问名、纳吉、纳征、请期、亲迎。其中“纳征”又称纳币、聘礼，现在俗称彩礼。不同时代聘礼的内容会有所不同，但通常都要备有铜镜和镜台。婚后生活中，铜镜置于卧室，是陪伴夫妻的私密之物。从这个意义上说，铜镜既是订立婚姻的信物，又是夫妻关系的见证。所以，在汉代铜镜中，常见“见日之光，长毋相忘”；“长毋相忘，长乐未央”；“愿长相思，久毋见忘”；“愿勿相忘，长乐未央”；“长相思，勿相忘，常富贵，乐未央”；“与天无极，与地相长，欢乐未央，长毋相忘”之类的铭文，内容多为祈盼婚姻长久的祝词。还有一面铜镜其内圈的铭文为“见日之光，天下大明，千秋万世，长毋相忘，宜侯王”；外圈的铭文为“清银铅华以为镜，丝组为纪以为信，清光明乎服春，富贵番昌，镜辟不祥”。其“千秋万世，长毋相忘”与“丝组为纪以为信”的铭文，更是直接表明此镜为男女婚姻爱情的信物或象征。由此可见，铜镜在婚姻家庭中绝不仅仅是一个照面梳妆的器具，其蕴含的意义非同寻常，如果说婚姻可算作一份契约的话，那么铜镜就是这个契约的见证。正如沈从文先生所言:“西汉初年的社会已经使用镜子作为男女间爱情的标记，生前相互赠送，作为纪念，死后埋入坟里，还有生死不忘的意思。‘破镜重圆’的传说，就是在这个历史阶段产生的，比后来传述的乐昌公主故事早七八百年。”[1]

1 / 沈从文:《唐宋铜镜》，中国古典艺术出版社 1985 年版，第 1–2 页。

沈从文先生文中提及的，把夫妻使用的镜子“死后埋入坟里”的现象在近几十年的考古发掘中也可以得到验证。例如：陕西安塞县（今延安市安塞区）王家湾汉墓中有一件昭明铜镜，出土时分为两半，一半放置于男主人头边，一半放置于女主人头边，可见当时已有合葬分镜的习俗，象征着夫妇二人生生死死以镜为信，永不分离。在中国古人的观念中，人死后还会生活在另一个世界里，因此，以夫妻生前的日常用品随葬是当时十分流行的一种习俗。《诗经》中的“死生契阔，与子成说。执子之手，与子偕老”，《古诗为焦仲卿妻作》里的“结发同枕席，黄泉共为友”，白居易的“生为同室亲，死为同穴尘”，表达的都是这样一种生死与共的执着情感。

元代女才子管道升得知丈夫赵孟頫有纳妾的意图后，写有一首《我侬词》：

> 你侬我侬，忒煞情多，情多处，热如火。
> 把一块泥，捏一个你，塑一个我，
> 将咱两个一起打破，用水调和，
> 再捏一个你，塑一个我，我泥中有你，你泥中有我。
> 与你生同一个衾，死同一个椁。

这真是一首绝妙好词！泥塑一夫妻的联想新奇大胆令人回味无穷，尤其最后一句，只要活着就跟你睡一个被窝，死了也要进同一口棺材，既是对夫妻关系的一种阐释，也是对赵孟頫的一个回应：想纳妾？没门儿！

成语中则有生死不渝，生死与共，生死相依，生死不离，生死不弃等类似的词汇，均可用来诠释夫妻中一方先逝时破镜随葬习俗的寓意所在。

这种观念在中国古代经典和法律中也可以得到验证。《易经》为群经之首，是历代王朝立法施政的理论指导。《周易·序卦》中有："夫妇之道，不可以不久也，故授之以《恒》，恒者，久也。"是以稳固恒久作为处理夫妻关系的基本准则。《礼记·郊特牲》中说："夫婚礼，万世之始……一与之齐，终身不改，故夫死不嫁。"表达的同样是生死不渝的婚姻原则。《唐律疏议》中也说："伉俪之道，义期同穴。一与之齐，终身不改。"这是国家在法律解释中阐明的婚姻内涵。唐律是中华法系的代表，是后世历代王朝立法的蓝本，可见，"义期同穴"，也就是夫妻死后同葬一穴，不仅是民间的观念和风俗，也是国法所期许的婚姻形态。

古人以镜象征夫妻情感，结婚用之，分离用之，丧葬亦用之，这便是乐昌公主与徐德言破镜为信的社会文化基础。在后世的婚礼习俗中，我们还可以看到镜的作用。孟元老《东京梦华录》记北宋开封的婚礼仪式时提道：

新人下车檐，踏青布条或毡席，不得踏地，一人捧镜倒行，引新人跨鞍蓦草及秤上过……次日五更，用一桌盛镜台镜子于其上，望堂展拜，谓之新妇拜堂。

拜堂无疑是婚礼过程中具有标识意义的一个环节，新婚夫妻对镜展拜，可见以镜作为婚姻见证已经化为一种民间的习俗了。

二、分钗与插钗

上节中曾提到“分钗破镜”一词，本节我们对中国文化中的“钗”意象进行分析。

汉末诗人繁钦的《定情诗》中有“何以慰别离？耳后玳瑁钗”，说明钗在汉代已被视为情人之间传递爱意的信物了。钗是古代女性的专用饰品，其首端以珠翠和金银合制成花朵或其他造型，连缀着固定发髻的双股或多股长针，常配备成对，使用时安插在双鬓。钗的种类繁多，钗首缀凤凰的称凤钗，钗首饰鸾鸟的称鸾钗，钗首雕蟠龙的称蟠龙钗，镶嵌珍珠的称珠钗，镶嵌玉石的称玉钗。当然，上述这些珍稀材质的饰物只有富贵之家才有可能置办，对于囊中羞涩的平民百姓而言，要想满足束发的需求，只能是采用竹木石骨等廉价材料权且为之了。

说到钗，就不能不说一下孟光和梁鸿的故事。汉代富家女孟光甘愿嫁给穷书生梁鸿，婚后，孟光头戴荆条制作的钗，身穿粗布制作的裙，和夫君举案齐眉，二人志同道合，相敬如宾，虽然物质上与贫穷为伴，精神上却怡然自得。由此，“荆钗”便成了平民女子的代称，而“拙荆”则成为男子与人交往时指代家妻的谦词，而荆钗布裙、举案齐眉这两个成语出处也都源自这里。

袁宏《后汉纪·灵帝纪上》有“妇人见去，当分钗断带”一说，可见汉代已经存在恋人或夫妻临别时，女子将头上的对钗一分为二，一只赠给对方，一只自己保存的习俗，或许这便是“分钗”意象的源头了。

南朝陆罩有《闺怨》诗：“自怜断带日，偏恨分钗时。留步惜余影，含意结愁眉。徒知今异昔，空使怨成思。欲以别离意，独向蘼芜悲。”诗中的分钗意境在古典文学作品中极具典型意义。

此后，历代关于分钗的诗词众多，如温庭筠《懊恼曲》：“两股金钗已相许，不令独作空成尘。”杜牧《送人》：“明镜半边钗一股，此生何处不相逢。”而最著名的当属白居易的《长恨歌》了——

……

唯将旧物表深情，
钿合金钗寄将去。
钗留一股合一扇，
钗擘黄金合分钿。
但教心似金钿坚，
天上人间会相见。
临别殷勤重寄词，
词中有誓两心知。

七月七日长生殿，
夜半无人私语时。
在天愿作比翼鸟，
在地愿为连理枝。
天长地久有时尽，
此恨绵绵无绝期。

陈鸿的《长恨传》与白居易的《长恨歌》互为表里，传中所云“定情之夕，授金钗钿合以固之”……“指碧衣女，取金钗钿合，各拆其半，授使者曰：‘为谢太上皇，谨献是物，寻旧好也’”堪称是对《长恨歌》的一个最佳诠释。

洪升在《长生殿》中写到，唐玄宗李隆基因发现宫女杨玉环才貌出众，于是册封为贵妃，两人对天盟誓，并以金钗钿盒为定情之物。看来。在李隆基和杨玉环的故事里，钗已经成为婚姻爱情的信物。

宋朝大诗人陆游的《钗头凤》也是一曲传世名作：

红酥手，黄縢酒，满城春色宫墙柳。东风恶，欢情薄，一怀愁绪，几年离索。错！错！错！

春如旧，人空瘦，泪痕红浥鲛绡透。桃花落，闲池阁。山盟虽在，锦书难托。莫！莫！莫！

这是陆游在沈园偶遇前妻唐婉时挥笔写下的题壁词。唐婉的和词也与《钗头凤》的旨趣息息相通：

世情薄，人情恶，雨送黄昏花易落。晓风干，泪痕残，欲笺心事，独语斜阑，难！难！难！

人成各，今非昨，病魂长似秋千索。角声寒，夜阑珊，怕人寻问，咽泪装欢，瞒！瞒！瞒！

陆游与唐婉为姑表亲，婚后两人情投意合，但唐婉却为婆婆也即自己的姑姑所不容，最终两人被迫离异。《钗头凤》系由五代的《撷芳词》改易而成。因原词中有“都如梦，何曾共，可怜孤似钗头凤”一语，陆游便取其“钗头凤”三字为题写下了这首脍炙人口的词作。这一改动，作品的情感和意境便凝于题目之中了。

在元代南戏《荆钗记》中，老员外钱流行相中了书生王十朋的才华，想把女儿玉莲许配给他。但王十朋家境贫寒，无力置办彩礼，便送去一枚荆钗作为聘礼。玉莲欣然接受，与王十朋成婚。王十朋考中状元后，丞相万俟卨试图强招为婿，被王十朋拒绝，王十朋因此受到政治排挤和打压。在经历了一系列的磨难之后，王十朋和钱玉莲终于团圆。在此期间，十朋送的那只荆钗一直戴在玉莲头上，见证着爱情与婚姻的纯贞与坚韧。

《今古奇观》第二十四卷《陈御史巧勘金钗钿》写陈佥事嫌贫悔婚，害得女儿阿秀被骗失身。等真正的未婚夫鲁学曾出现时，阿秀决意以死殉情，说道："三日以前，此身是公子之身；今迟了三日，不堪伏侍巾栉，有玷清门。便是金帛之类，亦不能相助了。所存金钗二股，金钿一对，聊表寸意。公子宜别选良姻，休得以妾为念。"后来顾夫人收田氏为义女，欲招鲁学曾为婿，"鲁公子再三推辞不过，只得允从。就把金钗钿为聘，择日过门成亲"。故事中，以金钗为婚姻之信物是再明显不过了。

此外，《红楼梦》的别名就叫《金陵十二钗》。这里，所谓的十二钗当然不是指女人头上的饰品，而是指使用饰品的女人，但又不是十二个用人、媒婆或者别的什么女性，而是十二个风姿绰约的妙龄女子。书的主题是爱情，书中的女主角名字叫薛宝钗，书中的这些噱头应该不是作者曹雪芹信手拈来，了解了钗在传统文化中的内涵，就能体会到红楼梦中钗的意义所在了。

上述文学作品中的镜钗意象是不是社会现实的真实反映呢？孟元老《东京梦华录》是描述北宋开封府市民生活的一部名著，书中有如下记载：

> 若相媳妇，即男家亲人或婆往女家看中，即以钗子插冠中，谓之插钗子；若不入意，则留一两端彩段，与之压惊，则此亲不谐矣……至迎娶日……男左女右，留少头发，二家出匹段、钗子、木梳、头结之类，谓之合髻。

吴自牧《梦粱录》中描写南宋临安的婚俗时也说："如新人中

意，即以金钗插于冠髻中，名曰‘插钗’。若不如意，则送彩缎二匹，谓之‘压惊’，则姻事不谐矣。既已插钗，则伐柯人通好，议定礼，往女家报定。”

从中可以看到，定亲的标志是“插钗子”，迎亲时“一人捧镜倒行”，合髻时，两家各出匹段、“钗子”，新妇拜堂时，用一桌“盛镜台镜子于其上”，可以说，在婚姻成立的整个过程中，镜钗就像一条纽带，把两个新人连接在一起，其无可替代地象征、丰富并深化了婚礼的内涵。

三、何以道殷勤？约指一双银

以戒指作为定情物，是东西方共有的一个婚恋文化现象。自清季以来就有戒指来自西方的说法，事实是否真的如此呢？

东汉末年，在丞相曹操手下担任主簿的繁钦有一首《定情诗》流传于世，其中有——

我既媚君姿，君亦悦我颜。
何以致拳拳？绾臂双金环。
何以道殷勤？约指一双银。
何以致区区？耳中双明珠。
何以致叩叩？香囊系肘后。
何以致契阔？绕腕双跳脱。

何以结恩情？美玉缀罗缨。
何以结中心？素缕连双针。
何以结相于？金薄画搔头。
何以慰别离？耳后玳瑁钗。
何以答欢忻？纨素三条裙。
何以结愁悲？白绢双中衣。
……

诗中提到了多种男女之间的定情物，其中，“何以道殷勤？约指一双银”中的“约指”说的就是指环。指环又称手记、代指，也就是我们所说的戒指。由此可见，最晚在东汉时期，戒指已经成为爱情的信物了。

那么，中国人使用戒指是从什么年代开始的呢？就现有的考古发现而言，仰韶文化中已经出土了石质的戒指，其时间约在公元前五千年到前三千年，稍晚一些的良渚文化出土有玉质戒指，马家窑文化、青莲岗文化中出土有骨质戒指，大汶口文化中出土有陶质戒指，齐家文化中则出土有铜质戒指，上述事实表明，早在史前时期，我们的先人已经形成了使用戒指的习俗。其分布地域之广、使用材质之多，延续时间之长，均为戒指起源于本土的有力证据。因此，视戒指为舶来品实乃数典忘祖之见，不足取也。不过，学术研究的结果表明，戒指在史前时期只是一种装饰品，迄今尚未发现与爱情婚姻关联的明显迹象。

《太平御览》引《后汉书》云："孙程等十九人立顺帝有功，各赐金钏指环。"帝王将指环作为奖赏赐给有功之臣，这说明在汉代，戒指还是财富和荣誉的载体。

《毛诗·静女》注中说："后妃群妾以礼御于君所，女史书其日月，授之以环，以进退之。生子月辰，则以金环退之；当御者，以银环进之，著于左手；既御者，著于右手。事无大小，记以成法。"东汉卫宏《汉旧仪》中也有"汉宫人御幸，赐银指环"之说。在上述材料中，戒指已经和皇帝的"夫妻"生活密不可分。所谓"手记"就是戴在手上起识别作用的记号，而戒指实即禁止、戒止的意思。

在繁钦的《定情诗》中，约指已经被用作"道殷勤"的定情物使用，但戒指如何佩戴，有没有什么讲究？传世文献中找不到相关的记载。汉代出土文物所反映的情况是：戒指男女都用，没有性别之分；左右手都戴，没有特别的左右取向；各手指都有戴，没有特别的手指取向，并且还有一个手指戴多枚戒指的情况存在。考古发现还证明，汉代以来，生活在西北、东北等地的族群多有佩戴戒指的习惯。这种情况在敦煌壁画中也能得到印证，比如建造于五代时期的莫高窟第98窟的壁画中，于阗国王的双手小指上都带着蓝宝石指环。这一时期的戒指是仅仅作为财富的象征，还是也作为婚姻爱情的见证，由于文献匮乏，无从分析论证。辽宁朝阳市田草沟的一个晋代鲜卑贵族墓中就出土了金戒指19件。值得注意的是，这些墓的墓主大多是少数民族，而且，出土的金戒指中，有一些是从西方传入的手工制品。

魏晋时期，在我国西北地区的“胡人”中，戒指已经成为达成婚约的标志性信物。《晋书·西戎传》记载：“大宛娶妇，先以同心指环为聘。”《太平御览·胡俗传》也说：诸胡“始结婚姻，相然许，便下金同心指环”。至于这些地区的婚戒习俗是否传自西方，由于缺少文字记载，只能是存而不论了。

在隋朝丁六娘的《十索诗》中有“欲呈纤纤手，从郎索指环”，向情郎索取戒指做爱情信物的表白十分热切和直白，可见，随着各民族交往与文化融合的加深，以指环做聘礼订婚约的“胡俗”渐为汉族熟悉和接纳，成了华夏婚恋文化的一个组成部分。

南朝宋刘敬叔《异苑》中记载，沛郡人秦树在冢墓中与一女子婚合，临别时，“女泣曰：‘与君一睹，后面无期’，以指环一双赠之，结置衣带，相送出门”。唐朝书生李章武与华州王氏子妇相爱，临别时王氏子妇赠李章武白玉指环，并赠诗道：“捻指环，相思见环重相忆。愿君永持玩，循环无终极。”刘禹锡的诗中还曾说到杨贵妃戴的指环：“指环照骨明，首饰敌连城。将入咸阳市，犹得贾胡惊。”

到晚唐时，戒指逐渐由男女互赠变为只由男子赠予女子。韦皋与玉箫的爱情故事便是典型的一例：

韦皋是唐德宗朝名臣，先后出任陇州、剑南节度使，累官至中书令、检校太尉，封南康郡王。据《云溪友议》一书记载：韦皋年轻时游江夏，与少女玉箫日久生情，离别时“遂与言约：

‘少则五载，多则七年，取玉箫。’因留玉指环一枚，并诗一首遗之”。然而，七年过去了，韦皋音信全无。玉箫以为“韦家郎君，一别七年，是不来矣！”遂绝食而死。入殓时，人们还特意将韦皋送的戒指戴在玉箫的中指上。多年以后，韦皋在剑南节度使任上得知玉箫的死讯，悔恨不已，于是广修经像，以忏悔过去的负心。后来有人送给韦皋一名歌姬，名字容貌竟与玉箫一模一样，而且中指上有形似指环的肉环隐现，韦皋知道这是玉箫托生又回到了他的身旁。显然，指环在这一故事中有了比较明确的“订婚”的含义。

宋朝时期，以戒指做聘礼已经成为民间流行的婚俗。吴自牧《梦粱录》卷二十“嫁娶”条记载：“且论聘礼，富贵之家当备三金送之，则金钏、金鋜、金帔坠者是也。若铺席宅舍，或无金器，以银镀代之。”有学者认为“三金”中的金鋜指的就是金戒指。[1]

元明清时期，戒指作为“婚姻信物”的记载越来越多，例如：

元代关汉卿的剧作《望江亭中秋切鲙》的第三折中有：“（正旦云）这个是金牌？衙内见爱我，与我打戒指儿罢。”

话本《戒指儿记》叙丞相陈太常之女陈玉兰与邻家青年阮三郎私会，赠以戒指儿。“那小姐想起夜来音韵标格，一时间春心有动，便将手中戒指，勒一个金镶宝石戒指儿，付与那梅香：‘你替我将这件物事寄予阮三郎，将带他进来见我一见。’”后来玉兰和阮三郎在庵中幽会，用以牵针引线、验证身

1 / 参见李芽《中国古代戒指文化小考》，《服饰导刊》2014 年 12 月第 4 期，第 17–22 页。

份的信物就是那枚金镶宝石戒指。

清朝沈复的《浮生六记》是一部自传体散文，其《闺房记乐》内有："余年一十三，随母归宁，两小无嫌，得见所作，虽叹其才思隽秀，窃恐其福泽不深，然心注不能释，告母曰：'若为儿择妇，非淑姊不娶。'母亦爱其柔和，即脱金约指缔姻焉。此乾隆乙未七月十六日也。"文中称"即脱金约指缔姻焉"，说明在乾隆年间，以戒指作订婚信物已是相因成习了。

戒指作为婚恋的信物，如何佩戴是有一定规矩的。中国人约定俗成的做法是：订婚戒指一般戴在左手的中指，结婚戒指戴在左手的无名指；未婚姑娘则戴在右手的中指或无名指。在欧洲戒指文化中，食指表示想结婚，中指表示恋爱中，无名指表示已订婚或已结婚，小指表示独身。大拇指一般不戴戒指。

在中国古代，尚武的男人有在大拇指上戴指环的习惯。不过它既不是用来炫富，也不是用来装饰，而是射箭时用来拉弓的一种护具。这种大拇指上戴的指环最初叫"韘"，《说文·韦部》："韘，射决也。所以拘弦。以象骨。韦系，箸右巨指。"所谓巨指，就是大拇指。韘在商代已经出现，春秋战国时期就十分流行了。

清朝时，八旗子弟几乎人手一枚的扳指其实就是韘。扳指用象牙、兽骨或玉石、翡翠、玛瑙等制成，套在右手拇指上以便于射箭时勾弦。入关以后，扳指渐渐成为一种时髦的饰品。

四、同心结

同心结是一种古老而寓意深长的花结，属于中国结的一种。由于其两结相连的特点，自古以来就被赋予“永结同心”的寓意，用作示爱的信物。繁钦《定情诗》中有“何以结中心？素缕连双针”，说的就是同心结。诗句一语双关，字面上讲，“结中心”指的就是同心结。其内含寓意则是用同心结向心上人示爱，拴住爱人的心。

在中国古代诗词中，同心结是经常出现的一个与情爱有关的文化意象。如：

《古诗十九首》

客从远方来，遗我一端绮。
相去万余里，故人心尚尔。
文彩双鸳鸯，裁为合欢被。
著以长相思，缘以结不解。
以胶投漆中，谁能别离此。

诗中的“著以长相思，缘以结不解”即以同心结为喻，由此还引出了一句成语“结不解缘”，形容男女热恋，不能分开，也指两者有不可分开的缘分。

六朝时钱塘名妓苏小小的《苏小小歌》有“妾乘油壁车，郎骑青骢马，何处结同心？西泠松柏下”；梁武帝萧衍的《有所思》有“腰间双绮带，梦为同心结”；唐朝骆宾王的《帝京篇》也有“同心结缕带，连理织成衣”，上述诗句中均把同心结视为恋人之间的情感纽带。在这个意义上吟诵同心结的，还有孟郊的《结爱》：“心心复心心，结爱务在深，一度欲离别，千回结衣襟。结妾独守志，结君早归意。始知结衣裳，不知结心肠。坐结亦行结，结尽百年月。”诗中使用了九个结字，从不同层面解说结与爱的关系，末尾则一语道破了结的寓意：“结尽百年月。”

唐代大历年间，才女晁采与邻家书生文茂青梅竹马，寄诗通情，约为伉俪。晁采的母亲得知内情后感叹道：“才子佳人，自应有此。”母亲的豁达使这对暗中相爱已久的恋人最终走进了婚姻殿堂。晁采有《子夜歌十八首》抒发相思之情，其第一首为：“侬既剪云鬟，郎亦分丝发。觅向无人处，绾作同心结。”此诗便是晁采与文茂私缔婚姻情形的写照，可见以同心结作为婚恋信物是一种流布甚广的社会风气。

中国历史上素有“诗庄词媚”之说，吟咏同心结的宋词自然也不乏传世名作。张先的《千秋岁·数声鶗鴂》：“数声鶗鴂，又报芳菲歇。惜春更把残红折，雨轻风色暴，梅子青时节。永丰柳，无人尽日飞花雪。莫把幺弦拨，怨极弦能说。天不老，情难绝。心似双丝网，中有千千结。”诗中的“心似双丝网，中有千千结”，形象地表达了词人对爱情的执着与忠贞，成为千古名句。

林逋的《长相思·吴山青》：“吴山青，越山青。两岸青山相送迎，谁知离别情？君泪盈、妾泪盈，罗带同心结未成，江头潮已平。”词中写一对恋人两情相悦，却又带着“罗带同心结未成”的遗憾，在离别时的难舍难分。这里的同心结应该是从婚姻的角度去理解了。

在隋朝的仁寿宫变中，同心结传递的却是一种异常另类的情感。据文献记载，隋文帝病情危重之际，由皇太子杨广和陈贵人等在仁寿宫侍奉。有一天，杨广趁陈贵人出去更衣时欲行非礼，被其抗拒。陈贵人回仁寿宫时，文帝见其神色有异问其原因，她哭诉说“太子无礼”，文帝听后大怒，当即下令废掉杨广，另立储君。结果消息泄露，皇宫反被杨广控制，并很快就传出了文帝驾崩的消息。陈贵人得知形势陡变，非常恐惧。不久，杨广派人送来一个由他亲笔签署封箴的金盒。陈贵人认为这是杨广送毒药让她饮鸩自尽，所以不敢打开。在来人的一再催促下，她才不得不打开盒子，结果却发现“合中有同心结数枚”。同心结传递的信息不言自明，于是乎，陈贵人不仅保住了性命，当晚杨广还和她有了床笫之欢，随后颁布的隋文帝遗诏中，陈氏由贵人晋升为宣华夫人。陈氏后来以宣华夫人之名为世人所知，这与其说是文帝的恩典，还不如说是炀帝杨广奉送的爱之赠品更为真实。

同心结有永结同心的意义在内，所以是婚庆仪式中不可缺少的吉祥物品。

同心结首先是用在“牵巾”环节。

据孟元老的《东京梦华录》记载，北宋时开封府的婚俗是，新娘迎娶到男家，在“坐虚帐”之后，新郎到室内请出新娘时，要由两家各出一根彩段绾成同心结，新郎将一端挂在笏上，新娘将另一端搭在手上，由新郎倒行牵引新娘去拜谒祖先，然后夫妻对拜。这就是所谓的“牵巾”仪式。

吴自牧的《梦粱录》也介绍了牵巾的内容。首先是负责婚礼的礼官请出两位新人到堂中参拜，新郎手持槐简，牵着同心结倒行，新娘持另一端面向新郎而行。到中堂后，由男方儿女双全的女性亲属用秤或机杼挑开盖头，新娘方才露出花容。参拜仪式结束后，由新娘牵着同心结倒行，牵着新郎回新房，行交拜后坐在床上。

随后进行的是“合卺”，这一环节宋朝称之为“交杯酒”。《东京梦华录》载北宋开封府的风俗是：“用两盏以彩结连之，互饮一盏，谓之‘交杯酒’。饮讫，掷盏并花冠子于床下，盏一仰一合，俗云大吉。”即用同心结拴在两个酒杯上，交互而饮。然后将酒杯和花冠扔到婚床下，如果酒杯一仰一合，就被视为大吉的征兆。

《梦粱录》所载南宋临安府的做法是：“礼官以金银盘盛金银钱、彩钱、杂果撒帐，次命妓女执双杯，以红绿同心结绾盏底，行交卺礼毕，以盏一仰一覆安于床下，取大吉利意。”

合卺礼是起于上古的一种婚姻礼仪。《礼记·昏义》说“妇至，婿揖妇以入，共牢而食，合卺而酳，所以合体，同尊卑，以亲之也”。“共牢”是指新婚夫妇共食同一牲畜之肉，合卺原本是用葫芦一剖为二，以之盛酒，夫妇共饮，表示从此成为一体，同甘共苦之义。后来古人又制作了合卺礼使用的专用酒具合卺杯。

婚礼的下一个程序是“合髻”。

《梦粱录》中写道:“男左女右结发，名曰合髻，又男以手摘女之花，女以手解新郎绿抛纽，次掷花髻于床下，然后请掩帐。”合髻实际是男女各剪下一缕头发，结成同心结式的髻，然后与新娘的花一起，掷于婚床之下。

这一时尚在宋代的民歌中也有反映。如《鹧鸪天》:“倾合卺，醉淋漓，同心结了倍相宜。”言情小说《金瓶梅》第一百回中有，“月娘道:‘你先与我孩儿完了房，我却与你成婚。’云理守道:‘不打紧。’一面叫出云小姐来，和孝哥儿推在一处，饮合卺杯，绾同心结，成其夫妇”。可见饮合卺杯，绾同心结，已经成为民间婚礼必不可少的基本程序。

现在，中国传统风格的婚礼仪式中，迎亲婚车的车头上饰有大大的红球结，拜堂时新人也牵着大大的红球结，这说明“同心结”意象仍具有强大的生命力，是祝福和期盼夫妻和谐，白头到老的代表性文化符号。

此外，同心结不仅是婚恋的信物，还可以从“同心”二字的一般意义上去解读。

2008 年北京申奥标志的设计理念就来自中国传统的同心结。《易经》中说“二人同心，其利断金”,《尚书·泰誓》中有“同心同德”，这两部中国最古老的传世文献中的“同心”说，无疑就是 2008 年北京申奥标志的思想文化之源。

五、结发

在汉语词汇中，常以结发夫妻指代原配夫妻。如《京本通俗小说·冯玉梅团圆》:“令孺人何姓？是结发还是再娶？”该问句中结发与再娶的含义泾渭分明，是结发含义的一个绝妙注脚。

而表示婚姻的词汇中，也往往以“结”字来构词，如：结缡、结帨、结侣、结姻、结亲、结发、结婚、结合等。婚姻为何与“结”有如此紧密的联系呢？本节将对这个问题做出解答。

汉末，繁钦的《定情诗》中有“何以结恩情？美玉缀罗缨”，罗缨是什么？罗缨何以被当作定情之物？这要通过考察“罗缨”的文化内涵加以说明。

《礼记·曲礼上》中说:“女子许嫁，缨。”缨是五彩丝绳，女子许嫁以后用它来束发。郑玄注曰:“著缨，明有系也。”意思是，缨是许嫁的标志物，表示该女子已经有了归属。这条束发之缨，直到成婚时才由新郎解下。《仪礼·士昏礼》云:“主人入室，亲脱妇之缨。”主人，新郎之谓也。由新郎亲自解开新娘的束发之缨，象征着新娘身份转变和两位新人婚姻生活的开始。从婚嫁的整个过程来看，由女子许嫁时的系缨束发，到成婚时的夫脱妇缨，缨始终是夫妻关系的信物。

罗缨则是古代女子出嫁时系于腰间的彩色丝带，以示人有所属。《诗经》中有“亲结其缡，九十其仪”；毛传云“母戒女，施衿结帨”；汉刘向《列女传·齐孝孟姬》中有“母醮之房中，结其衿褵。必敬必戒，无违宫事”；《后汉书·马援传》也说“施衿结褵，申父母之戒，欲使汝曹不忘之耳”，以上材料中描述的都是女儿出嫁时，母亲一面殷切叮嘱，一面与其束结罗缨的情景。

这时，母亲会说些什么呢？根据《宋史·礼乐志》的记载，结缡时长辈的戒语为：

父戒之曰：“往之汝家，无忘肃恭！”

母戒之曰：“夙夜以思，无有违命！”

诸母申之曰：“无违尔父母之训！”

显然，家长们谆谆教导出嫁女的是注意完成自己的身份转换。所以，女儿出嫁，母为之系结佩巾，更重要的意义在于提示其到男家之后应尽侍奉舅姑，操持家务的妇道。

既然结缡是婚礼中必不可少的重要仪式，结缡很自然地就被用作结婚的同义词。唐乔知之的《杂曲歌辞·定情篇》说：“由来共结褵，几人同匪石。”元王子一的《误入桃源》第三折有：“现如今桃源好结縭，问甚么瓜田不纳履。”《红楼梦》第一〇九回则有：“可怜一位如花似月之女，结褵年余，不料被孙家揉搓，以致身亡。”

再回到结发的问题上。由女子许嫁时的系缨束发，到成婚时的夫脱妇缨，这是围绕着头发做文章。古人认为身体发肤受之父母，头发是其生命的一个组成部分。曹操割发代首的故事正是这种意识的典型说明。从这个意义上说，结发也就代表了两个生命的结合。苏武的《留别妻》里有“结发为夫妻，恩爱两不疑”；曹植的《种葛篇》里有“与君初婚时，结发恩义重”；《古诗为焦仲卿妻作》里有:“结发同枕席，黄泉共为友”；杜甫的《新婚别》里有“结发为君妻，席不暖君床”；白居易的《太行路》里有“与君结发未五载，忽从牛女为参商。”以上所述都是结发意象的诗意表达，是为结发为初婚的有力佐证。

这种说法在其他文学形式也有体现。《大宋宣和遗事》亨集:“这人是谁！乃师师结发之婿也。”宋代南戏《张协状元》:“若要奴家好，遇得一个意中人，共作结发，夫妻谐老。”《醒世姻缘传》第十六回:“见晁源弃了自己的结发，同了娼妾来到任中，晓得他不止是个狂徒，且是没有伦理的人了！”甚至在儿童启蒙读物《幼学琼林》中都有“结发系是初婚，续弦乃是再娶”的解释。

然而，古礼中“系缨—脱缨”象征“许嫁—成婚”的婚俗模式到唐代似乎有了重大变化。晁采的《子夜歌》中有“侬既剪云鬟，郎亦分丝发。觅向何人处，绾作同心结”的写实性描述，根据诗中所说剪发、绾发的细节，似乎是男女双方各剪下一绺头发，绾在一起作为共结连理的信物。如果这就是唐代通行的做法，那可是迥异于传统的婚俗了。

这种被称为“合髻”的新式结发礼仪在五代时已颇为流行，“公卿之家，颇遵用之”，到宋代更成为一种社会习俗。据《东京梦华录》记载，北宋汴京的婚礼合髻环节是在撒帐之后，饮交杯酒之前，而《梦粱录》所载南宋杭州的婚礼，则是在饮交杯酒之后再行合髻礼。尽管程序先后稍有变化，但其仪式却完全相同:新郎、新娘并坐，男左女右，各以头发少许合梳为髻；合髻，又称结发。其寓意是以二合一，寄托夫妇今后白头偕老的良好愿望。所以“结发夫妻”又成为正式婚姻的代称和标志。

合髻毕竟不合古礼，所以一度遭到硕学鸿儒的严厉批评。欧阳修的《归田录》说:“刘岳《书仪》，婚礼有女坐婿之马鞍、父母为之合髻之礼，不知用何经义，固不足为后世法矣。”司马光的《书仪·亲迎》中也说:“今世俗有结发之仪，此尤可笑。”欧阳修、司马光的这类指责尽管义正词严，但流行文化毕竟不是学术研究，不管雅俗对错，只要有人追随，它就会继续流行。结果是，欧阳修、司马光反成了大战风车的唐吉诃德，在婚俗变迁的大趋势中败下阵来。

第十一章

一纸来信托飞鸿

在《说文解字》《康熙字典》等书中，“信”字下没有关于信件、通信的义项，现代语言工具书通常也把信件、信函界定为“信”字的“晚起义”，那么，信字的信件、通信之义是从什么年代开始出现的呢？我们知道，中国历史上很早就有了传递信息的文字载体，文献中信手可得的函牍、尺书、尺素、书翰、文牍、尺牍、尺简、书函、书柬、书简、书札、书牍、翰札、简牍、竹简、手札、函件等，都是用来指代信件的词汇。那么，这些词语又是什么年代出现？为什么会有如此多的称谓？其命名的客观依据又是什么呢？从常识上判断，这些名称不可能是无意义的词语叠加和堆砌，它们应该是反映了中国古代通信技术发展演变的某些特征。一个词语的产生，不会是偶然的，更不会是随意的，就以上述指代信件的词语而言，若以文字载体分，书于木片者为牍，书于竹片者为简，书于帛者为尺素，书于纸者为柬。若以封装手段言，以绳捆系者为札，以匣封装者则为函。表达信件的语词之所以如此繁杂，决定其产生和存续的是不同历史时期“信”载体的形式和变化，每一个别称背后都有其特定的文化内涵。因此，这些称谓是认识和理解“信”字信件之义的基础，本章的讨论也将由此切入。

一、从鸿雁传书说起

本章标题“一纸来信托飞鸿”中的“飞鸿”二字指的就是鸿雁。所以，我们先从鸿雁与书信的关系说起。

中国城乡到处可见中国邮政的标志。邮政是国家经营的以传递信函为主的通信事业，其徽标的文化内涵自然要聚焦于通信这一核心理念。那么，该图案是以什么意象来体现通信主题的呢？中国邮政的官方解释是，图案系由“中”字与邮政网络的形象互相结合、归纳变化而成；其设计立意融入了翅膀的造型，使人联想起“鸿雁传书”这一中国古代对于信息传递的形象比喻。

中国邮政以鸿雁传书来体现徽标的文化内涵绝非偶然，其实，中国现代邮政自创办伊始就和鸿雁结下了不解之缘。1897 年，清政府开办国家邮政，首次发行普通邮票 12 枚，“分”单位面值邮票 6 枚以蟠龙为图，“角”单位、“圆”单位面值邮票各 3 枚，则以鲤鱼和飞雁为图。1898 年初，大清邮政发行的第二套普通邮票伦敦版有水印和 1901 年发行的第三套普通邮票伦敦版无水印，“角”单位、“圆”单位面值邮票仍以鲤鱼和飞雁为图。而鸿雁作为国家邮政标志则是始于民国时期。1921 年 5 月 23 日，中华邮政总局正式制定颁布的“嘉禾飞雁”邮政标志，是中国最早的邮徽。20世纪60年代，我国有一部反映乡村邮递员生活的电影，片名也叫《鸿雁》。百余年来，几代中国人都把鸿雁作为信使的标志，为什么大家会有这种共同的符号意识？会不会是某种文化基因使然呢？下面，我们就从传统文化中寻求历史的真相，验证我们的推断。

说起鸿雁传书，大家都知道那是苏武牧羊故事中的一个情节，问题至此似乎就迎刃而解了，还有继续讨论的必要吗？然而，常识往往会遮蔽一些更深层、也更有本质意义的东西。试问：鸿雁传书的构想又是怎么产生的？是完全凭空杜撰还是存在一定的思想依托呢？一个文化意象从萌生到形成国民共识通常要经历一个漫长的发展过程，所以，要找到鸿雁传书的历史源头还应该溯及更久远的时代。

在中国早期神话中，与信使意象最为接近的无疑是青鸟。《山海经》里说，西王母身边有三只青鸟随侍。《楚辞·九叹》有“三鸟飞以自南兮，览其志而欲北。愿寄言于三鸟兮，去飘疾而不可得”，屈原的《思美人》中也有“因归鸟而致辞兮，羌宿高而难当”之说，无论是楚辞的“寄言”还是屈原的“致辞”，都有希冀其传递信息的寓意，可以说，青鸟传书的意念这时已在孕育之中了。到了《汉武故事》一书中，西王母派青鸟给汉武帝传书的情节被完整地孵化出来，青鸟的信使形象才破茧而出。后来，经由历代文人不断吟咏和传播，青鸟遂成为一个具有特定内涵的文化符号。如：陶潜《读山海经》诗有：“翩翩三青鸟，毛色奇可怜。朝为王母使，暮归三危山。”李白诗有“愿因三青鸟，更报长相思”；“三鸟别王母，衔书来见过”，李商隐诗有“蓬山此去无多路，青鸟殷勤为探看”，李璟诗有“青鸟不传云外信，丁香空结雨中愁”……

有趣的是，史上歌咏青鸟者大有人在，但青鸟到底是只什么鸟儿？青鸟传的又是什么书？似乎从未引起人们的疑惑，也许，他们本来也没当真，就像神话中的嫦娥一样，青鸟只是其寄情写意的对象罢了。本书同样无意于求证青鸟到底属于鸟类的哪一个种属，我们的兴趣在于揭示其存在的符号意义，使大家认识到青鸟故事传播中隐含着古人对信息传递的客观需求和通信便利的美好愿望，而这正是产生鸿雁传书意象所需要的先期文化铺垫。

鸿雁传书一说出现在汉朝，是苏武牧羊故事中的一个神来之笔。据《汉书·苏武传》记载，苏武奉命出使匈奴，匈奴单于对其劝降不成，便将其流放到北海牧羊。“武既至海上，廪食不至，掘野鼠去草实而食之。仗汉节牧羊，卧起操持，节旄尽落”。后来汉朝与匈奴和亲，但匈奴单于谎称苏武已死，拒不让其返回汉朝。与苏武一同出使匈奴的常惠，寻机将实情秘密通报给汉使，并且“教使者谓单于，言天子射上林中，得雁，足有系帛书，言武等在某泽中”。事实真相被揭露后，单于只好让苏武回归汉朝。此后，由于苏武的传奇经历和爱国气节感人至深，鸿雁传书的故事便成了代代相传的千古佳话，而鸿雁也就成了信使的美称。

汉末，蔡文姬《胡笳十八拍》中已经有了“雁南征兮欲寄边声”“雁北归兮为得汉音”的咏叹。

唐代诗人李白也有赞颂苏武鸿雁传书的篇章：

《苏武》

苏武在匈奴，十年持汉节。
白雁上林飞，空传一书札。
牧羊边地苦，落日归心绝。
渴饮月窟冰，饥餐天上雪。
东还沙塞远，北怆河梁别。
泣把李陵衣，相看泪成血。

《千里思》

李陵没胡沙，苏武还汉家。
迢迢五原关，朔雪乱边花。
一去隔绝国，思归但长嗟。
鸿雁向西北，因书报天涯。

南宋词人李清照《一剪梅》中的鸿雁则是另外一种情怀：

红藕香残玉簟秋。轻解罗裳，独上兰舟。云中谁寄锦书来，雁字回时，月满西楼。

花自飘零水自流，一种相思，两处闲愁。此情无计可消除，才下眉头，却上心头。

在“家书抵万金”的时代，山川阻隔，音信不通，人们的通信需求难以满足，于是寄情鸿雁以抒怀再正常不过了。所以，在历代文人的笔下，嵌入鸿雁意象的文字俯拾皆是，不胜枚举，鸿雁与信函几乎到了虚实难分的地步。然而，鸿雁真能为人传书吗？有没有人做过尝试呢？恐怕在诗人的眼里，鸿雁传书也不过是汉使搭救苏武的一个托词而已，谁会天真到真的去身体力行呢！

然而，没去澳洲之前，有人想过地球上有黑天鹅吗？既然如此，我们也不要低估中国人的创造力。晋朝大文人陆机，就曾在洛阳将家信装在竹筒里，然后将竹筒绑在狗的脖子上，让狗把信送回到吴郡的家中，“黄狗传书”的成语便由此而来。唐朝时，女诗人晁采让白鹤给夫君传递诗书的故事也广为流传。既然历史上有过黄狗、白鹤传书，为什么鸿雁传书就不可能？公元1274年，元朝人郝经就在真州放飞了一只携带书信的鸿雁，这只雁后来在汴梁金明池被人捕获，郝经的书信也被发现和收存。尽管这情节听起来像一个传奇，但它既不是小说，也不是野史，而是公然载入正史的严肃记录。郝经是元朝著名的政治家、思想家、文学家，有《陵川集》传世。《元史》中有传。郝经曾奉忽必烈之命出使南宋，被权臣贾似道扣留在真州十六年。在此期间，郝经有《馆人饩雁》诗：

持节江南久食鱼，
馆人供雁意踟蹰。
呼儿细看云中足，
恐有中原问讯书。

除此之外，他还有《闻雁》《雁媒》等与雁相关的创作，这些诗字里行间透出盼望元世祖音讯的迫切心情，也许，让传奇变为现实的意念早在此时就萌发了吧。郝经在其被囚的第十五个年头采取了让鸿雁为其传书的行动，其系于雁足之上的蜡封帛书全文共59个字，内容为：

霜落风高恣所如，归期回首是春初。上林天子援弓缴，穷海累臣有帛书。中统十五年九月一日放雁，获者勿杀。国信大使郝经书于真州忠勇军营新馆。

诗中“上林天子援弓缴，穷海累臣有帛书”一句十分清晰地揭示了“雁足系帛”对“鸿雁传书”的传承关系。大德九年，元朝御史台的《封赠诰书》中提到“雁书未达中原，龙棹已横江上”，可见官方已经核定郝经鸿雁传书之事确凿无疑。曾任《元史》总裁的宋濂写有《题郝伯常帛书后》，专门介绍郝经鸿雁传书始末，文中还特意描述郝经系在雁腿上的帛书宽二寸，高五寸，背有陵川郝氏印一方。宋濂写这篇文章的目的也是要说明郝经雁足系帛一事确实存在。

从传奇版的鸿雁传书到现实版的雁足系帛，苏武与郝经一前一后，一虚一实，共同塑造了鸿雁的信使形象。如果说苏武让信使符号实现了从青鸟到鸿雁的华丽转型，那么郝经则以亲身经历坐实了鸿雁传书的传奇故事，赋予其前所未有的真实感和说服力，同时，郝经归来、雁足系帛引起的轰动效应也进一步凸显了鸿雁的信使意象，使鸿雁成了妇孺皆知的文化符号。

下面，再附带介绍一下信鸽。信鸽是世界上许多民族用来通信的工具，信鸽比赛还是一项国际体育运动，甚至在战争中信鸽也会承担必要的通信任务。中国人对鸽子的通信能力早有了解。王仁裕《开元天宝遗事》载："张九龄少年时，家养群鸽。每与亲知书信往来，只以书系鸽足上，让所教之处飞往投之。九龄目之为飞奴。时人无不爱讶。"段成式《酉阳杂俎》前集卷十六曾提到波斯信鸽："波斯舶上多养鸽，鸽能飞行数千里，辄放一只至家，以为平安信。"

元朝时，山东曲阜人颜清甫卧病在家休养，其幼子用弹弓打下一只鸽子，准备给父亲补养身体。宰杀时发现鸽子的梢翎间有一封信，信封上写着"家书付男郭禹开拆。"郭禹就是曲阜县（今曲阜市）尹郭仲贤，信是他父亲从真定寄来的。此时郭仲贤已经改授远平县尹，鸽子却不知情况有变，一直在曲阜盘桓寻觅，直到中弹遇害。颜清甫见状责怪儿子鲁莽，把鸽子放在一个木匣中，等病情有所好转，便直接去了郭仲贤任职的官所，献出书信和鸽子并讲述了事情的来龙去脉。仲贤戚然曰："蓄此鸽已十七年矣！

凡有家书，虽隔数千里，亦能传致，诚异禽也。”[1]

二、书信称谓的演变

本章开篇说到《康熙字典》中信字的解释缺少信件、通信义项，众多现代语言工具书也把信件、信函界定为“信”字的“晚起义”，那么，“信”字具有书信的内涵始于什么年代？此前书信的替代词是什么？这些替代词是怎样凸显书信特质的？回答这些问题并不容易，在这里我们不可能进行语言和文体的专题讨论，只能通过例举的方式勾勒出历史演进的大致脉络。

《文心雕龙·书记》中有“春秋聘繁，书介弥盛”一说，意思是春秋时期列国交往频繁，持书往来的使者很多。《左传》襄公二十四年载有“郑伯如晋，子产寓书于子西以告宣子”，文公十七年载有“郑子家使执讯而与之书，以告赵宣子”，在这两例中，书的含义都是信件。当时，书信大多写在简牍之上，因此，书信有简牍、文牍、尺牍、书牍、尺简、竹简、书简等称谓，书信用绳捆扎封装的叫札，用匣套封装的叫函，所以书信又有函牍、书函、函件、手札、书札、函札等称谓。

尺素、尺书的称谓源于使用绢帛作书写材料，其年代与简牍大致相当。所谓尺是就绢帛的宽度而言，当时的书信多写在一尺左右的绢帛上。

造纸术发明之后，纸开始成为书写的载体，

1 /［元］陶宗仪:《南村辍耕录》，中华书局1959年版，第290页。

此后书信又有了信笺、书柬的称谓。不过，早期纸的造价不菲，一时难以普及，简牍、绢帛作书写材料的时间一直持续到魏晋南北朝时期，这也使得简牍时代所用的书信称谓大大延长了存活期。

本章标题“一纸来信托飞鸿”语似平淡无奇，实则大有文章。要知道，1215 年，英国国王与贵族签订《大宪章》使用的书写材料还是羊皮纸。尽管欧洲人在 15 世纪学会了造纸术，羊皮纸逐渐被替代，但是直到 18 世纪，西方国家仍然要把重要文献书写在羊皮纸上。1776 年《独立宣言》、1789 年《美利坚合众国宪法》、1791 年《权利法案》，美国这三大历史文献的原件还都是用羊皮纸书写。造纸是中国对人类文明的一大贡献，“一纸来信”寓意着中国开辟了人类文明的纸书时代。东汉文学家马融写给窦伯向的信中有一段描述：“孟陵奴来，赐书，见手迹，欢喜无量，次于面也。书虽两纸，纸八行，行七字，七八五十六字，百一十二言耳。”这是文献记载中纸质书信的一个典型例证，早于西方一千多年。我国现存最早的纸质书信是陆机的《平复帖》。此帖写于西晋，是陆机祈求友人病体康复的问候信。

《平复帖》用秃笔写于麻纸之上，是中国现存最古老的书法真迹，比王羲之的《兰亭序》还早六十年，被尊为“中华第一帖”，享有“众帖之祖”的美誉。现藏北京故宫博物院。

书信进入纸质时代以后，“信”字的信息、信使、信函等义项逐渐开始生成。

最初，凡言信者，皆谓信符。顾炎武《日知录》卷三十二

"信"条，引《墨子》《史记》《汉书》《后汉书》，提出：古人所谓信者，乃符验（信符）之别名，即行者（使人）所执之信，如今人言印信、信牌之信，非指使人。对于《东观余论》"凡言信者，皆谓使人"的观点，顾炎武举出杨太尉夫人袁氏《答曹公卞夫人书》《古诗为焦仲卿妻作》和魏杜挚《赠毋丘俭》中的用例，认为"以使人为信始见于此"。看来顾炎武的意见是，先秦两汉，"信"指"信符"；东汉以下，"信"也可以指"信使"。《世说新语·雅量》："谢玄淮上信至，看书竟，默然无言。"古乐府诗句："有信数寄书，无信心相忆。"《资治通鉴》："宜急追信改书。"等等。上文中的"信"都是信使的意思。

至于信字何时出现信函之义，迄今尚无定论。古乐府"有信数寄书，无信长相忆"中的"信"字所指为信使应该没有异议。然而，王羲之《杂帖》"朱处仁今何在？往得其书信，遂不作答"；梁武帝《赐到溉连珠》"研磨墨以腾文，笔飞毫以书信"以及南梁何逊诗《门有车马客》"门有车马客，言是故乡来。故乡有书信，纵横印检开"中的信字，究竟是指信使亦还是指信函便在两可之间了。

特别值得玩味的是，一些古诗文中的"信"字，文字专家从学术角度将其解读为信使，但一般读者基于现代语文知识却往往在"信函"的意义上去理解和欣赏诗文，而这种"不学术"的做法对诗文意境的把握似乎也并无大碍。之所以如此，恰恰是语言发展的规律使然：一个词语新义的产生通常都有一个潜移默化的演变过程，看来，信函的种子在魏晋时已经寄生于信使的字义之上，经过一个孕育生长的阶段，它就会开始自己独立的生命历程了。

我们再看以下文学作品中的“信”字：

杜牧诗《寄卢先辈》：

书去又逢商岭雪，信回应过洞庭春。

陈玉兰《寄夫》：

一行书信千行泪，寒到君边衣到无？

李绅《端州江亭得家书》：

开拆远书何事喜，数行家信抵千金。

贾岛《题朱庆馀所居》：

寄信船一只，隔乡千万重。

白居易《谢李六郎中寄新蜀茶》：

红纸一封书后信，绿芽十片火前春。

元稹《书乐天纸》：

不忍拈将等闲用，半封京信半题诗。

晏几道《好女儿》：

又依前误子，红笺香信，翠袖欢期。

范成大《水调歌头·又燕山九日作》：

惟有平安信，随雁到南州。

关汉卿《沉醉东风》：

信沉了鱼，书绝了雁，盼雕鞍万水千山。

罗贯中《三国演义》第三十回：

那许攸字子远，少时曾与曹操为友，此时却在袁绍处为谋士。当下搜得使者所赍曹操催粮书信……操获全胜，将所得金宝缎匹，给赏军士。于图书中检出书信一束，皆许都及军中诸人与绍暗通之书。

观察上述材料中的“信”字，“书信”之义昭然，并且日趋确凿、清晰，恐怕不能再有另外的解释了。

至此，我们可以做一个简单的小结：“信”的信使义在先，书信义在后，书信义由信使义引申而来，时间约在两晋南北朝时期，到唐代已普遍使用，元朝之后已经是白话中的通行词汇了。

三、信件的邮递

西周时候，我国已经建立起比较完整的邮驿系统。以车传递的称为“传”，加急的车传称为“驲”。徒步传送的叫“徒”。在边境上传书的机构为“邮”。邮路上设有“委”“馆”或“市”等站点构成的网络组织。周初，周公封于鲁，姜尚封于齐。姜尚到齐后杀了当地两个贤士，周公闻讯立刻乘“急传”赶到齐都临淄，制止了姜尚的专断行为。可见当时驿路畅通，驿传系统的运行稳定可靠。

春秋战国时期，驿递方式出现的重大变化是单骑通信和接力传递问世。单骑通信快于车传通信，接力传信快于单车传递，这两种先进的邮传方法到春秋晚期已逐渐普及。齐国大臣晏子出奔，齐国国君乘“驲”追赶，终于在边境上请回了这位贤臣。孔子曾说:“德之流行，速于置邮而传命。”意思是德行的传播速度比邮传还快。以邮传作比，显然是把邮传当成了迅捷的象征。由于骑马比马车的速度更快且费用更低，所以，车传到东汉以后逐渐被淘汰，马递成为主要的信件邮递方式。

然而，古代信件邮递的主要方式还是“步传”，步传又叫“步递”。古人称信差为“健步”，又称“急脚子”，“快行子”。时代不同叫法也不一，秦代叫“轻足”，汉代叫“邮人”“驿足”，唐代叫“邮夫”，宋代叫“递夫”，明清叫“驿夫”。

驿卒有特殊的制服。东汉驿卒的服饰为头裹绛红头巾，膀戴绛红套袖，肩挎红白相间的专用邮包。中国历代驿卒的服饰多为绛红色，但装备式样上有所不同。

秦代对邮件寄发已有明确要求。其《行书律》中规定，写有“急”字的邮件要立即发送，不得片刻耽误，普通邮件须当天送出，不能积压。《唐律》中规定:信件误时，甚至不依驿道行走，都要被处罚，罪至处死。信件耽误，一日杖八十,二日加一等，罪止徒二年。如果是军务要速者，“加三等，有所废阙者，违一日，加役流，以故陷败户口、军人、城戍者，绞。”(第123)

在出土的汉简中可以看到，信件寄送实行严格的分类管理，“以邮行”是步递，“驰行”是快马急传，此外，邮件封面上常见的还有“以亭行”“轻足行”“以次行”诸多名目。邮亭或驿站有

“邮书簿”，对来往文书要登记造册，以便核查。

邮递里程和速度的规制叫“程限”。秦汉时期，普通邮件多为步递，每个时辰走十里。传车每天行七十里，最多可行两三百里。骑马则是“日行四百里”。隋唐时期，传车日走四驿，乘驿马日走六驿，按一驿三十里计，日行一百二十里到一百八十里。急件则日驰十驿，日行三百里。更急的日行十六驿，约五百里。白居易诗《从陕至东京》有“从陕至东京，山地路渐平。风光四百里，车马十三程”的描述。岑参在《初过陇山途中，呈宇文判官》有“一驿过一驿，驿骑如星流；平明发咸阳，暮及陇山头”的描述，从咸阳到陇山，距离大约为四百里，可知驿速日程可达三四百里，韩愈在《镇州路上谨酬裴司空相公重见寄》中就写道：“衔命山东抚乱师，日驰三百自嫌迟。”天宝十四年，安禄山在范阳起兵反叛，消息送达三千里外的华清宫，只用了六天时间。

邮驿是中国传统通信组织形式，现代邮政的前身之一。《驿使图》出土于嘉峪关魏晋墓，客观真实地记录了距今1600多年前这一地区的邮驿情形，表明我国是世界上最早建立邮驿的国家之一。1982年8月25日，中华全国集邮联合会第一次代表大会在北京开幕，原邮电部选中“驿使图”为邮票图案单独发行J85《中华全国集邮联合会第一次代表大会》纪念小型张一枚。

从汗八里城有许多道路通往各省。每条路上，或者说，每一条大路上，按照市镇的位置，每隔大约四十或五十公里，就有一座宅院，院内设有旅馆招待客人，这就是驿站或递信局。在各个驿站之间，每隔大约五公里的地方就有一个小村落，大约由四十户人家组成。其中住着步行信差，也同样为大汗服务。他们身缠腰带，并挂上几个小铃，以便在较远的地方就能被人听到。他们仅仅走大约五公里路，这就是说从一个信差站到另一个，铃声就作为他走近的信号，新的信差听到铃声就准备接上他的包袱立即出发。这样一站一站地传递，非常迅速，在两天两夜之内，大汗就能接到远处的消息。如按普通的方法递送，则在十天之内也不能接到。当果子成熟的季节，早晨在大都采的果子，到了第二天晚上就可送到上都大汗的面前了，虽然两地的距离通常要走上十天。

在每一个五公里的站上有一个书记，负责将一个信差到来与另一个信差出发的时间记录下来，所有驿站都是这样做的。此外，还有官吏每月到驿站来巡视一次，以便考查他们的管理情形。所有失职的信差都会受到惩罚。

如果遇到某处一个首领发生叛乱，或者其他重要事变，必须要用极快的速度传递消息，那么驿卒每日要奔驰三百多公里，有时要奔驰四百公里。在这个时候，他们携带一块刻有白隼的牌子，作为紧急和疾驰的符号。如有两个驿卒同去，便在同一地点乘上良马同时起程。他们将衣服绑紧，头上缠一块头巾，用最快的速度策马前进。这样连续奔驰，一直到前面的驿站为止，即至四十公里的距离为止，然后在驿站换上两匹准备好了的强健的新马，片刻不停，立即前进，这样一站一站地换马，直至日落为止，便奔驰了四百公里。

他们在极端紧急的关头，夜间也照样策马前行，如果没有月亮，就由步行的人持灯跑步，在前面带路，一直这样一站一站传递下去。

四、信件的封装

日常生活中，我们会说一封信、两封信，而绝不会说一个信、一只信，更不会用其他的词汇来表述信的数量。信件的量词之所以用“封”，是由于信件的私密性要求必须采取一定的密封措施，人们总是先看到“封”后看到“信”，只有拆开“封”才能阅读信的内容。李商隐的《酬令狐郎中见寄》有“封来江渺渺，信去雨冥冥”一句，这里的“封”字显然是用作“信”的同义词了。而“封检”本为书信的封装手段，但在文字交流中，却也是习见的书信之代称。

防止泄密的基本手段是密封。信件常用的封装技术有三种：检封、函封和囊封。

检封又称检署，其封装方法是，“书函之盖，三刻其上，绳缄之，然后填以泥，题书其上而印之也”。在木牍上覆盖一块大小相近的木板，以遮蔽木牍上的文字内容，使之不能外露。这块木板就是所谓的“检”。检两侧刻有三道线槽，用以固定捆扎简牍的绳子；检表面中央凿有封泥槽，供绳子通过和打结之用。封泥要趁未干时按压在槽中的绳结上，并随即在封泥上加盖寄信人的印章，这就是所谓“封”的大致过程。而“署”，则是指在封检上题写收信人的姓名。

《中华全国集邮联合会第七次代表大会》纪念邮票的图案为湖南省龙山县的里耶城址出土的秦简“迁陵以邮行洞庭”和“酉阳丞印”泥封印章。其中“迁陵以邮行洞庭”七个古隶文字的秦简，相当于现在使用的邮签，秦简上的“酉阳丞印”印章是当时人们在寄发信函时用胶泥盖在信件封口上的一个印记，相当于今天信函使用的密封条。

函封又称箧封，是把信件放入木函或竹箧中再行捆扎的一种封装方法。函封实物在考古发掘中迄今未见。汉乐府诗有“客从远方来，遗我双鲤鱼。呼儿烹鲤鱼，中有尺素书”，诗中所谓“双鲤鱼”腹中藏书的描写十分令人困惑：为什么要把书信藏在鱼腹里？可能吗？不过，鱼腹藏书史上确有其事。陈胜、吴广揭竿而起时，为了鼓舞士气，凝聚人心，事先把写有“陈胜王”三字的帛书藏进鱼腹。在当时的人看来，鱼腹中发现的帛书无疑是来自上天的书信，“陈胜王”隐含着改朝换代、王者降临的神秘天意。这应该是鱼腹藏书的最初版本。然而，如果真的把鱼作为藏书的通信工具，毕竟太荒唐了！古时交通极为不便，信在途中短则数日，长则累月经年，鱼之腐烂不可避免。而鱼腹之腥臭与书信相伴而来，那收到信件的感觉无论怎样也说不上愉悦吧！所谓“双鲤鱼”尤不可解，客从远方来，路远无轻载，送信的话一条鱼足矣，何必画蛇添足，再加一个多余的负担呢？所以，双鲤鱼之鱼作真鱼解于情于理都讲不通。那么，它是什么呢？它就是上面所说的函封。闻一多先生说："此或刻为鱼形，一孔以当鱼目，一底一盖，分之为二鱼，故曰双鲤鱼也。"[1]这个解释精辟到位，令人豁然开朗。

其实，在传统文化中，双鲤鱼和鸿雁一样，都是书信的代称。唐诗宋词中多有用"鱼书"比喻书信的名句。如："尺素如残雪，结成双鲤鱼，要知心中事，看取腹中书"；"长江不见鱼书至，为遣相思梦如秦"；"鱼书欲寄何由达？水远山长处处同"等等。不仅如此，诗人们还常常鱼雁并提，如"凤箫声绝沉孤雁，望断清波无双鲤"；"手携双鲤鱼，目送千里雁"；"关山魂梦长，鱼雁音尘少"；"一春鱼雁无消息，千里关山劳梦魂"。其中的鱼雁均作书信解。另外，成语中"鱼书雁信""鱼书雁帛""鱼沉雁杳""鱼沉雁静""雁逝鱼沉"等均与书信有关。所以，清政府开办国家邮政，首次发行的普通邮票中，"角""圆"面值选用的图案就是鲤鱼和飞雁。

囊封是将书信装入布囊中，再行捆扎封检的一种封装方法。囊用布帛制作，两端开口，其颜色依寄信人的身份等级而定。囊封的具体步骤是：将书信放入布囊，再将两端开口裹在中间用绳捆扎，然后再施检封。唐朝的公文邮件通常要用囊封，如果是密奏的话，则必须使用囊封。其封检按书信性质有保密等级

1 /《闻一多全集》第四卷，三联书店 1982 年版，第 124–125 页。

的区别，从重封、三封直到最高级的五封。现在邮政使用的邮袋同样需要封检，只不过封口不再使用泥封，而是由密封效果更好也更为耐用的铅封取而代之了。

最后，我们还要说一说清朝的一种特殊信函——奏折。奏折起于康熙朝，初期相当于君臣之间的私人信件。康熙二三十年间，江宁织造曹寅（曹雪芹的爷爷）及其内兄苏州织造李煦被特许使用折子奏事，为最早获得具折权的两位地方官员。保密是奏折的基本特性。雍正朝规定，奏折一律使用折匣封装，折匣上装有锁具，宫中及具折官员各有钥匙一把，因此，奏折呈报以及皇帝批复的内容他人无从得知，所以奏折又有密折之称。作为派驻外省的亲信和个别地方大员向皇帝汇报情况的密信，奏折要由具折人委派家人专送到京。后来，获许使用奏折的人员增多，考虑到送折到京的费用过于沉重，而且送达时间也难以保证，康熙五十五年规定，各地具折官员可以派弁兵和家属乘驿马递送奏折，愿意自费递送的也听其自便。从此，公差驰驿递送奏折成为定制。奏折递送方式的这一变化，也预示着奏折的性质开始由私人密信向官文书转化。因此，我们需要注意奏折一词的适用语境，不能把它和国家正式的上行文书“奏章”混为一谈。

五、私人书信

前面几节所介绍的主要是官方的情况，私人之间的通信往来就没那么方便了。1975 年湖北云梦睡虎地出土的秦简中有两封家书，是由名叫黑夫和惊的两个秦国军人写给家中同胞兄弟的。信的开头都是向兄弟问好，并请其代向母亲请安，然后介绍自己在军中的情况。信的核心内容是向家中要钱和衣物。信从河南淮阳发出，在湖北云梦出土，说明已经送达。那么，信是怎么送到的呢？先秦秦汉时期，法律严禁驿递传送私人信件，两个士卒无权无势，私信公邮的可能性极小，因此，合理的解释应该是等待机会请回乡的士卒帮忙带信。这样的通信条件，真可谓“一书何啻直千金”了！

前文中曾提到陆机黄狗传书的故事。陆机将家信装在竹筒里，然后将竹筒绑在狗的脖子上，让狗把信送回家中。不知是不是效法陆机的缘故，后来人们托人带信时通常使用竹筒来封装，这个装私信的竹筒被大家称之为“邮筒”。五代高僧贯休诗云“尺书裁罢寄邮筒”；宋代欧阳修诗云“邮筒不绝如飞翼”；王安石诗云“邮筒还肯寄新诗”；清代蒲松龄《聊斋志异》说“四方同人，又以邮筒相寄”……由此可知，邮筒是古人寄信的常用工具，和今天邮局中置放用来收存信件的邮筒是不同的两种东西。

唐人李朝威有传奇小说《柳毅传》，写洞庭龙女远嫁泾川，受其丈夫泾阳君和公婆的虐待，幸好遇到书生柳毅为其传家书到洞庭龙宫，龙女才被其叔父钱塘君营救，回归洞庭。钱塘君等感念柳毅的恩德，便让柳毅与龙女成婚。柳毅因传信乃急人之难，本无私心，再加上不满钱塘君的蛮横，所以严词拒绝，告别而去。但龙女对柳毅爱慕不已，自誓不嫁他人，几番波折后二人终成眷属。

黄狗传书也好，柳毅传书也罢，故事尽管引人入胜，却也折射出那个年月私人通信是多么的艰难！就拿陆机来说吧，那可是出身于顾、陆、朱、张四大名门望族中的陆家呀！陆机的祖父陆逊，三国孙吴时官至丞相，封江陵侯；父亲陆抗，官至大司马、荆州牧，有这样的家境，寄信也不是轻而易举之事，更何况芸芸众生呢！宋朝苏轼给友人王庠的信中说："轼启。远蒙差人致书问安否，辅以药物，眷意甚厚。自二月二十五日，至七月十三日，凡一百三十余日乃至，水陆盖万余里矣。"且不说使用交通工具的费用，仅送信人在途中一百三十多天的住宿和饮食，也是一笔相当可观的开支了！

在古代，紧要的私人信件需要自己找人专程送达，这种情况在苏轼的回信中便有体现，如"辱专人以书为贶，礼意兼重，捧领惕然"；"承差人送到定国书，所报未必是实也"；"屡枉专使，感愧无量"；"专使至，复领手教"；"专人至，承不鄙罪废，长笺见及，援证古今，陈义甚高，伏读愧感"。但这种方式毕竟成本太高，通常不会采用，一般情况下则是等待机会托付出差的官员和差役顺路捎带。晋代殷羡出任豫章太守时，京城中托他捎带的书信有一百多封。可以想见，请托殷羡带信的多半不是平民百姓，如此说来，一旦有人出差，即便是官贵之人也会蜂拥而上，不愿错过这难得的机会！然而，殷羡在过江时却把这些信统统抛到了水中，并且声称："沉者自沉，浮者自浮，殷洪乔不能作致书邮！”（《世说新语·任诞》）殷羡字洪乔，“误付洪乔”“洪乔之误”两个成语就是由此而来。

由于通信条件过于艰难，官员们只好利用自己的身份通过邮驿系统投寄私书，此风秦汉已开，因袭日久，到隋唐便成了司空见惯之事。但严格说来，这是假公济私的违法之举，官员们这么做还是有一定风险的。

官员“私书附递”合法化发端于宋朝，堪称是古代通信的一大历史变革。雍熙二年（985），宋太宗特别恩准官员与近系家属之间，可以随官方文书一起传带家信。宋仁宗时，更明文规定：“中外臣僚许以家书附递。明告中外，下进奏院依应施行。”官员私信一开始只许步递，后来制度松弛，急递铺居然也干起传送私信的活来了。欧阳修信中多有“近急足还府，奉状”“急足自徐还，辱书”“近急脚子还，尝奉讯”等记载，苏东坡也常有“轼启，近递中奉书，必达”“别后递中得二书，皆未果答，专人来，又辱专笺”的信中语，官员们利用递铺来传送信件的情况于此可见一斑。

今天流行的“呵呵”二字，便是当年苏轼时常使用的信中语。如：“近作小词，虽无柳七郎风味，亦自是一家，呵呵。”再如：“一枕无碍睡，辄亦得之耳，呵呵。”又如：“取笋簟菘心与鳜相对，清水煮熟，用姜芦服自然汁及酒三物等，入少盐，渐渐点洒之，过熟可食。不敢独味此，请依法作，与老嫂共之。呵呵。”在给画家文同的信中甚至有：“不尔，不惟到处乱画，题文与可笔，亦当执所惠绝句过状索二百五十疋也。呵呵。”私书附递合法化给官员带来的通信便利由此可见一斑。

明朝时期，由于商贸繁荣带来的业务联络需要，民间经营的通信组织开始兴起。永乐年间，居住在四川的湖北麻城、孝感移民发起组织同乡会，每年集会时推选代表返回故乡探望，移民们便趁机请代表带信回家。久而久之，形成了俗称“麻城约”的固定组织。“麻城约”以运带货物进行贸易为主，同时兼具传信的功能。

民间通信的另一个源头在浙江绍兴、宁波等沿海地区。绍兴人历来有做幕僚的传统，“绍兴师爷”在全国各地的衙门中服务，互相之间常要进行通信联络。宁波商贸发达，浙帮商人的足迹遍及大江南北，也有信息交流的客观需要，于是，民间通信组织便应运而生了。

清朝以后，上海、宁波等地开始把这种组织称为“民信局”。清中叶是“民信局”的鼎盛期，其经营网点已经遍布国内各大商埠。

结语

余英时曾说："文化虽然永远在不断变化之中，但是事实上却没有一个民族可以一旦尽弃其文化传统而重新开始。"对于"信"字的历史演变而言，这个说法同样适用。中国古代的"信"文化丰富多彩，博大精深，是祖先留给我们后人的一份宝贵的精神遗产，对其进行解剖是认识和重塑现代"信"观念的起点。

在中国传统文化中，"信"字的基本含义是"诚信"，它更多地立足于人生道德和政治伦理，由道德教化来培育，靠人格尊严来保证。诚实不欺，是基于个人修养；守信践诺，是基于个人自律。在任何社会中，内心向善都是诚信的本质要求。诚信包含多个层面：作为私德，主要受良心约束，然而作为公德，则应受到社会的监控，一旦超出了道德领域，失信便要接受法律的裁量。这就是说，诚信并非只是一个良心问题，它还需要一套切实可行的行为准则和法律规范，为其生长提供必要的制度保障。相对而言，这是中国古代"信"文化稍显薄弱之处，也是我们当下诚信建设亟待强化的一个方面。

中国古人的“信”观念孕育生长在宗法关系的温床上，信诺的范围以“熟人社会”为基础，根据相互关系的远近来把握彼此的信任程度。在人际交往中，血缘、邻里、同学等自然关系通常会成为建立信任关系的起点。这是由农耕生产、生活方式决定的一种信任类型，它简单、自然、淳朴，但却有其历史的局限。在一个“陌生人社会”中，人际关系失去了亲情乡情的依托，这时，将信任半径扩大到整个社会，才能实现群体的互利共赢。只有社会成员间形成普遍的信任关系，引发人际关系紧张的摩擦系数才会降低，社会的和谐与和睦才有可能实现。“诚信是和谐社会的基石和重要特征”。在社会转型、人心不古的背景下，我们不仅需要从传统文化中吸取思想营养，还应该因时而变，给“信”观念注入新的时代内涵。

在经济生活中，乡土中国的交换活动主要发生在熟人圈中，个人承诺与践诺在很大程度上基于情感因素。传统的“信”观念少有功利主义的考虑，注重的是道德人格，自我修养。现代经济是信用经济。信用是市场经济的基石，是市场主体的立身之本。市场经济的发展壮大，有赖于社会信用活动的广泛存在。市场经济中的信用建立在互惠互利的原则之上，君子爱财，取之有道，市场伦理讲究的就是谋利之道。因此，建立健全信用制度，将个人利益和个人信用紧密联系在一起，将企业利益和企业信用紧密联系在一起，使守信的道德操守具有获取内在的经济价值，这是社会经济转型的应有之义。习近平指出:“对突出的诚信缺失问题，既要抓紧建立覆盖全社会的征信系统，又要完善守法诚信褒奖机制和违法失信惩戒机制，使人不敢失信、不能失信。对见利忘义、制假售假的违法行为，要加大执法力度，让败德违法者受到惩治、付出代价。”让制度为市场信用保驾护航，是建立现代经济秩序的必然要求，也是“信”思想内涵的一个重要拓展。

在政治领域，传统的“信”观念是建立民本主义的思想基础之上。“民心所向，天必由之”，因此，得民心者可以得天下，反之，失信于天下则会失去天下的信任，进而就会失去天下。由此形成的政治诚信是良治善政的理论指引，至今仍能给人带来有益的思想启迪。但是，古代的政治诚信主要依赖于统治者的道德自律，对统治者的失信行为缺乏必要的制度约束和惩罚机制。我们现在的政治体制是以人民主权学说作为理论基础，以人民代表大会制度作为组织架构，国家的主权属于人民，政府的权力来自人民，接受人民的委托而行使管理职能。既然政府统治的合法性来自人民的信任，政府自然要接受人民的监督，对人民负责。一旦政府有负于人民的托付，它就要为自己的失信行为承担责任。政治诚信建设应该从哪里入手呢？习近平强调：“各级领导干部要以身作则、率先垂范，说到的就要做到，承诺的就要兑现。”“领导干部要把深入改进作风与加强党性修养结合起来，自觉讲诚信、懂规矩、守纪律，襟怀坦白、言行一致，心存敬畏、手握戒尺，对党忠诚老实，对群众忠诚老实，做到台上台下一种表现，任何时候、任何情况下都不越界、越轨。”所谓上行下效，领导干部对于整个政府团队具有重要的引领作用，就此而言，解决领导干部的诚实守信问题，才是政府赢得人民信任的关键之所在。

《管子》曾提出："非诚贾不得食于贾，非诚工不得食于工，非诚农不得食于农，非信士不得立于朝。"(《乘马第五》）这堪称历史上第一个以"信"字为核心的施政方案，这样的理念对于我们来说仍有现实意义。本书以之作为最后的结束语，也是一个愿景，期盼"信"字在中国社会中熠熠生辉，为我们的和谐社会建设奠定牢固的基石。

参考文献

[1] 许慎 . 说文解字 [M]. 北京：中华书局，2013.

[2] 康熙字典 [M]. 北京：中华书局，2010.

[3] 杨伯峻 . 论语译注 [M]. 北京：中华书局，1980.

[4] 李泽厚 . 论语今读 [M]. 合肥：安徽文艺出版社，1998.

[5] 杨伯峻 . 孟子译注 [M]. 北京：中华书局，1960.

[6] 张觉 . 荀子译注 [M]. 上海：上海古籍出版社，1995.

[7] 山东大学《商君书》注释组 . 商君书新注 [M]. 济南：山东人民出版社，1976.

[8] 陈奇猷 . 韩非子新校注 [M]. 上海：上海古籍出版社，2000.

[9] 陈鼓应 . 老子注译及评介 [M]. 北京：中华书局，1984.

[10] 陈鼓应 . 庄子今注今译 [M]. 北京：中华书局，1983.

[11] 孙波注释 . 墨子 [M]. 北京：华夏出版社，2000.

[12] 张双棣，张万彬，等注译 .《吕氏春秋译注》（修订本）[M]. 北京：北京大学出版社，2000.

[13] 刘安 . 淮南子 [M]. 北京：华夏出版社，2000.

[14] 杨伯峻．春秋左传注 [M]. 北京：中华书局，1981.
[15] 左丘明．春秋左传 [M]. 北京：京华出版社，1999.
[16] 钱玄，钱兴奇，等注译．礼记 [M]. 长沙：岳麓书社，2001.
[17] 黄寿祺，张善文．周易译注 [M]. 上海：上海古籍出版社，2001.
[18] 钱玄，钱兴奇，等注译．周礼 [M]. 长沙：岳麓书社，2001.
[19] 来可泓．国语直解 [M]. 上海：复旦大学出版社，2000.
[20] 吴文涛，张善良．管子 [M]. 北京：北京燕山出版社，1995.
[21] 张涛．孔子家语注释 [M]. 西安：三秦出版社，1998.
[22] 张世亮等译注．春秋繁露 [M]. 北京：中华书局，2012.
[23] 班固．汉书 [M]. 北京：中华书局，1962.
[24] 司马光．资治通鉴 [M]. 北京：中华书局，2009.
[25] 黎德靖编．朱子语类 [M]. 北京：中华书局，1994.
[26] 岳纯之点校．唐律疏议 [M]. 上海：上海古籍出版社，2013.
[27] 孟元老．东京梦华录 [M]. 北京：中华书局，1982.
[28] 周密．武林旧事 [M]. 杭州：浙江古籍出版社，2011.
[29] 佚名．名公书判清明集 [M]. 北京：中华书局，1987.
[30] 宋濂．元史 [M]. 北京：中华书局，1976.
[31] 冯承钧译．马可波罗行纪 [M]. 北京：中华书局，2004.
[32] 顾炎武．日知录集释（全校本）[M]. 上海：上海古籍出版社，2006.
[33] 罗贯中．三国演义 [M]. 北京：人民文学出版社，2010.

[34] 施耐庵 . 水浒传 [M]. 北京：人民文学出版社，1997.

[35] 曹雪芹 . 红楼梦 [M]. 北京：人民文学出版社，2008.

[36] 陆林主编 . 中华家训 [M]. 合肥：安徽人民出版社，2001.

[37] 周秀才 . 中国历代家训大观 [M]. 大连：大连出版社，1997.

[38] 夏家善主编 . 双节堂庸训 [M]. 天津：天津古籍出版社，2016.

[39] 夏家善主编 . 袁氏世范 [M]. 天津：天津古籍出版社，2016.

[40] 成晓军主编 . 名儒家训 [M]. 武汉：湖北人民出版社，1996.

[41] 成晓军主编 . 宰相家训 [M]. 武汉：湖北人民出版社，1994.

[42] 费成康 . 中国的家族法规 [M]. 上海:上海社会科学院出版社，1998.

[43] 梁启超 . 先秦政治思想史 [M]. 北京：东方出版社，1996.

[44] 蔡元培哲学论著 [M]. 石家庄：河北人民出版社，1985.

[45] 何怀宏 . 良心论——传统良知的社会转化 [M]. 上海：上海三联书店，1994.

[46] 曾振宇 . 前期法家研究 [M]. 济南：山东大学出版社，1996.

[47] 徐连城 . 春秋初年“盟”的探讨 [J]. 文史哲 .1957（11）.

[48] 徐鸿修 . 周代贵族专制政体中的原始民主遗存 [J]. 中国社会科学 .1981.

[49] 刘驰 . 中国古代的信用与“信”[J]. 中华文史论丛 . 总第八十八辑 .

[50] 陈永胜 . 敦煌买卖契约法律制度探析 [J]. 敦煌研究 .2000（4）.

[51] ［美］弗朗西斯·福山.大分裂：人类本性与人类秩序的重建[M].北京：中国社会科学出版社，2002.

[52] ［英］A，J.M.米尔恩.人的哲学与人的多样性——人权哲学[M].北京：中国大百科全书出版社，1995.

[53] ［英］亚当·斯密.国民财富的性质和原因的研究上卷[M].北京：商务印书馆，1974.

[54] ［英］大卫·休谟.人性论[M].北京：商务印书馆，1980.

[55] ［德］哈贝马斯.交往行动理论[M].重庆：重庆出版社，1994.

[56] ［德］弗里德里希·包尔生.伦理学体系[M].北京：中国社会科学出版社，1988.

[57] ［法］列维·布留尔.原始思维[M].北京：商务印书馆，1997.

[58] ［德］恩斯特·卡西尔.语言与神话[M].北京：生活·读书·新知三联书店，1988.

[59] ［德］黑格尔.历史哲学[M].上海：上海世纪出版集团，2001.

[60] ［英］威廉·葛德文.政治正义论[M].北京：商务印书馆，1980.

[61] ［英］亨利·西季威克.伦理学方法[M].北京：中国社会科学出版社，1993.

[62] ［德］卡尔·白舍客.基督宗教伦理学[M].上海：上海三联书店，2002.

[63] ［德］马克斯·韦伯.新教伦理与资本主义精神[M].北京：生活·读书·新知三联书店，1987.